本書出版得到淮北師範大學漢語言文學專業
博士點學科建設項目資助

先秦漢語常用詞研究

XIAN QIN HAN YU CHANG YONG CI YAN JIU

楊世鐵◎著

中國社會科學出版社

圖書在版編目(CIP)數據

先秦漢語常用詞研究/楊世鐵著. —北京：中國社會科學出版社，
2015.7
ISBN 978-7-5161-6358-0

Ⅰ.①先… Ⅱ.①楊… Ⅲ.①古漢語—詞匯—研究—先秦時代
Ⅳ.①H141

中國版本圖書館 CIP 數據核字(2015)第 147015 號

出 版 人	趙劍英
責任編輯	郭曉鴻
特約編輯	王冬梅
責任校對	韓海超
責任印製	戴 寬

出　　版	中國社會科學出版社
社　　址	北京鼓樓西大街甲 158 號
郵　　編	100720
網　　址	http://www.csspw.cn
發 行 部	010-84083685
門 市 部	010-84029450
經　　銷	新華書店及其他書店

印　　刷	北京君昇印刷有限公司
裝　　訂	廊坊市廣陽區廣增裝訂廠
版　　次	2015 年 7 月第 1 版
印　　次	2015 年 7 月第 1 次印刷

開　　本	710×1000　1/16
印　　張	23
插　　頁	2
字　　數	353 千字
定　　價	76.00 元

凡購買中國社會科學出版社圖書，如有質量問題請與本社聯繫調換
電話：010-84083683

目 录

凡　例

一　注音用寬式國際音標，讀音以現代漢語爲准，並置於"//"之中，如：國/kuo^{35}/。

二　詞位、義位和義素在書寫形式上相同，在不造成誤會的情況下，都用引號表示；如果都使用引號容易造成理解上的困難，則使用以下符號加以區別：

【】——詞位，如【君子】，讀作詞位"君子"；

〖〗——義位，如〖道德高尚的人〗，讀作義位"道德高尚的人"；

[]——義素，如［人］，讀作義素"人"。

三　同形的詞位在右上角標註阿拉伯數字以示區別。例如：

朋^{1}酒斯饗，曰殺羔羊。《豳風·七月》

西南得朋^2，東北喪朋^2。《周易·坤》

以上表示〖朋友〗義的【朋】記作【朋^1】（或記作"朋^1"），表示貨幣單位〖五貝（一説指十貝）〗義的【朋】記作【朋^2】（或記作"朋^2"）。

四　詞位後面標註"☆"的爲人名，標註"♯"的爲地名或國名，以示與普通詞語的區別。例如：

貞☆——指楚公子，見於《春秋經》。

越^2♯——諸侯國名，見於《春秋左氏傳》等書。

五　引用傳世文獻時，有的出處使用簡稱。使用簡稱的有《詩經》、《春秋經》和《左氏傳》，其標註方法是：

《詩經·豳風·東山》　　　　　《豳風·東山》

《春秋經·隱公元年》　　　　　《春秋經·隱1》

《左氏傳·文公三年》　　　　　《左傳·文3》

六　金文出處標註《殷周金文集成》中的器號，或者直接標註器名。

例如：

王七祀，王鑄。(15.9551)

唯十又一月既生霸，辰在乙亥，王在康宫。《敔簋》

序

　　楊世鐵（仲昌）兄數年前即已在安徽大學以《先秦漢語常用詞研究》爲題通過了博士學位論文的答辯。我本以爲他的這篇博士學位論文答辯後很快就會付梓，孰料一直未等來出版的消息。2014 年的最後一個月，仲昌終於來信，告訴我他畢業幾年來一直不停頓地打磨他的學位論文，如今他供職的大學要資助這部論文出版，他要我寫一篇序，放在書裡。說實在話，這篇序我是不敢貿然答應的，原因是：一來，我的學術興奮點在現代，而他這篇論文則屬於漢語史；二來，一般的說，博士學位獲得者出版其學位論文，寫序的任務往往由該論文的指導教師來做，我雖在仲昌博士學位論文答辯前參與過論文的評閱工作，但比起導師來畢竟隔了一層。針對我的顧慮，仲昌先後寫來數封長信，反復說明他請我寫序的理由，最終鼓起了我的勇氣。

　　常用詞研究是最近二三十年逐漸熱起來的。目前這一研究已呈方興未艾之勢，在可見的未來將不斷升溫。老一代學者如呂叔湘先生，不僅關注現代漢語常用詞，主編了《現代漢語八百詞》這樣的著作，而且對近代漢語、中古漢語中的常用詞傾注了不少心血，所做工作具有學科開創性的意義，導夫先路。幾乎與此同時，張永言、汪維輝、方一新、王雲路諸先生在常用詞研究中也做出了許多極有價值的貢獻，探索前行。在常用詞研究的領域，如果可以將呂叔湘先生稱作第一代，將張永言先生等稱作第二代的話，那麼仲昌等繼起者無疑屬於第三代。常用詞，因其"常用"的特點而曾遭忽視，那些古今一脈、詞形一致的傳承詞，就更是如此。不少人常會錯誤地以爲詞形古今一致的常用詞，意義和用法古今也無二致。這實在是大謬。一個詞的意義，從古至今發展，不僅詞彙意義會有別，語法意義、語用意義都可能會發生一些不易察覺的變化。而這不易察覺的微殊，就往往容易對現代人產生誤導作用，讓現代人將其與現代漢語中同樣詞形的詞彙意義、語法意義、語用意義混同起來，看作是一回事。這些年來常用詞研究的深入，在時代的推進上也顯現出來了。最早的常用詞研究的是現代；之後是近代，中古，尤其是中古時代佛典中的常用詞；再之後是中古和上古之交的東漢；而今我們看到仲昌的研究已聚焦先秦。先秦距離我們今天更加遙遠，工作難度自然也就更大，仲昌專挑硬骨頭啃的性格和脾氣，讓他把這樣一項工作攬在身上，令我不得不對他肅然起敬。要對先秦的常用詞進行信而有徵的研究，首要的工作就是製作一個詞彙總表，這對我們系統把握一個時代平面，尤其是先秦這樣一個遠離開我們今天的時代的漢語常用詞，至爲關鍵。詞彙總表製作出來後所要面對的第一項重要的任務，即是本書稿第一章所做的工作：對詞進行切分，分別開詞和片語，給詞做出準確的詞位確定。老實說，這可不是個好幹的活計。因爲，即使面對的是現代語料，孰者爲詞，哪個是片語、語素，不同的學者有時還會爭得面紅耳赤，遑論兩三千年前的語料？但我想只要語料扎實可靠，研究方法得當，立論公允持平，可收"言之成理持之有故"之效。從浩如煙海的文獻中梳理出兩三千年前的常用詞，這一工作無疑對於我們今人來說極具挑戰性。仲昌的性格是不怕硬，不取巧。他終於花費數年之功，終於以這部洋洋25萬字的書稿將這個堡壘攻下，實在可喜可賀。

　　相比而言，我更看重的是本書第六章，它主要討論的是先秦時期常用詞的發展變化情況。本書先對一些重要的數量關係，如文獻用字量、用詞量、總字數、詞彙總量、頻次、覆蓋率和常用詞之間的關係作了梳理；然後分析了各階段常用詞數量變化的原因以及常用詞內部常用度高低的表現情況。文章指出，"常用詞數量的多少與文本量大小有關，不同階段常用詞的數量雖然有多有少，數量大體是固定的。""常用詞爲了保持數量上的這種平衡性，當一部分常用詞補充進來以後，就會把原有的一部分常用詞排擠掉。""這種發展模式，表現在數量上是滾動式的，而不是累增式的；表現在內容上，則是更替式的。”“作爲一個整體，常用詞內部存在著等級的差別：爲各個時期共有的常用詞常用度最高，只爲某個時期獨有的常用詞常用度最低。”“從時代上看，時代接近的文獻，它們共有的常用詞的數量就多，時代相差較遠的文獻，它們共有的常用詞的數量就少。”這一系列頗具理論色彩的思考，這樣精彩的分析，令人歎爲觀止的結論，無疑都具有較高的理論意義和實踐價值。仲昌的此項研究還有不少可圈可點之處，比如首次利用詞頻統計的方法對上古漢語詞彙作比較系統的研究；首次比較全面地探討上古漢語的常用詞問題；使用“潛詞”這一術語並用它來指稱上古漢語中大量存在的具有意義加合關係的雙音組合，可在一定程度上解決學者們對這類詞的歸屬所產生的爭議問題。仲昌的研究在很大程度上帶有原創性質。我相信在接下來的研究中，他通過對上古時期各階段常用詞的描寫，將勾勒出上古漢語詞彙的面貌，進一步理清上古漢語常用詞演變的過程和規律。

20世紀90年代仲昌曾到南開大學跟我做過兩年高級訪問學者，搞的是現代漢語詞彙、詞典的研究。我倆時相歡聚，在一起熱烈地討論問題，週末常相邀小酌；他離開南開很久了，仍不時返回南開看望我，我也曾從天津駕車去他青縣的家與他聊學問。二十餘年前的一幕幕，恍如昨日，猶在眼前。我在與他人評價仲昌時，曾將成語“樸實無華”改了個字，說他“樸實有華”。這裡邊的“華”，是“才華”之意。孔子心目中的君子的標準，是“訥於言而敏於行”。訥于言而不敏于行者，好像隨處可見；敏于行而不訥於言者，似乎也不難見到。仲昌樸實、有才，兩美兼具，這非常難得，是我看好他，也更看重他的原因。我從未主動與學生輩的年輕人合作過論著，但仲昌是例外。我與他一起合作過多次，有論文，有專著，也有研究報告等文字，都是我主動約他。多篇論文在《辭書研究》等雜誌發表，專著《漢語詞彙研究百年史》在外研社出版後獲省部級獎項，研究報告收入邢福義先生等主編的《中國高校哲學社會科學發展報告1978—2008語言學》一書中。

仲昌過去曾在現代漢語研究領域做出了不小的成績，如今又在漢語史研究領域取得新了新的成就，勝我多矣。仲昌一定要我寫序，我只能勉力奉上寥寥數語，權作自己讀他這部新著的一點心得吧。

周　薦

2015 年 1 月澳門

緒　論

本書所説的常用詞（common words），準確地説應該是指高頻詞（words with high frequency）。我們之所以不使用"高頻詞"而使用"常用詞"這個概念，主要基于以下幾點考慮：第一，所有的高頻詞都是常用的，而常用的詞也都是高頻的。第二，"高頻"是統計學中的常用術語，它強調的是在某個封閉的樣本中有哪些單位出現的頻率高，若以"高頻詞"爲稱説和研究的對象，似乎只要把某些文獻中頻率高的單位找出來就算是完成了任務，而這對於内容豐富多彩的詞彙學研究還遠遠不夠。因爲對於詞彙學來講，找出高頻詞只是研究的一個起點，它不僅需要知道哪些詞在某個時期常用，而且還要知道爲什麼這些詞常用，這些常用的詞跟其他非常用的詞比較有什麼特點；是不是這些常用的詞一直都是高頻的；有沒有以前不常用的詞後來變成了常用的詞，或者以前常用的詞後來變成了不常用的詞的情況；造成詞的使用頻率不斷變化的原因是什麼；等等。所有這些問題若只從統計學的角度來研究是難以回答的。第三，常用詞是詞彙學中既有的概念，只是由於以前人們缺乏對它的研究，什麼樣的單位是常用詞，常用詞和基本詞的關係如何，等等，很少有人能夠説清楚。在這種情況下，我們啓用常用詞這個概念，並賦予它明確的定義，這對於加強對語言中某些"熟視無睹"的詞的研究是很有意義的。

基於以上幾點認識，我們認爲，詞彙統計學所説的高頻詞與普通詞彙學所説的常用詞有密切的聯係，因此如果把常用詞定義爲在某個時期出現頻率高而且達到一定覆蓋率的高頻詞，既有統計學上的基礎，又符合常用詞本身的含義，同時還能跟人們經常使用的"基本詞"這個概念區別開來。

根據以上所説，除了引述他人的觀點外，本書以下所説的常用詞均作如上理解，有些單位憑感覺或者在今天看來雖是常用詞（如“眼”），但是如果它在我們所討論的先秦時期出現頻率不高的話，我們就不會把它看作常用詞；相反，有些今天看來很陌生的詞，只要它在先秦的某個階段出現頻率很高，也依然屬於我們所説的常用詞。

第一節　選題背景

常用詞是詞彙的重要組成部分，它在語言當中佔有很重要的地位。正如徐時儀（2000：239）所説：“常用詞在詞彙系統中是一個核心部分，它起著保證語言的連續性和爲創造新詞提供基礎的重要作用。就數量而言，它在整個詞彙庫中所佔的比重雖不太大，但是它具有常用性和穩定性兩個顯著的特點。常用詞的常用性決定了它的出現頻率高，使用範圍廣。就古代文獻語言而言，常用詞不管在哪類文體中都必然經常性地出現，這跟有些口語詞和俗語詞只出現於相應的通俗文體的情形很不相同。從這個意義上説，常用詞的變化對整個詞彙系統而言就是一種帶根本性的深層次變化；就整個語言系統而言，常用詞的變化也就意味著語言的某種本質上的改變，具有同音韻系統、語法結構的改變同等重要的意義。”

跟詞彙中的其他類詞語相比，從共時的角度看，常用詞最顯著的特點就是使用範圍廣、使用頻率高；從歷時的角度看，常用詞歷代相傳，具有很強的穩定性，以上這些特點決定了常用詞一般不會造成閱讀理解上的困難。正因爲如此，常用詞的研究歷來不受重視，不僅以解經爲目的的傳統訓詁學不太關注常用詞的研究，就是 20 世紀 50 年代以來新産生的詞彙學也不重視常用詞的研究。訓詁學的興趣是疑難詞語的考釋，到 20 世紀 50 年代漢語詞彙學建立起來之後，漢語歷時詞彙研究與傳統訓詁學相比，雖然在研究方法上和研究内容上有所改變，但在各種詞彙類聚中，詞彙學仍然很少注意對常用詞的研究。已有的幾部歷時詞彙專著關注的只是基本詞

彙，很少涉及常用詞問題。[①] 根據目前學術界比較一致的意見，常用詞和
基本詞有交叉，但並不是一個概念，因此，對基本詞彙的研究代替不了常
用詞的研究。如此看來，常用詞的研究相對于其他詞語類聚的研究，確實
有些薄弱。

　　近二三十年來，常用詞問題開始引起人們的注意，研究中也取得了一
些成果，但這些成果與常用詞在詞彙中所佔的地位相比，還遠遠不夠，尤
其是歷史上的常用詞的研究，差不多仍是一片空白。對此，江藍生、曹廣
順和吳福祥（1996）在談到近代漢語詞彙研究中存在的問題時説：“詞彙
研究多熱衷於詞語考釋，而對常用詞的歷史演變，構詞法的演變，各階段
詞彙系統的面貌以及近代漢語詞彙發展史等課題都缺乏研究。”後來，江
藍生（2000）再次指出：“最近 20 年的詞彙研究側重於疑難詞語的考釋，
而對常用詞、對某一歷史時期的詞彙系統的研究則很少著力。”可惜的是，
這種局面並沒有因爲上述學者的呼籲而有所改變。我們知道，常用詞在語
言中是非常重要的，它決定了整個詞彙的面貌，因此蔣紹愚（1989a）強
調，“研究漢語詞彙應重視詞彙系統及其發展變化的研究，應當重視常用
詞演變的研究。”蔣紹愚（1994：250）指出，“如果不弄清常用詞在近代
漢語時期的發展變化，那麼，要描寫一個時期的詞彙系統和近代漢語詞彙
發展史，都是無從談起的。”既然常用詞是語言詞彙的主體部分，對語言
詞彙的發展起著決定作用，我們相信，隨著時間的推移，常用詞的研究一
定會成爲漢語詞彙史研究中的一個熱門課題。

　　從近些年漢語詞彙史研究的情況看，人們對中古漢語和近代漢語詞彙
的研究投入的力量比較大，成果也相對比較多，對上古漢語詞彙的研究投
入的力量比較小，成果也比較少。我們知道，先秦漢語是上古漢語的重要
組成部分，它是近代漢語和現代漢語的源頭，先秦漢語的面貌不搞清楚，
中古、近代、現代漢語的研究就缺乏根基，有很多語言現象的發展規律就
説不清楚，要建立科學的漢語發展史當然也是不可能的。正因爲如此，趙
振鐸（1994）強調，漢語史的研究“先要弄清楚這一時期語言的狀況，才

---

① 這幾部詞彙史著作是王力（1993）、史存直（1989）、潘允中（1989）和徐朝華（2003）。

能够更好地下推後世的語言變遷"。

　　基於上述種種情況，我們選擇先秦漢語的常用詞作爲研究對象，就是想通過對先秦漢語常用詞面貌的分析與描寫，弄清先秦漢語常用詞的特點及其發展的大致過程，爲今後開展秦以後的常用詞的研究奠定基礎。從這個意義上講，對先秦漢語常用詞的研究不僅是必要的，而且也是緊迫的。

第二節　先秦漢語常用詞研究的意义

一　有助於科學的漢語詞彙史的建立

　　從詞語在各個時期的使用範圍和頻率上看，語言的詞彙由常用詞和非常用詞組成。非常用詞與社會的發展變化緊密相關，社會的任何一點兒變化都可以通過非常用詞的消長表現出來。常用詞則不然，它是語言詞彙的核心，而且歷代相沿，具有很強的穩定性，"它起著保證語言的連續性和爲創造新詞提供基礎的重要作用"（汪維輝，2000a：11），但是我們也不能認爲常用詞沒有變化，如果從一個較長的歷史時期進行觀察的話，常用詞不僅有更替現象，也有義位的替換、增減和詞的書寫形式的變化。常用詞的變化對整個語言系統而言，"意味著語言的某種本質上的改變，具有跟音韻系統、語法結構的改變同等重要的意義"。（汪維輝，2000a：12）正因爲如此，"詞彙史的研究不但不應該撇開常用詞，而且應該把它放在中心的位置，只有這樣才有可能把漢語詞彙從古到今發展變化的主線理清楚，也才談得上科學的詞彙史的建立"。（汪維輝，2000a：11）因此，通過深入描寫某一個時期內常用詞的發展變化情況，可以更好地解釋漢語詞彙的漸變性發展，否則，僅僅停留在對一般詞彙的觀察和研究上，總結出的發展規律只能是粗線條的，很多隱藏在語言現象背後的深層次的規律將難以得到揭示。

二　有利於分層次開展古漢語詞彙教學

　　詞彙教學是語言教學的重要內容，各級教育都離不開詞彙教學，但是各級教育對詞彙教學的要求是不同的。以古漢語詞彙教學爲例，高中語文教學大綱規定，高中生通過三年的學習，能夠閱讀淺易的文言文。何謂"淺易"，目前尚無一致的標準。据我們的理解，一篇短文，常用詞如果佔到 80％以上，多數高中畢業生理解起來是不成問題的，如果其中非常用詞的比例過高，就有可能造成閱讀上的困難。因此，要想提高古漢語的教學效率，就必須有針對性地、分層次地開展詞彙教學。比如，中學階段以學習常用詞爲主，適當學習一些次常用詞；大學階段應該在已掌握的常用詞的基礎上，重點學習次常用詞，並適當學習一些非常用詞（疑難詞語），漢語言文字學專業的本科生應該以非常用詞的學習爲主。這樣的教學安排體現了詞彙教學的有序性和計劃性。

要做到這一點，就必須加強對古代漢語常用詞的研究，只有我們對各個時期的常用詞、次常用詞和非常用詞有了比較明晰的認識以後，才可以用來指導分層次的古漢語詞彙教學。

另外，掌握常用詞對於提高古漢語學習的效率也是大有幫助的。這是因爲："古代漢語裏的詞並不都是同樣重要的，有些僻字僻義只出現在個別的篇章或著作裏，它們不是常用詞，我們只在讀到這些作品時才需要瞭解它們的意義，翻檢字典詞書，就可以解決問題，可以暫時不必費很大的力量去掌握。至於常用詞就不同了，只要我們閱讀古書，幾乎無時無刻地不和它們接觸；我們如果掌握了它們一般的常用的意義，我們就能掃除很多的文字障礙。……掌握常用詞也可以説是掌握了一把鑰匙，它把文言詞彙中的主要問題解決了，就不會再是頭痛醫頭、腳痛醫腳，講一篇懂一篇，不講就不懂了。"（王力，1982）正因爲如此，周薦（1987）認爲，把詞語分爲常用詞、次常用詞和非常用詞，"對于指導人們掌握詞語和進行詞彙教學能産生積極的作用"。

三　可以促進現代漢語詞彙研究的深入開展

常用詞因爲具有很強的傳承性，現代漢語的高頻詞或者高頻構詞語素跟先秦漢語常用詞有密切的關係。據曹煒（2004）的統計，現代漢語中的3051 個常用詞，首見於秦漢時期的有 1129 個，佔總數的 37.9％，而且幾乎全部的單音節詞都已經活躍在先秦兩漢時期的書面語中了，而且，"在最常用的甲級詞中，竟然有 437 個詞早在秦漢時期就已經使用，佔了全部最常用詞的 2/5 強，這是一個極高的比例；在 2000 個乙級詞中竟然也有 692 個詞早在秦漢時期就已使用，佔了全部一般常用詞的 1/3 強，這同樣也是一個極高的比例"。由此可見，"說秦漢時期是現代漢語基本詞彙初步打下了基礎的時期是一點也不過分的"。（曹煒，2004：54—59）①

　　既然已有的研究成果證明了現代漢語有很多常用詞來自早期漢語，那麼現在我們也可以換個角度，先弄清先秦漢語詞彙的面貌，尤其是常用詞的面貌，然後再分批分階段地弄清秦以後的漢語詞彙面貌，最後就可以總結出漢語詞彙由古至今發展演變的規律，這對於深入解釋現代漢語詞彙的形成無疑具有重要的意義；再者，弄清先秦漢語常用詞的面貌，還有助於認識現代漢語新詞造詞的方式和特點，從而爲新時期漢語詞語的規範化工作提供理論上的依據。

四　有助於提高古漢語詞典釋義的科學性

　　釋義是詞典編纂的核心內容，釋義的好壞直接決定一部辭書質量的高低。前人對詞典釋義的研究多偏重於釋義方式和釋義模式。② 其實，辭書編纂要想做到科學化，不僅需要研究釋義模式，還應該多在如何確定釋義用詞上下功夫。現在國外有些詞典在釋義用詞上有嚴格的限定，所有的詞條都用有限的常用詞進行解釋，③ 這樣的詞典爲讀者使用著想，真正地體現了工具書的"工具"性質。漢語詞典的編纂在這方面做得還很不夠，其中一個重要的原因就是常用詞的研究不到位。所以說，加強漢語常用詞研

---

① 另據王又民的研究，現代漢語中覆蓋語料 86.7％的 3000 常用詞，由 1337 個單音節詞和 1663 個複合詞組成，這 1600 多個複合詞中，完全由常用單音節詞構成的有 963 個，其中包含常用單音詞的有 534 個，換句話說，常用複合詞很少用 3000 常用詞之外的非常用單音詞構成。從漢語史上看，單音詞的形成大多不是晚近的事。這說明，現代漢語的常用詞或常用構詞語素都有非常悠久的歷史。見王又民《漢語常用詞分析及詞彙教學》，《世界漢語教學》1994 年第 2 期。

② 詳見符淮青（1985）第 9 章和符淮青（1996）第 4、5、6、7 章。

③ 《朗曼當代英語詞典》（*Longman Dictionary of Contemporary English*，Longman Group Ltd. 1978）用不到 2000 個常用詞來完成 56000 個詞條的解釋，而這些常用詞 "是在充分研究若干英語詞彙頻率表和教學用語表之後加以精選的"。

究不僅有助於人們認識、閱讀和使用古注，還可以爲詞典的編纂走向科學化奠定基礎。

五　可以爲古籍整理提供幫助

作爲中華文化重要載體的古代典籍浩如煙海，這些典籍在漫長的流傳過程中，不同程度地失去了本來的面目。正如王叔岷（1952）指出的：“我國古籍，秦火以後，代有散亡，即或求而複出，得之先後不同，存者多寡亦異，雖經先儒整理，又難免改文從意，其間錯雜竄亂，曷可勝紀？即未經散亡之書，亦以鈔刊流傳，輾轉致訛。如篆、隸、正、草、俗書之相亂，六朝、隋、唐寫本之不同，宋、元、明刻本之各殊。淄澠並泛，准的無依。鼠璞同呼，名實相悖。”爲了恢復文獻典籍的本來面貌，把歷史上寶貴的文化遺產很好地繼承下來，加強古籍研究和整理的工作就顯得非常緊迫。

古籍整理有很多工作要做，辨別内容的真僞和考定成書年代是其中重要的兩項内容。大家知道，傳統的古籍辨僞和成書年代的考定使用的主要是文獻學方法，即利用目錄、版本、作者生平和該書在後世流傳的情況等進行考證。文獻學的方法在辨正古籍真僞和確定古籍產生的年代方面功績很大，但是倘若古籍整理中的所有工作依然僅僅停留在傳統的方法上，而不試圖在方法上有所突破的話，要想取得新的成績是很困難的。正因爲如此，有些學者已經開始轉變思路，借鑒語言研究的方法或利用語言研究的有關成果爲古籍整理服務，並取得了一些可喜的成果。例如，陳垣（1959/2004：78）以“凡一代常用之語言，未必即爲異代所常用，故恒有當時極通用之語言，易代或不知爲何語”這樣的認識爲基礎，依據元代語言的常用詞發現並校正了《元典章》沈刻本的許多錯誤，從而最大程度地恢復了《元典章》的本來面目。陳垣先生的工作對於古籍整理和常用詞研究是很有啓發性的，這裡我們可以舉兩個例子來看一看：

“取勘”、“照勘”、“追勘”，皆元時公牘常語，今沈刻於吏部各條，則誤“勘”爲“堪”。（陳垣，1959/2004：80）

"斟酌"，元時常語，今尚通行，沈刻則輒改爲"勘酌"，不知何故。（陳垣，1959/2004：81）

"黜降"、"黜罰"、"黜罷"，亦元時常語，今沈刻多誤"黜"爲"點"。（陳垣，1959/2004：81）

"即目"、"目今"，元時常語也，沈刻輒改爲"即日"，不知"即目"二字，近代猶或用之。（陳垣，1959/2004：83）

語言學的方法不僅對於校勘古籍有重要作用，它還是鑒定古書真僞和寫作年代的一種有效手段。徐復（1958）認爲，"語言中的詞彙，它是最現實的，也是變化最敏感的東西，只要時代一有了變化，它就跟著產生了新的詞語。"因此，"要推測一篇作品的寫定年代，只有從詞彙中去尋求，才能得出較爲正確的結論。"徐復（1958）根據《孔雀東南飛》一詩中一些明顯具有時代印記的詞語論證了《孔雀東南飛》一詩當寫定于東晉時代。從語言學角度考證作品年代或真僞的案例還有很多。例如，柳士鎮（1989）從詞彙和語法兩個角度分析了《齊民要術》卷前的《雜說》並非北魏時賈思勰所作，楊伯峻（1979）、劉禾（1980）和張永言（1991）對《列子》一書中的用詞作了分析，得出《列子》當成于魏晉時代。江藍生（1987）、汪維輝（2000b：208—222；2001：244—256）利用詞彙方面的特色詞和鑒定詞證明八卷本的《搜神記》應該是晚唐五代時期或者北宋時期的作品，它與題名干寶的二十卷本《搜神記》不是同一系統。馬振亞（1995a；1995b）根據《列子》中稱數法和詞的使用情況證明了《列子》是一部僞書。周寶宏（2001a）根據《堯典》部分重要詞和詞語的詞義大部分產生於春秋戰國時期，認爲《堯典》應該寫成於春秋戰國時代。周寶宏（2001b）通過對《殷武》同義詞、近義詞研究，發現《殷武》的詞義見於殷墟甲骨文和傳世商代文獻的不多，見於西周金文、春秋金文和西周文獻的較多，因此他認爲《殷武》當作于西周中晚期至春秋時代。

當然，從語言角度考證一部古代文獻的真僞目前還只是處於探索階段，利用這種手段得出的結論是否可靠，跟已有的語言研究成果的多少、運用者學識的高低以及運用時的謹慎程度都有關係。但無論如何，這種方

法作爲從文獻學角度鑒別古籍真僞的一種補充，其價值還是相當大的。我
們相信，隨著歷代常用詞研究成果的不斷出現，我們便可以用它所標稱的
那個時代常用詞的情況來考證該書語言上的真實性。這是一項很有意義而
且充滿誘惑力的工作。

第三節　先秦漢語詞彙問題和常用詞問題研究概況

在已有的研究成果中，很少有直接以先秦漢語常用詞爲內容的研究成
果，因此本節主要介紹前人對先秦漢語詞彙問題的研究情況和對漢語常用
詞問題的研究情況，這兩個方面的研究成果對我們開展先秦漢語常用詞研
究均有借鑒作用。

一　對先秦漢語詞彙問題的研究

從某種程度上說，訓詁學也是以詞爲研究對象的，正因爲這樣，徐
威漢（2000）在介紹漢語詞彙研究的發展史時，把訓詁學的研究情況也
當作其中的一項重要內容。但是我們也應該看到，訓詁學畢竟是不同于
詞彙學的一門學科，而且它們之間也沒有傳承關係，正如張永言、汪維輝
（1995）所指出的："訓詁的目的是'明古'，訓詁學的出發點是爲了讀古
書——讀懂古書或準確地理解古書。因此，那些不必解釋就能理解無誤的
詞語，對訓詁學來說就沒有多少研究價值。詞彙史則頗異其趣，它的目的
是爲了闡明某一種語言的詞彙的發展歷史及其演變規律，而不是爲了讀古
書，儘管不排除客觀上會有這種功用。所以，在訓詁學看來沒有研究意義
的詞彙現象，從詞彙史的立場去看可能恰恰是極爲重要的問題。"

如果同意把訓詁學和詞彙學嚴格區別開來的話，那麼以詞語考釋爲內
容的研究就不屬於詞彙學的研究，這樣一來，先秦漢語詞彙研究的主要內
容就集中在以下幾個方面：

（一）專書詞彙研究

專書語言研究是漢語史研究的基礎。20 世紀 80 年代以後，專書研究
形成熱潮，差不多每一部可靠的先秦文獻都有人作過系統的研究，而專書

研究的成果又主要集中在詞彙方面，這大概是因爲專書詞彙有一個封閉的域，便於作系統的研究。

專書詞彙研究成果的主要形式是學位論文，已經出版的專著也多是在博士論文基礎上修訂完成的。這些研究展開的角度並不一樣，有的只對其中的同義詞、反義詞進行研究，如周文德（2002）、黃曉冬（2003）、李占平（2004）、趙華（2000）、雷莉（2003）、王宏劍（2004）、廖揚敏（2003）、陳雪梅（2002）、黃輝（2004）。有的只對某部專書的複音詞進行研究，如朱廣祁（1985）、李朵（2000）、郭萍（2002）、陳冠蘭（2002）、鐘海軍（2003）、李智（2004）、劉兆君（2005）。有的只對某部專書的構詞法進行研究，如劉旭（2004）。還有的是只對某部專書的某一類詞語進行研究，如劉興均（2001）、羅春英（2003）、路瀝雲（2003）、王薇（2005）。全面探討某部專書詞彙問題的研究不多，這方面的研究有張雙棣（1989）、毛遠明（1999）、蔣書紅（2002）、車淑婭（2004）。另外，賴積船（2004）對先秦文獻《論語》及其在後世的傳注材料中的常用詞從義點、義位、義域幾個方面作了比較研究。

此外，魏德勝（1995）、錢宗武（1996）、向熹（1987；2002）均以先秦某部特定文獻的語言現象爲研究對象展開了細緻的研究，這些著作雖然不是專門針對詞彙問題的，但都或多或少地涉及了詞彙中的一些問題。

專書研究因爲有一個封閉的內容，比較容易把問題講透，但這類研究也容易形成模式化，——“一些研究不同專書詞彙的著作看起來似乎只是把不同的材料填入了相同的框架”。（董秀芳，2002：14）今後應該在注意避免模式化的同時，進一步加強專書詞彙研究，並注意作共時對比和歷時比較。

（二）從共時角度對整個先秦詞彙作專題研究或分階段研究

對整個先秦時期的某方面的詞彙問題進行研究的有馬真（1980；1981）、程湘清（1982）、伍宗文（2001）和芮東莉（2004）。對先秦內部某階段的全部詞彙作共時分析的有王紹新（1982）。

上面這些以先秦漢語某類詞彙問題爲對象的研究屬於專題研究，專題研究要想在前人基礎上有所發展，也應該分階段進行。因爲從有文字記錄的殷商時代到秦王朝統一中國大約經歷了一千四五百年，這段歷史差不多相當於隋朝至今這麼一段。我們知道，從隋到今漢語發生了很大的變化，這一段的漢語研究人們一般分作幾個階段來進行。先秦這一段其實也是如此。從甲骨文、《尚書》到《論語》、《呂氏春秋》，從這些傳世的文獻資料中，我們很容易發現這個時期漢語所發生的變化。爲了能夠準確地描寫清楚這個時期的漢語變化情況，找出其演變的規律來，我們不能籠統地把整個先秦時期當作一個斷面作共時的研究，而應該根據漢語變化的事實和相關文獻資料把它分作幾個階段。①

（三）對詞彙發展史的研究

探討詞彙史的著作主要有六部：王力（1993）是在其《漢語史稿》論詞彙發展的那一章的基礎上擴充形成的，它以專題的形式，如詞義的發展變化、概念的發展變化，介紹了三千多年的漢語詞彙的發展情況。該書先秦部分所佔比例很小，且作者用舉例的方式來分析問題，因此對先秦漢語詞彙發展規律的總結是粗綫條的。唐作藩（2001）作於20世紀60年代，作者用了很多筆墨，分七個階段介紹了漢語詞彙發展的整個歷史過程。該書的特點是把詞彙發展史和社會發展史密切結合起來，有很強的理論色彩，有些觀點很值得我們重視，例如：“在遠古和上古時期，漢語的詞彙以單音節爲主，新詞的產生也多數是單音節的，所以這個時期的新詞主要是借助於音變的手段構成的。所謂音變構詞，就是通過聲母、韻母或聲調的變化構成新詞。”“（甲骨文詞彙的）詞義不複雜，基本上是一詞一義，多義詞是很少見的。”“詞義由單純到複雜，由一義到多義，是詞彙豐富的一個重要手段，也是詞彙發展的必然規律。”“音近義通的現象乃是詞彙在語言發展過程中孳乳分化的結果，而不是因爲語音和語義之間有著必然的聯繫。”

史存直（1989）共分五章，其中前四章跟先秦漢語有關，討論了基本

---

① 趙遠夫先生曾經指出：“從夏初至秦末兩千年時間，相當於從秦末至清初的時間。從秦末至清初的語言，無論語音、詞彙、語法還是表現方法都有很大的變化，音韻學家、文字學家、訓詁學家把它們分作幾個時段來研究，而獨先秦時代混沌作爲一段看，顯然是劃分太粗。”見周玉秀《〈逸周書〉的語言特點及其文獻學價值》序一，中華書局2005年版。

詞彙的形成和發展、詞彙發展與社會發展的關係、詞義的演變、構詞法的發展等問題。史先生認識問題的方式比較獨特，所以書中有不少提法跟一般人的認識不太一樣，它能啓示我們對詞彙問題作深入的思考。

潘允中（1989）主要從詞彙發展的特點、構詞法、基本詞彙和借詞四個方面分析了上古漢語詞彙發展情況。他指出，甲、金文裏的合體字是"漢語複音詞結構的初級狀態"，早期的偏正式、動賓式複合詞有些還處在片語階段。

向熹（1993）中的詞彙史部分共有四章，其中第一章討論上古漢語詞彙的發展。他先對商代詞彙的面貌作了詳細的描寫，在此基礎上，又從單音詞、複音詞、詞義、同義詞、成語和諺語等幾個方面介紹了上古漢語詞彙的發展情況。作者指出，研究商代的詞彙主要依據甲骨刻辭，"它幾乎是研究商代詞彙的唯一根據"，傳世文獻中的《商書》"只能作爲研究商代詞彙的旁證"。商代漢語詞彙具有"內容相當廣泛""絕大多數是單音詞，複音詞很少""多數詞只有一個意義，一部分詞有幾個意義"等特點。作者在討論商代詞彙問題時，按詞類劃分大類，然後在大類下按意義劃分小類。小類劃分的方式按王力在《漢語史稿》中對基本詞彙所作的分類。由於今天能夠見到的商代的詞語數量不多，作者對每一小類的分析基本上做到了窮盡列舉。

徐朝華（2003）是目前唯一一部專門探討上古時期漢語詞彙發展的專著。全書集中討論三個問題：詞彙的發展、詞義的發展和構詞法的發展。詞彙的發展分三個階段：殷商至春秋中期、春秋後期至戰國末期、秦漢時期。作者講詞彙發展的方式跟王力先生和向熹先生一樣，先按類列舉代表性詞語，然後作扼要分析。不同的是，他較前二位先生的分析更加細致。例如，作者講到有關農業生產的基本詞發展問題時，在殷商時期先列舉有哪些詞，等到春秋戰國時期，又説明增加了哪些詞語。這樣講詞彙的發展，好處是，容易讓人看到不同時期詞彙的變化情況。但也有不足：如果對各個階段詞彙的面貌掌握得不全面，列舉時有可能遺漏一些重要的詞彙單位。

以上幾部漢語史著作對先秦漢語詞彙發展的分析基本上都是在王力（1980）基礎上展開的，很少有跳出王力（1980）最初所設定的框架的。

關於詞彙史的研究，我們認爲，從發現變化規律的角度講，應該分階段進行。在劃分階段的基礎上，重點考察每個階段漢語詞彙的特點，不同階段的詞彙都在哪些方面發生了變異以及影響詞彙變異的原因是什麼。

（四）關於先秦漢語內部分期問題

漢語史研究的目的就是爲了揭示漢語在不同歷史發展階段具有什麼樣的特點，呈現出怎樣的演變規律來，因此，從事漢語史研究首先面臨的任務就是給漢語劃分階段。

除了個別學者反對給漢語分期之外，[①] 絕大多數學者都主張把漢語分作幾個階段。當然，分期是相對而言的，其中也有大小粗細之別。以先秦漢語爲例，若從整個漢語發展的過程來看，把整個先秦時期作爲一個完整的階段，或者把它作爲上古漢語中的一部分而與中古漢語、近代漢語、現代漢語並列，未嘗不可。如果只以先秦漢語作爲研究的對象，試圖找出漢語在這個時期的變化規律來，仍然不作分期地把它囫圇地當作一個整體，恐怕就不太合適。

先秦漢語內部要不要分期，分幾期比較合理，目前人們的意見並不一致。單就主張分期的學者的意見來看，大家的看法也不盡相同，有人主張分兩期，有人主張分三期，詳見表1。

表1　　　　　　　　　　　先秦漢語內部分期情況表

論　者 論　著	先秦漢語內部分期情況		
	第一期	第二期	第三期
周祖謨（2001）	殷商西周	春秋戰國	×
唐作藩（2001）	殷商（遠古）	周秦（上古的一部分）	×
向　熹（1993）	商	周秦	×
趙振鐸（1994）	殷商	春秋戰國	×
徐朝華（2003）	殷商到春秋中期	春秋後期到戰國末	秦
羅衛東（2003）	殷商	西周	春秋戰國

① 例如，史存直（1989）認爲："我個人則不但認爲不必分期，甚至積極主張不分期。"不過，他並不是徹底的不分期的主張者和貫徹者，他在討論具體問題時，有時也按分期講，如"社會發展和詞彙的新陳代謝"一章，他說："分時期來講詞彙史，依我看似乎是最簡便的辦法。"見《漢語詞彙史綱要》附錄"漢語史綱要·總論"。

從表 1 可以看出，除唐作藩（2001）和向熹（1993）的意見一致外，其他學者每個人都有自己的一套標準。看來，先秦漢語內部的分期問題還有必要作進一步的研究。在這個問題上，我們的意見是，在先秦漢語面貌還沒有摸清之前，内部階段的劃分宜細不宜粗，否則有些深層的規律就不容易發現。

（五）複音詞和詞組的分別問題

自從人們有了詞的觀念之後，人們對字和詞的分別、複音詞和詞組的區分的討論就沒有停止過。在這兩個問題中，複音詞和詞組的關係最爲複雜，也最不容易説清楚。

早在 20 世紀 50 年代，王力（1953）提出詞和仂語之間沒有絕對的界限的看法之後，人們一直沒有放棄這個問題的研究，試圖找出分清複音詞和詞組的客觀標準。

最早對這個問題作深入探討的是馬真（1980；1981），她在 20 世紀 80 年代初期，對先秦漢語的複音詞作了系統的研究，她指出："確定先秦時期的合成詞，根據的只是有限的書面材料，不能像區分現代漢語的詞和片語那樣可以採用'替換法''擴展法''插入法'等，更不能簡單地用是否經常連用作爲定詞的標準。"她認爲，"劃分先秦的複音詞，主要應從詞彙意義的角度來考慮問題，即考察複音組合的結合程度是否緊密，它們是否已經成爲完整意義的不可分割的整體。這是最可行的辦法，其他方面的標誌都只能作爲參考"。她根據兩個成分結合的緊密程度從意義角度分析了五種成詞的情況。

如果説馬真（1980；1981）所使用的標準是重視意義的單標準，那麼，程湘清（1982）所用的標準則屬於多標準：從語法結構上看，"兩個音節結合緊密，不能拆開或隨意擴展的是詞"；從詞彙意義上看，"凡結構上結合緊密、意義上共同代表一個概念的是詞"；從修辭特點上看，"在同一語言環境中，凡處於相同句式的相同位置的不同雙音組合，其中一個（或幾個）已確認爲詞，則其他雙音組合可首先考慮是詞而不是短語"；從出現頻率上看，"一些見次率很高的雙音組合大致可確定爲雙音詞"。對於以上四條標準，程湘清（1982）認爲結構標準是最可靠的，意義標準也不能忽視，而對舉和頻率則只能作個參考。

　　以上二位學者的意見發表後，又有一些學者陸續提出了自己的看法。例如吳曉露（1984）"把能否擴展，語音能否停頓，使用頻率的高低以及有無專門意義等綜合起來"，作爲確定戰國時期雙音詞的標準。黃志強（1985）則説："在結構上可以用擴充法、替換法和插入法來測試複合詞的兩個詞根結合的緊密程度。複合詞結合緊密，一般不能自由擴充，不能用同義詞根替換其中一個詞根或插入別的詞。而片語中的兩個詞關係較爲鬆弛，可以這樣做。"以上這些方法都是現代漢語常用的，現在把它拿來解決古代漢語詞的問題，必然要受到很多限制，這一點前人已經説過。另外，張雙棣（1989：169）非常重視意義標準在複音詞確定中的重要性，他説："確定先秦漢語複音詞，意義標準是至關重要的，是決定性的。即使判斷結構上結合得緊密不緊密，也要靠意義。""複音詞的詞義特點在於它的意義是統一的，它的意義不等於構成語素意義的簡單相加，而是構成新義，或形成概括義，或產生特指義，或具有偏指義。"關於先秦漢語中雙音詞能否拆開的問題，張雙棣（1989：169—170）認爲，先秦漢語複音詞產生以後，單音詞仍然作爲主要形式在用，而且頻率大大超過複音詞，"我們不能因爲單音詞還大量應用就否定雙音詞的存在，認爲它是雙音形式拆開的結果"。朱廣祁（1985：152）也指出，"我們不能把組合成分有無獨立性當作區分雙音短語與雙音複合詞的標準"。"我們只能這樣規定一個總的原則：兩個單音詞結合在一起，只要形成一個比較統一的概念，人們不再把它們看成明顯的兩件事物，這種雙音組合就可以看作一個複合詞了。"對于頻率，朱廣祁（1985：158）認爲："雙音組合出現的頻率，也是區分片語與複合詞的參照標準之一。一般説來，出現次數多的，表明它的形式比較固定，應該算作複合詞。但是我們又不能把這個標推倒過來用，認爲出現次數少的一定不是複合詞。事實上，在《詩經》中只出現一次的典型的複合詞是很多的。"

　　主張多標準的還有張聯榮（1997）和毛遠明（1999）。張聯榮（1997：164—165）指出，兩個成分連在一起是雙音詞還是詞組，可以從意義和結構兩個方面看："從意義上看，既然已經成了一個詞，就是一個整體，表達的就是一個完整的意思，而不是兩個成分意義的機械組合。""從結構上説，既然已成了一個整體，前後次序就不能再隨意改動，社稷不能説成稷社，邊疆也不能説成疆邊。"毛遠明（1999：88）則在意義、結構、頻率標準之外，又提出詞性變化的標準。這一標準其實正如論者所説，"詞義的變化和詞性的轉變是同步的"，詞義變化了，詞性有時也會隨著變化，而詞性轉變了，詞義肯定會發生變化。這樣看來，這條標準實際上是意義標準之下的一種特殊情況。

除以上介紹的以外，對這一問題進行研究的還有劉誠（1985）、嚴志君（1992）、李朵（2000）、伍宗文（2001）、陳冠蘭（2002）、蔣書紅（2002）、鍾海軍（2003）、劉兆君（2005）等。他們基本上只是對前面提到的幾種意見作適當的改造，並沒有提出新的標準。不過，陳海波（2001）在確定《史記》複音詞時，採用了一種比較特殊的辦法，他首先根據語感從《史記》中提取了14000多個雙音短語，然後把它們一一和《漢語大詞典》中所收録的詞語對照，凡是《漢語大詞典》收録了且意義又與《史記》中出現的多音節單位的意義相符的，就明確是詞，否則就用意義、結構、頻率等方法進行鑒別。把早期文獻中的雙音節單位跟《漢語大詞典》的收目加以比較來確定雙音詞，是一種省事且保險的做法，這樣得到的結果即使出現了問題，也應該由《漢語大詞典》的編者"負責"，與作者沒有多大關係。這裡需要指出的是，《漢語大詞典》收録的並非都是詞，有些是詞的也沒有收進來；而且它是一部歷時詞典，它所收録的並不都是在同一個時期產生的詞，有些見於《史記》的在漢代未必就已經成詞，有可能到後代才發展成詞，這部分單位，《漢語大詞典》照樣收録。在這種情況下，如果仍以《漢語大詞典》爲參考標準鑒定早期的某個單位是否是詞，恐怕就有問題。

從以上介紹的情況來看，目前人們使用的確定古漢語複音詞的標準，無非意義、結構、頻率、修辭四種，只是不同的人在使用時各有側重罷了，由於人們對這些標準的理解不同，運用時有寬有嚴，所以同一部文獻不同的人劃分出來的複音詞的數量就不一樣。

以文獻爲對象的詞彙研究，面臨的首要任務是把詞從文獻中分離出來，因此，複音詞和詞組的分別不搞清楚，確定詞的標準不解決，後續的各項工作就無從開展。這個問題是以文獻爲對象的詞彙研究繞不過去的。看來，如何掌握這些標準，還值得進一步研究。

二　對常用詞問題的研究

由於古代漢語常用詞研究的成果少，以下的介紹包括了現代漢語常用詞的研究部分。現代漢語常用詞研究的成功經驗對於我們開展古代漢語常用詞研究具有重要的指導作用。

（一）常用詞的含義及確定常用詞的標準

常用詞是一個非常模糊的概念，這不僅表現在它跟基本詞語經常糾纏在一起上，還表現在它缺乏一個明確的定義上。

較早使用常用詞這個概念並對它進行研究的是周祖謨（1959），他認爲，"凡是日常用來表達人們的思想的詞，一般人都能掌握的詞"就是常用詞。與常用詞相對的是非常用詞，非常用詞包括"專門的詞和由古代沿用下來的文言詞以及具有特殊修辭色彩的詞"，在"一般的談話和寫作中極少應用"。從作者對常用詞和非常用詞所作的解釋中我們可以隱約地感到二者的區別，要是有人問我們"市場""上學""南瓜"是不是常用詞，恐怕人們的回答就不一樣了。可見，"日常"和"一般人都能掌握的"並不能作爲判斷常用詞的標準。

在周祖謨（1959）的意見發表之後，多數學者都同意把常用詞看作跟非常用詞相對的一個概念，但是也有人認爲常用詞是和訓詁學所講的"疑難詞語"相對的，例如李宗江（1999：2—3）說："實際上這裏所指的'常用詞'，既不同於一般以詞頻統計爲依據確定的常用詞，也不同於詞彙學中的基本詞彙的概念。本書所指在漢語詞彙史研究意義上的常用詞首先是作爲訓詁學研究對象的疑難詞語的對立面提出來的。這個概念的第二方面的含義是指對研究詞彙演變有重要價值，具體說是指那些個代表詞彙的核心而其發展變化可以決定詞彙發展面貌的詞。"汪維輝（2000a：11）和徐時儀（2000）也支持這種說法。我們認爲，把常用詞看作是跟"疑難詞語"相對的概念，在常用詞的判定上容易導致主觀隨意性，因爲，什麼詞語是疑難的，什麽詞語是容易理解的，不同的人會有不同的認識。文化程度高的人，他們遇到的疑難詞語就少；文化程度低的人，他們遇到的疑難詞語就多，這樣一來，常用詞的"非疑難"標準就因人而異了。

有些教材在用到常用詞這個概念時並不説明什麽樣的單位是常用詞。如郭錫良、李玲璞主編的《古代漢語》（語文出版社 1992 年版），把常用詞的講解和分析作爲本書的主要內容之一（見《凡例》"四"），但是什麽是常用詞，編者並未交代。這種情況更常見于各種以"常用詞"命名的工具書中，例如王國璋、安汝磐等編的《常用詞用法例釋》（中國人民大學出版社 1980 年版）、湖南師範大學中文系編的《常用詞語匯釋》（湖南教育出版社 1982 年版）、蕭自熙的《古漢語常用詞詞義歌訣》（北京出版社 1989 年版）、周緒全、王澄愚的《古漢語常用詞通釋》（重慶出版社 1988 年版）、《漢語常用詞詞典》（福建人民出版社 1989 年版）、楊天戈和劉沫等編的《漢語常用詞搭配詞典》（外語教學與研究出版社 1990 年版）、解玉良和黃發耀等編著的《簡明文言常用詞手冊》（對外貿易教育出版社 1989 年版）、蔣必達和李忠田編的《文言常用詞典》（南海出版公司 1991 年版），這些工具書均未説明什麽是常用詞。

由於沒有明確的定義和標準，各工具書所收的常用詞的數量也大不一樣。以古漢語常用詞爲例，請看表 2：

表 2   各書收古漢語常用詞數量表

編者	著作或工具書	常用詞數量（个）
王力主編	《古代漢語》	1121
郭錫良、李玲璞等	《古代漢語》	200 多
劉鑒平、鄒聯琰	《文言常用詞手冊》	300
解玉良、黃發耀等	《簡明文言常用詞手冊》	268
周緒全、王澄愚	《古漢語常用詞通釋》	2000
蔣必達、李忠田	《文言常用詞典》	近 2000

都是講古代漢語常用詞的，有的只有 200 多個，有的將近 2000 個，兩者差不多相差 10 倍，這説明學者們心目中的常用詞是很不一樣的。

在現代漢語研究中，符淮青（1985）、劉叔新（1990）等提出了明確的確定常用詞的標準。他們一致認爲，確定常用詞應當根據詞語使用的頻率。所不同的是，符淮青（1985：163）認爲應當根據詞在"最流行"的書刊上的使用頻率，而劉叔新（1990：236）認爲頻率統計應該是一種包括大量書面語和口頭語在內的全面的調查。調查的對象不同、使用的樣本大小不同，一般只會影響到統計的結果，但不會改變結果的性質——都是常用詞，只是屬於不同範圍的常用詞。後來，魏慧萍（2005：233）在以上研究成果的基礎上，提出當根據詞的意義內容和詞頻統計來確定常用詞，她説："詞頻統計是確定常用詞時最爲重要的依據。只有具備一定程度的出現頻率，才能真正成爲常用詞的成員。就古代漢語而言，由於不可能有言説狀態的口語資料，其詞頻統計以對書面言語作品的統計爲主，不如統計古代文獻中某個詞的出現頻率，並在數量上與其他具有可比性的詞進行比較，以便確定這個詞是否屬于古代漢語常用詞。"魏慧萍（2005：239）認爲"統計的方法使常用詞的確定有了量化標準，比單純憑借詞義內容或語感作出判斷更爲科學"。目前人們對詞頻統計方法的認識還不太一樣，但是這種標準總比"一般人都能掌握"或者"非疑難"等標準客觀一些。

下面介紹一下以詞頻統計爲標準確定常用詞的一些研究成果。

（1）王力（1981）在確定先秦漢語常用詞時，"大致是以《春秋三傳》、《詩經》、《論語》、《孟子》、《莊子》書中出現十次以上的詞爲標準，而予以適當增減"。（見《凡例》）對於《古代漢語》的這种做法，芮東莉（2004：11）提出了質疑："王力的這一統計方法不但調查的語料極爲有限，而且統計的標準也存在很大問題，因爲'出現十次以上'從理論上講算不上是評判常用詞的標準。"不過，王力（1981）在選定常用詞時，並沒有完全依照這個標準："常用詞的選擇，原來是想以古書中最常出現者爲准（例如在某書中出現十次以上）。後來覺得這種統計表面上很科學，實用價值不大。有些常用詞可以不講（如'人'），有些不大常見的詞反而該講（如'捐'）。現在所選的詞，任意性很大。"（《古代漢語》編後記）。芮東莉（2004）的批評意見是正確的，但是也應該承認，王力（1981）的頻次標準是有科學依據的，只是他在最終確定哪些詞是常用詞時，部分地放棄了這一標準，而又根據編選的目的增加了是否適合教學這一標準，因此該書最終確定的這些"常用詞"並不都是依據詞頻統計的結果得到的。

（2）鄭林曦等（1987）採用"選擇和統計、檢驗相結合的方法"確定了普通話中的常用詞。所謂"選擇和統計、檢驗相結合的方法"，就是先根據研究者的認識從經常使用的普通話資料中選出一些研究者認爲常用的詞製成詞表，然後利用"各種性質的書報文章約五萬詞（合十三萬多字），進行常用性檢驗"，最後證實這些詞的覆蓋率很高（平均達87%）。關於這種方法的價值，研究者指出："從現時我們每天說和用的普通話資料中選擇一些比較常用的詞兒，增加到這個詞表中；然後用各種性質和體裁的普通話錄音和文章加以檢驗，確定這個詞表的常用性是否有所提高，這仍然是正確的方法。經過十年、二十年的使用後，再按照群衆的意見加以增補和更新，使它跟發展中的活的普通話保持一致，真正作到最常用的一個不漏、常用性逐步增加。這樣一條研究現代漢語常用詞的道路，我總以爲值得繼續走下去。"（《〈普通話三千常用詞表〉是怎樣增訂的》）這種方法其實就是後來劉叔新（1990）所講的確定常用詞的詞頻統計應該針對包括書面語和口語材料在內的大量語料進行的方法，以之確定的常用詞應該是某一個時代比較穩定的、最可靠的常用詞。這種方法也有一些局限性，正如鄭林曦等（1987）自己所說："第一，可能因爲忽略，漏掉一些相當常用的詞。第二，因爲選擇的時候，往往容易求全，會把某些並非真正常用的詞收進來。第三，有些詞常用不常用，發生爭執，贊成選上和不贊成選上的各半，單憑主觀很難作決定。"（"說明"）

以上兩項研究都是以手工統計爲基礎的。到20世紀80年代以後，人們開始借助計算機進行詞頻統計。主要成果有三項：

（3）北京語言學院語言教學研究所進行的"常用字和常用詞研究"。他們對1978—1980年出版的全國通用中小學語文課本的全部詞彙進行了統計和分析，最後按照頻率高低，把前3817個詞定爲常用詞。這些詞在中小學語文課本中都至少出現10次以上，而且覆蓋率達到了90.25%。①

---

① 見北京語言學院語言教學研究所編《常用字和常用詞》（1985）。

　　(4) 何克抗、李大魁等十一位學者進行的"現代漢語三千常用詞"研究。他們對 1983—1984 年度的全國統編中小學語文教材 24 冊 107 萬字進行了全面的詞頻統計與分析，最後根據詞的頻率值（詞出現頻度的高低）和方差值（詞在各種文體中的覆蓋率）確定了三千個詞爲常用詞。該研究從詞庫的建立、詞頻的統計到計算詞的頻率值和方差值，完全由計算機軟件系統自動完成（何克抗、李大魁，1987）。由於研究者沒有具體介紹這三千個常用詞的頻率和覆蓋率，我們無法知道他們確定常用詞時的具體想法。

　　(5) 國家科委的"現代漢語常用詞詞頻統計"項目。該項目由國家科委制定並委託國家標準局主管，開始於 1981 年，歷時六年完成，先後有數百位科研人員參與。該項目對 1919 年至 1982 年的社會科學和自然科學的漢語材料分時期、分學科進行了詞頻統計，最後得到了一個包括 46520 個詞條（含固定語）的總詞頻詞表。"這次詞頻統計是世界上迄今爲止規模最大的漢語詞頻統計，被統計出詞條達七萬之多，對二千余萬漢字（包括標點符號）進行了統計，被統計材料遍及社會科學和自然科學的政治經濟、歷史哲學、新聞報導、文體生活、文學藝術、建築運輸、農牧副漁、電子輕化工、童工業、基礎科學等十類學科。"① 該詞表雖然名爲"常用詞"詞頻表，實爲一個按詞頻高低順序排列的詞彙總表，其中既有常用詞，也有非常用詞。

　　(6) 芮東莉（2004）對上古漢語單音節常用詞的研究。芮東莉（2004：10）認爲，"在上古文獻中單音節詞中的絕大部分都和單個漢字構成一一對應的形式，因此對上古漢語單音節常用詞的統計可以借助於對上古漢語常用字的統計來進行。"以這一認識爲基礎，她對西漢以前 177 萬多字的文獻資料進行了統計。方法是：先計算出語料中的總字數和單字量，然後用"1"除以單字量求出漢字均頻，凡單字頻率大於均頻的即爲常用字。用這種方法她得到上古漢語常用詞 1005 個。這種方法有很多合理的地方，也存在一些問題。第一，上古漢語雖以單音詞爲主，但也有不少複音詞。用字頻代替詞頻，可能把很多構詞成分也當作單詞，這樣一來，作者確定的

---

①　錢偉長語。見劉源、梁南元等《現代漢語常用詞詞頻詞典》(1990)"前言"部分。

1005 個高頻詞未必都是最常用的單音詞。第二，把整個上古時期當作一個平面作共時研究，忽略了不同階段漢語詞彙面貌不同的事實。① 如果把作者所説的"上古"分作幾個階段，會發現她所確定的 1005 個常用詞在有的階段並不常用。

（二）常用詞和基本詞的關係

漢語詞彙研究中的"基本詞彙"是個外來概念，最早由斯大林（1950）提出，他説："語言的詞彙中的主要東西就是基本詞彙，其中也包括成爲它的核心的全部根詞。基本詞彙比語言的詞彙窄小得多，可是它的生命卻長久得多，它在千百年的長時期中生存著，並且爲構成新詞提供基礎。"這段話成爲我國學者關於基本詞彙理論認識的基礎。"基本詞彙"的含義以及能産性、穩固性和全民常用性三個特點也都是根據這一句話推導出來的。因爲基本詞彙"具有"全民常用性這樣一個特點，② 後來就有學者把它和常用詞混同起來，分不清什麼是常用詞什麼是基本詞。③

最早指出常用詞和基本詞不同的是林燾（1954）："我們可以肯定地説，（基本詞彙和常用詞彙）這兩個概念並不完全相等，包括在基本詞彙中的詞固然一定常用，但是常用的詞不見得一定屬於基本詞彙。"他認爲常用詞的範圍要廣得多，基本詞只是其中一部分。持相同觀點的還有史存直（1989：3），他説："常用詞語只依據較高的使用頻率而定，不論其歷史的長短。有相當一部分常用詞語，由於有長久的歷史，就也是基本詞語。這就是説，基本詞彙是常用詞語的一部分。"周薦（1987）更強調常用詞和基本詞是從不同角度劃分出來的，二者沒有關係："詞語常用與否是從詞語使用的頻率上來界定的，似與其他因素很少關涉。""詞語常用與否，是從人們運用詞語的角度按詞語的使用頻率給詞彙劃分的類別，它和

---

① 汪啓明（1998：4）指出："研究先秦兩漢漢語，通常的做法是不分時間、地點，將上自甲骨文、金文，來源不同的《詩經》、《楚辭》、《韓非子》、《荀子》甚至漢代的《史記》、《漢書》及其後的注釋都排列到一起進行研究。這種做法，注意到了一種民族語言的内部一致性和一個時段的相對穩定性，可以勾畫出先秦兩漢漢語的大致輪廓，找出它的一般規律。但是，如果出現了一些例外，這種研究往往就難以作合理的解釋。"

② 關於基本詞彙特點的最早論述，參見張永言（1982）和武占坤、王勤（1983）。

③ 參見蘇培成（1995）。

我們按詞語的歷史久暫和使用是否廣泛劃分出來的基本詞彙和一般詞彙，並不一致。"魏慧萍（2005：249）把常用詞分爲歷時常用詞和共時常用詞兩種，認爲歷時常用詞與基本詞的實質相當。

（三）常用詞的演變

常用詞的演變屬於歷時研究。代表性成果有李宗江（1999）和汪維輝（2000a）。

李宗江的研究既有理論分析，又有個案研究。他首先從理論層面分析了常用詞演變研究的對象、常用詞演變的類型、原因、應涉及的內容和研究方法等，然後又對一些比較典型的常用詞的更替和演變情況作了具體考察。李宗江（1999）認爲，常用詞的演變包括衍生性演變和交替性演變，交替性演變是常用詞演變研究的重點。李宗江（1999）列舉的一些在常用詞演變研究中經常遇到的問題，如"常用詞壽命問題""詞彙演變中的位置變化問題""歷史語料的同質性問題"，對於我們今天開展常用詞研究很有借鑒意義。李宗江的常用詞研究偏重于虛詞，多是從語法角度來探討常用詞的交替性演變的。

汪維輝（2000a）與李宗江（1999）大異其趣，他是從詞彙角度進行研究的，以張永言、汪維輝（1995）提出的理論認識爲指導，重點考察東漢至隋這一階段41組常用詞（如"目/眼""易、更/換"）的更替過程，目的是爲了"考定每一組常用詞的更替從何時開始，到何時完成"，"盡可能把演變更替的過程描寫出來"，同時還要"總結常用詞的演變規律"。（汪維輝，2000a：17）汪維輝（2000a）的視角是很獨特的，他只關注"更替"這一種現象，至於常用詞在演變過程中有沒有別的情況，他沒有説。

第四節　理論、材料與研究方法

一　理論

我們開展先秦漢語常用詞研究，主要基於以下幾點認識：

第一，常用詞是常用的，"常用的"這一特點集中表現在詞的使用的高頻率上，如果把一個時期只出現一次或出現次數較少的詞定爲常用詞，恐怕很少有人同意；相反，一個時期出現次數很多的詞，別管它是難理解還是容易理解，沒有理由不被看作常用詞。

第二，常用詞跟基本詞不同，它不是一個理論上的概念。在語言中，確實存在著跟這一概念相對應的若干實體，這些實體形成一個類聚，構成該語言在某個特定時期的常用詞彙。我們完全能夠通過對某個時期口語或書面材料的調查與分析找出該時期的常用詞來。基本詞則不然，雖然大家都在說"基本詞（彙）"，但是要找出一種語言的基本詞，恐怕沒有人能夠做到。

第三，常用詞是一個共時的概念。一個時代有一個時代的常用詞，不同時代的常用詞有相同的成分，也有不同的成分，因此，孔子時代的常用詞不同于李白時代的常用詞，李白時代的常用詞也不同于曹雪芹時代的常用詞。研究漢語的常用詞問題時不能作泛共時的研究，把不同時代的語料放在一起，應當分作幾個階段來進行。

第四，分階段研究常用詞，既要找出它們的共性，又要發現它們的個性。各個階段常用詞的共性是語言保持穩定性的前提，而個性體現了常用詞和語言的發展。常用詞的發展不僅表現在替換上，如"木→樹"（"→"讀作替換成，下同）"犬→狗""視→看""入→進""明→亮""寡→少""亦→也""自→從"，[①] 還表現在詞的使用頻率的變化上、高頻義位的轉移上[②]以及詞的義位的增減上。後者比常用詞的替換更具普遍性。

第五，常用詞是一個相對的概念，跟這個概念相對應的是非常用詞。[③] 在某個時期所有的詞語中，常用詞和非常用詞相互並列共同形成對該時期所有詞語的分割關係，兩者之間沒有截然的界限。如果常用詞確定得多，那麼非常用詞的數量就少；如果常用詞確定得少，那麼非常用詞的數量就多。

明白了常用詞跟非常用詞的這種關係，我們在確定某個時期的常用詞時，就不能過分地強調它們之間在頻次上的區別，也不能單純地以常用詞

---

① 詳見汪維輝（2000a）。

② 指的是 A 詞在甲時期常用 a 義，到乙時期常用 b 義這一現象，如"走"。

③ 當然，也可以根據實際需要再分出一個"次常用詞"來。

在整個詞彙中所佔的比例爲標準，而應該多考慮考慮常用詞的覆蓋率。

二　使用的材料

我們研究先秦漢語常用詞問題主要使用以下兩類材料：（一）傳世文獻；（二）出土文獻。這兩類材料的優劣勢各不相同。

傳世文獻的優勢是材料豐富，而且在長期流傳過程中，歷經各代學者的研究和整理，文本定型、解釋比較一致。劣勢是這些材料在流傳過程中也都程度不等地出現了錯訛和人爲改動（如因避諱而改字）的情況，尤其是經過秦孝公燔詩書和秦火之後，"六經亦燼"，[①] 今天所見的這類文獻多非先秦文獻的原貌，它只是近似地反映了先秦語言的面貌，這可以從簡本《論語》和傳世本《論語》的比較中看出來。傳世文獻作爲研究資料的第二個劣勢是，有些先秦文獻的成書年代也頗成問題，我們已經知道的有一些，如古文《尚書》就不是真《尚書》，《列子》的作者和成書年代也很可疑；我們尚不清楚的也有不少，如《詩經·商頌》到底是春秋時宋國的作品還是殷商時期的作品，到目前爲止仍無定論。所以，利用傳世文獻作爲研究的材料時，應該堅持寧缺勿濫的原則，盡量選擇其中內容和成書年代比較可靠的那部分材料。[②]

出土文獻作爲研究先秦漢語的另一類材料，其優勢在於，這類文獻來自地下，是當時語言情況的真實反映，可靠性很強。[③] 劣勢是比較零散，缺乏系統性，而且有的還沒有經過整理，有的雖經過整理，但是釋讀分歧較大。對於這部分材料，我們既要重視又要慎重對待。本書不作爲重點材料使用，只從傳世文獻數量很少的西周早中期中選取一些比較完整的、大

---

① 詳見劉師培《六經殘于秦火攷》，汪宇編《劉師培學術文化隨筆》，中國青年出版社 1999 年版，第 70 頁。

② 材料之于研究的價值，郭沫若有深刻的認識："無論作何研究，材料的鑒別是最必要的基礎階段。材料不夠固然大成問題，而材料的真僞或時代性未加規定清楚，那比缺乏材料還要更加危險。因爲材料的缺乏，頂多得不出結論而已，而材料的不正確便會得出錯誤得結論。這樣的結論比沒有更要有害。"郭沫若：《古代研究的自我批判》，見《十批判書》，科學出版社 1956 年版，第 2 頁。

③ 出土文獻對漢語史研究的價值，裘錫圭（1979）、唐鈺明（1993）和陳偉武（1998）等均有詳細的論述。

家意見比較一致的青銅器銘文作爲研究的材料。選用標準詳見本書第二章第一節。

三 研究方法

本研究使用的方法有以下幾種：

（一）統計分析法

統計分析屬於定量研究。上文我們說過，我們所說的常用詞不是與"疑難詞語"相對的詞語，而是以詞頻統計爲依據確定下來的高頻詞。要從文獻中找出這樣的常用詞，唯一的辦法就是進行詞頻統計和分析。

詞頻統計分析法的具體用法是：首先找出某個階段文獻中用了哪些詞（詞彙量，vocabulary）、每個詞分別出現了多少次（頻次，number of times）、該階段文獻中詞彙總量是多少（總詞次，total of words），然後計算出每個詞在該時期的使用頻率（frequency）並按頻率由高到低排列制成詞表，最後再算出詞的覆蓋率（coverage rate），詞頻表中詞的覆蓋率表現爲詞的纍計頻率。以上各項的計算方法是：

總詞次＝a 詞的頻次＋b 詞的頻次＋c 詞的頻次＋……＋n 詞的頻次

頻率＝頻次÷總詞次

覆蓋率＝（x 詞）的頻率＋（x－1 詞）的頻率＋（x－2 詞）的頻率＋…＋（x－x 詞）的頻率[①]

以上數據中，詞彙量和頻次屬於原始數據，總詞次、頻率和覆蓋率屬於加工後的數據。原始數據和加工後的數據對於常用詞的確定和說明常用詞的變化情況至關重要。

（二）描寫的方法

在統計分析的基礎上，接下來需要做的工作就是描寫。只有把漢語史上各個階段的語言事實都描寫清楚了，漢語史才能建立起來。否則，一開始就把精力放在解釋上，由于缺乏充分的事實做證據，即使能自圓其說，結論的普遍適用性也差。從前的研究，大多偏重于解釋，對于事實的描寫

---

① x 代表詞頻表中某一行，x－1 代表詞頻表中某行的上一行，其餘依次類推。

重視不够，因此，漢語史上各階段詞彙的面貌如何就很少有人説得清楚。本書將在統計的基礎上更側重于對事實的分析和描寫。

（三）歷時比較法

確定出先秦各階段的常用詞並對其在不同時期表現出來的特點進行描寫之後，接下來我們還要對先秦時期各個階段常用詞的發展演變情況進行考察。發現常用詞發展演變的最好辦法就是比較：把不同階段的常用詞進行比較，可以看出後一個階段新增了哪些詞，有哪些前一階段的常用詞變成了次常用詞或非常用詞。這種比較便於從總體上解釋常用詞的變化情況。另外，通過對不同階段個別常用詞的比較分析，可以發現某個常用詞在形式和意義方面發生的變化。以上這兩種比較涉及不同歷史階段，均屬歷時比較法。

（四）個案研究法

常用詞在詞彙中所佔的比重雖然不是很高，至少也有幾百個。我們在研究常用詞的發展演變時，不可能對每一個常用詞都作細致的分析。這樣做既不現實也無必要。爲了説明先秦漢語常用詞的特點和發展演變的規律，我們需要從中選擇一些作個案研究，通過"解剖麻雀"的方法，了解先秦各階段常用詞的特點以及它們發展變化的規律。

第五節　研究思路

先秦漢語常用詞研究的基本思路是：

第一步，明確研究目的，確定研究目標。本研究的目標是，通過對先秦各個階段詞彙的整理和分析，弄清先秦各階段詞彙的面貌和常用詞的情況，進而了解先秦漢語常用詞演變的特點和規律。

第二步，圍繞上述目標搜集整理先秦文獻資料，根據文獻的類型和形成的時間把它們分爲五個部分，作爲先秦時期四個階段的語料。

第三步，利用文獻學的知識，把選定的文獻錄入計算機，整理成符合研究要求的、規範的電子文本。

第四步，研究文本，了解文獻的用詞情況以及前人確定複音詞的標準，結合文獻的實際，制定出詳細的分詞標準，其中重點是解決複音詞和詞組的劃分問題。

第五步，依據所制定的分詞標準切分文本，找出文獻中所有的詞以及它們的使用次數，然後根據詞位和詞位變體的理論確定各期文獻中的詞位。最後得到五個詞表①，這五個詞表反映了先秦四個階段的詞彙總量。

第六步，對上述五個詞表作數據加工，計算出各期的用詞量、總詞次，算出每個詞的使用頻率，並按使用頻率由高到低重新排序，最後以頻率表爲依據計算出每個詞的累積頻率。纍積頻率體現了詞的覆蓋率。包括上述各項指標的詞表就是我們所説的詞頻表。根據詞頻表中詞的覆蓋率以及詞的頻次即可得到不同研究目的所需的常用詞。

第七步，確定先秦各階段的常用詞並分析其特點，然後從縱向上加以比較，找出先秦時期漢語常用詞發展演變的規律。

第八步，對本課題的研究情況進行總結，看取得了哪些成果，還存在什麼問題，指出今後開展這類研究需要改進的地方。

上述研究過程可圖示如下：

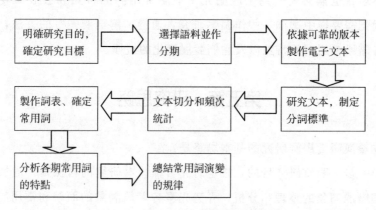

圖 1　先秦時期漢語常用詞研究程序圖

---

① 第 1 期文獻包括出土文獻和傳世文獻，這兩類文獻分別統計，最後得到該時期的兩個詞表。

第一章　先秦漢語詞的問題

第一節　詞和字的關係

一　詞和字是兩種性質的單位

詞是語言的建築材料，是語言中的一類重要單位，它是語言研究的對象。

語言中的每一個詞都包括形式和意義兩個方面。詞的形式又分讀音形式和書寫形式。我們平常所説的字大致跟詞的書寫形式相對應。也就是說，漢字是記録漢語詞的書寫形式。

二　詞和字不對應的情況

當然，我們説"漢字是記録漢語詞的書寫形式"，只是爲了強調漢字跟詞不同，倘若嚴格講起來，無論是現代漢語還是古代漢語，漢字和漢語中的詞都不能直接畫等號。漢字跟漢語詞的密切程度，完全取決于漢語中詞的性質。在現代漢語中，由于複音詞佔多數，字和詞的關係就疏遠一些；在單音詞佔優勢的先秦漢語中，很多情況下，一個字就代表一個詞，字和詞一致的程度就高一些。即使這樣，先秦漢語的字和詞仍然並不總是對應著。先秦漢語字和詞不對應的情況有：

一個字只記録一個詞素。如"君子"中的"君"和"子"。

一個字記録一個詞組。如甲骨文中的"豐"（登豆）。①

一個字記録一個多音節的詞。如甲骨文中的"宰"（少牢）。

一個字只記録一個音節，該音節既不是詞也不是詞素。如"於
菟"中的"於"和"菟"②。

漢字之所以容易和漢語的詞相混，主要是因爲漢字跟完全記録語音的
拼音文字不同，漢字形體本身常常帶有一定的意義（以下簡稱字義），可
以通過拆分、説解字形來了解漢字所記録的語言單位的意義（以下簡稱詞
義）。例如：

魚："水蟲也。象形，魚尾與燕尾相似。"《説文·魚部》

冊："符命也，諸侯進受于王也。象其札，一長一短，中有二編
之形。"《説文·冊部》

莫："旦且冥也。從日在茻中。"《説文·茻部》

戒：《説文·収部》"警也。從廾持戈以戒不虞。"

但是，字義和詞義並不總是對應著，尤其是在文獻當中，很多情況下
詞義無法通過字義來了解。如《論語·學而》："學而時習之，不亦説乎？"
這句話中能夠通過字形直接了解詞義的只有"學""時""習""説"四個
字，其他的是所謂的"語詞"，"凡語詞之字，多非本義，但取其聲"③。字
義和詞義不對應的情況，發生在各類文字身上，只是程度各不相同：各種
借音字的字義跟它所記録的詞的詞義毫不相關；形聲字跟詞義雖有關係，
但只能表示詞義的義域；象形字、會意字和指示字一般只能表示詞的本

---

① 裘錫圭（1978）認爲，甲、金文中的合文大概可以代表兩個詞。潘云中（1989）和唐鈺
明（1991a）認爲，合文記録的是詞而不是詞組。那麼合文記録的到底是詞還是詞組，我們的意見
是，這要根據詞和詞組的特點來分析，還要注意合文所記録的語言單位的性質和意義，不能僅看
形式（文字）。符合詞組的特點的即定爲詞組，如甲、金文中的"五朋"和本例；符合詞的特點的
即應該看作詞，如甲骨文中的"報乙"。關於詞和詞組的性質及其分別，詳見本章第三節。

② "於菟"爲先秦時期楚方言，如《左傳·宣公四年》："楚人謂乳，穀；謂虎，於菟。"

③ 郝懿行：《爾雅義疏·釋詁下》。

義。正因爲這樣，王寧（1996：43）把字義叫造意，把詞義叫實義，認爲造意是指字的造形意圖，實義是指由造意中反映出的詞義。

　　除了前面所説的字和詞在音節形式和意義上不完全對應外，就能夠記錄單音詞的漢字和它記錄的單音詞的關係來看，字和詞不一致的情況也很普遍。同一個漢字可以記錄多個毫無關係的詞，同一個詞也可以用不同的漢字來記錄。前者如"陳"字：

　　（1）陳¹，顓頊之族也，歲在鶉火，是以卒滅。《左傳・昭 8》

　　（2）彼何人斯，胡逝我陳²？《小雅・何人斯》

　　（3）衛靈公問陳³於孔子。《論語・衛靈公》

　　在這三句話中，"陳¹"是專名，指顓頊之族；"陳²"是一般名詞，即"堂塗也"（《毛傳》），也就是"堂下至門之徑"（《爾雅・釋宮》郭注）；"陳³"，據何晏《論語集解》引孔安國的説法，就是"軍陣行列之法"。很顯然，這三個"陳"讀音不盡相同，意義互不相干，當屬於三個不同的詞，只是它們共用"陳"字來記錄罷了。

　　與前面所説的情況不同，同一個詞也可以用不同的漢字來記錄，如表示【内棺外面的大棺材】這一意義的/kuo²¹⁴/這個詞，既可以用"椁"字表示，如《左傳・成 2》："椁有四阿，棺有翰、檜。"也可以用"槨"字表示，如《論語・先進》："鯉也死，有棺而無槨。"關於"椁""槨"的關係，朱駿聲《説文通訓定聲》："椁，字亦作槨。"《論語・先進》："以爲之椁"，劉寶楠《論語正義》曰："今《論語》皇本作槨，與椁一字。"可見，"椁""槨"字雖不同，它們記錄的卻是同一個詞。

　　看來，不管是從哪個角度來認識，我們都不能把詞和字等同起來，否則，在研究詞彙問題時，就容易以字代詞，把本來記錄合成詞的兩個字拆開按兩個詞來處理，或者把記錄兩個詞的同一個字當作一個詞來處理。①

　　漢字和漢語的詞是不同性質的單位，字是傳統訓詁學（或文字學）研

---

　　①　在文獻當中，字的數量不等於詞的數量，字頻也不等于詞頻。詳見向熹（1980）對《詩經》字詞所作的統計和本書第六章第一節"表 1"及相關説明。

究的主要對象，詞是現代語言學研究的對象。作爲現代語言學分支的詞彙學一定要牢固樹立詞的觀念，擺脫漢字給研究帶來的不利影響，只有這樣才有可能跟傳統的訓詁學區別開來，建立起科學的古漢語詞彙學。

第二節　先秦漢語詞的確定方法——詞的分離性

一　詞的兩種存在狀態

詞有兩種存在狀態——儲存狀態和使用狀態。（王寧，1996：37）凡儲存在工具書或者語言使用者大腦詞庫中的詞語，是詞的儲存狀態；凡用於表達感情、交流思想而出現在各種言語作品中的詞語，是詞的使用狀態。一個詞被創造出來之後，不是首先把它放在工具書中供人們選擇使用，而是首先用於言語作品中，隨著言語作品的流行逐漸擴大其影響和使用範圍，只有當人們對文獻中詞進行整理時，它才有可能進入存儲狀態。進入存儲狀態的詞也並不意味著其使用狀態的結束，相反，在更多的情況下，詞進入了存儲狀態更有利於詞的普及與使用。因此，詞的使用狀態是詞的常態，詞的存儲狀態是語言研究者對詞的使用狀態整理的結果，其主要表現形式是工具書或者詞表。

二　研究詞的兩個角度

與詞的兩種存在狀態相對應，詞的研究亦有兩個角度——對儲存狀態中的詞進行研究和對使用狀態中的詞進行研究。現代漢語詞彙研究多取前一個角度，漢語史上的專書詞彙研究取後一個角度。我們研究先秦漢語常用詞問題，面對的是各種文獻資料，因此，我們只能選擇後一個角度來進行。換句話說，我們研究先秦漢語常用詞問題時，面臨的首要任務就是要從各種文獻當中把詞切分出來，然後才能考察它們的表現形式、意義、用法和發展演變情況。

三　詞的分離性

從文獻中分離出詞的最有效的手段是層次分析法。例如：

(1) 君 子 欲 訥 於 言 而 敏 於 行。《論語·里仁》

　　層次分析法的理論依據是語言的層次性。除一些特殊的情況之外，一個句子總是由兩個直接成分組成的，每一個直接成分往往又包含兩個更小的直接成分，更小的直接成分還可以由再小的直接成分組成……句子正是這樣由詞按照一定的規則一層一層地疊套組合起來形成的。各級語言單位疊套組合的方式體現了語言的層次性，語言的層次性爲我們從文獻中分離出詞提供了可能。

　　運用層次分析法分析一個具體的句子時，可以由小到大進行，也可以由大到小進行。由小到大分析，目的是看該句子由哪些詞按怎樣的組合方式一層一層地組合形成的。使用這種方式有一個前提，即首先要知道句子是由哪些詞組成的。如果目的是爲了從中找出詞，這種分析法就不太適用。由大到小分析，目的是要説明句子的構造層次和構造單位。很顯然，要從句子當中把詞分離出來，只能使用由大到小的切分方式。爲了便於認識這種方式的使用，下面不妨再舉兩例：

(2) 盤 庚 既 遷，奠 厥 攸 居。《尚書·盤庚》

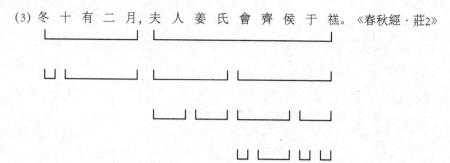

(3) 冬 十 有 二 月, 夫 人 姜 氏 會 齊 侯 于 禚。《春秋經·莊2》

　　文獻中的每一個句子都可以通過上述分析法進行切分，一直切分到不能再切分爲止，最後得到的最小的、完整定型的單位就是詞。我們把使用層次分析法從具體的句子中切分出詞的過程叫“詞的分離”。詞的分離是以文獻爲對象詞彙研究工作的第一步。

　　當然，知道了從文獻中分離出詞的方法，並不意味著每個人都可以使用這種方法準確地把詞從句子中找出來。要知道切分出來的單位已經是詞而不是大於詞的詞組或者小於詞的語素，還需要明確詞的標準。只有掌握了詞的標準，才可以把切分的結果用標準加以衡量，符合詞的標準的就確定爲詞，否則就要重新考慮。

第三節　先秦漢語詞的確定方法——詞與語素、詞組的區別

一　詞和語素、詞組區別

　　詞、語素、詞組都是語言的單位，但是它們的性質不同，在語言中的地位也不一樣。先看詞與詞組的區別。

　　詞是語言的備用單位，是語言中最小的、獨立的、具有完整意義的單位。“最小的”説明詞不能再拆分，否則會失去它作爲詞所具有的其他特點。“獨立的”説明詞在使用中可以不依賴于其他成分而自由地跟其他詞組合；“具有完整意義”是詞具有獨立性的前提，詞一旦失去了完整的意義，其獨立性也就隨之喪失。

　　詞組則不然，它是語言的使用單位，本身包含多個可以拆分的成分：

簡單的詞組由兩個詞組成，複雜的詞組由多個詞組成。① 從意義上看，詞組的意義是復合的，它等於構成它的各個成分的意義的直接組合。

因此，無論是從能否拆分的角度看（是否最小），還是從它在語言中的地位看（是否獨立），抑或是從它所表示的意義上看（是否具有單純而完整的意義），詞組都有別于詞。

下面我們再看詞與語素的區別。

詞的特徵如上所述。語素跟詞比較，它本身不具有完整獨立的意義，換句話説，語素的意義只能作爲由它構成的複合詞的語義成分（亦稱義素）而存在，不能跟詞的意義單位（義位）② 相並列。例如：

【男人】：男性的成年人。——［男性］［成年人］

【成人】：成年人。——［成年的］［人］

【男人】和【成人】都是詞，其意義分別是〖男性的成年人〗和〖成年人〗。【男人】的詞義〖男性的成年人〗還可以分解爲兩個義素③：［男性］、［成年人］；同樣，詞義〖成年人〗也可以作進一步的分解。在上面的例子中，"成年人"相對于【成人】來講，是它的義位（記作〖成年人〗），相對于【男人】來講，是它的義素（記作［成年人］）。詞義〖成年人〗和義素［成年人］在外在形式上雖然完全一樣，書面上均寫作"成年人"，但它們的地位是不等同的，換句話説，【成人】的義位〖成年人〗在【男人】的詞義中降格成了義素，【男人】的義素［成年人］在【成人】的詞義中升格成了詞義。詞義是一個完整的實體，只要有詞存在，它就存在，別管感覺得到還是感覺不到；義素則不然，它是詞義拆分的結果，不分析詞義就得不到義素，而且不

---

①　"複雜的詞組由多個詞組成"，這只是籠統的説法。根據語言的層次性特點分析複雜詞組的構造，可以發現複雜詞組既可以完全由詞構成，也可以由詞和詞組或者詞組和詞組構成。

②　詞義和義位不完全一樣。詞義是籠統的稱説，義位是指詞義的某個單位，表現在詞典中則爲義項。見蔣紹愚（1989b：37）。單義詞的義位即等於詞義，多義詞的詞義則爲幾個義位之和。本書以下如果不特別強調詞義的某個單位時，則使用"詞義"這個概念。

③　義素是義位拆分的結果，它最適宜分析、描寫一組詞的詞義，而且，一個義位拆分成幾個義素，往往根據需要而定。這裏，我們只是爲了説明義位跟義素的區別，所以只作粗略的拆分。

同的人或者同一個人出於不同的目的來拆分，最後得到的義素也不一樣。

語素跟詞比較，語素不是語言的現成單位，不能直接用來造句。例如"媽媽很勤快"，這句話由三個詞組成：【媽媽】、【很】、【勤快】，其中【媽媽】和【勤快】是包含兩個語素的複合詞，【很】是由一個語素構成的單純詞。我們不能説"媽媽很勤快"這句話是由詞【很】和語素（記作〔×〕）〔媽〕、〔媽〕、〔勤〕、〔快〕組成的，也不能説它是由詞【媽媽】、【勤快】和語素〔很〕組成的，——雖然有的時候語素可以直接升格爲詞，詞也可以直接降格爲語素。語素和詞不同等的地位以及語素本身不具獨立性這一特點就決定了，在句子中，詞是不能跟語素直接組合的。

總之，詞、語素、詞組的性質不同，詞是語言的備用單位，是用來造句的；語素是造詞的材料，是備用單位的構造單位；而詞組是語言的使用單位，是由詞直接或間接組成的，——簡單的詞組由兩個詞組成，而複雜的詞組可以包含多個詞。從語言的層級性來看，它們三者的地位也不一樣：語素處於最下層，詞處於中間層，處在最上層的是詞組。三者的關係如下圖所示：

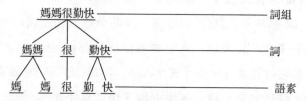

二 區別詞與語素、詞組的困難

詞、語素、詞組的上述特點並不足以使它們相互區別開來，其原因主要有以下兩點：第一，漢語屬於孤立語，詞本身沒有形式標誌，尤其是進入句子以後，詞和詞前後相連，中間沒有空位，什麼地方是詞的起始點，什麼地方是詞的結束點，在形式上沒有任何標誌。這樣一來，漢語的詞、語素和詞組在形式上就變得完全一樣而沒有任何外在的區別。例如：

（1a）古者未有君臣上下之時，民亂而不治。《商君書·君臣》

（1b）謂之君子而射之，非禮也。《左傳·成2》

（2a）顏淵曰：回雖不敏，請事斯語矣。《論語·顏淵》

(2b) 寡君來煩執事，懼不免於戾，使夏謝不敏。《左傳·襄26》

　　(1a) 中的"君"和 (1b) 中的"君"不同，前者是詞，後者是語素，但是這兩句中的"君"在形式上完全一樣，如果沒有一定的標準和手段，我們就很難知道它們到底是詞還是語素。同樣,(2a) 中的"不敏"和 (2b) 中的"不敏"形式上雖然完全相同，但二者性質不同，前一個是詞組，後一個是詞（原因詳後）。作爲詞組的"不敏"和作爲詞的"不敏"也沒有形式上的標誌。

　　第二，漢語的複合詞大多數是由詞組轉化而來的,[1] 詞組轉化爲詞需要一個過程，不同的詞組轉化爲詞的過程也不同步，——有的開始得早一點兒，有的開始得晚一些；有的中間經歷了很長的時間（如"以爲"），有的中間只經歷了很短的時間（如"天下"）。因此，先秦漢語複合詞的定型程度並不一樣，有些複合詞在西周時期就已經是很典型的了，有些到了戰國時期才完成轉化，還有的到秦漢之際仍然不夠典型。另外，有些詞組轉化成詞以後，仍然會以詞組的面目重新出現，在詞和詞組交替使用的階段，複合詞和詞組的區別就顯得更加困難。例如：

　　(3a) 四體不勤，五穀不分，孰爲夫子？《論語·微子》
　　(3b) 吾觀晉公子之從者，皆足以相國。若以相，夫子必反其國。《左傳·僖23》
　　(4a) 吾王庶幾無疾病與，何以能鼓樂也？《孟子·梁惠王下》
　　(4b) 武子疾，命顆曰："必嫁是。"疾病，則曰："必以爲殉！"《左傳·宣15》

　　(3) 組句子中的兩個"夫子"、(4) 組句子中的兩個"疾病"形式上

---

　　① 史存直（1989：79—80）指出："'擾亂''顛覆'這些詞，在現代的眼光中，多半認爲是複合詞，可是從漢語史的角度看，它們並不是一開始就被當作複合詞的。在人們最初用它們的時候，倒很像是當作詞組來使用的。就是說，'擾亂'等于'擾而亂之'，'顛覆'等于'顛而覆之'。人們用它們用久了，于是詞組才凝固成爲詞。"

完全一樣，實際上它們分別屬於不同性質的單位。其中，(3a)、(4a) 中的 "夫子" 和 "疾病" 是由語素和語素構成的複合詞；(3b)、(4b) 中的 "夫子" 和 "疾病" 是由詞和詞構成的詞組。兩個 "夫子" 和兩個 "疾病" 均一爲詞，一爲詞組（原因詳後）。

像這種詞和詞組同形的單位給我們從句子中劃分詞帶來了很大的困難。有時候我們確定了某個句子中的一個複音組合是詞，但是當它在其他地方出現時，由於意義跟上次見到的不太一樣，這個時候是把它看作詞還是看作詞組，判別起來常常令人感到頭疼。例如 "干戈"：

(5) 邦分崩離析，而不能守也；而謀動～～於邦内。《論語・季氏》

(6) 築五庫，藏五兵，偃武事，行文教，倒載～～，搢笏作爲樂以申其德。《商君書・賞行》

(7) 孔子曰："能執～～以衛社稷，可無殤也。"《左傳・哀11》

(8) 居于曠林，不相能也，日尋～～，以相征討。《左傳・昭1》

(9) 君不察臣之罪，使有司討以～～，臣請待於沂上以察罪。《左傳・昭25》

以上五例，從意義上看，前三例是詞組，第 (8) 例是詞，最後一例不太好説。再如 "萬乘"：

(10) 故～～失數而不危，臣主失術而不亂者，未之有也。《商君書・説民》

(11) 魏牟，～～之公子也，其隱巖穴也，難爲於布衣之士。《莊子・讓王》

(12) 君爲～～之君也，而以匹夫從讎！《莊子・則陽》

(13) 宋在三大～～之間。《呂氏春秋・召類》

(14) 今施，布衣也，可以有～～之國而辭之，此其止貪争之心愈甚也。《呂氏春秋・不屈》

(15) 雖名爲諸侯，實有～～，不足以挺其心矣。《呂氏春秋・

忠廉》

(16) ～～之國，弒其君者，必千乘之家；《孟子·梁惠王上》

(17) 反國有～～，而介子推去之，無以有之也。《呂氏春秋·
介立》

(10) —（13）例從意義和句法上看比較容易認定爲詞；(14) —（17）
四例組合的特徵比較明顯，很像是詞組，這四例到底應該看作詞還是應該
看作詞組，處理起來比較困難。正因爲文獻中有不少這樣的單位，所以從
劃分的角度看，標準寬一些就是詞，標準嚴一些就是詞組。

以上講的是詞和詞組同形的情況，至於沒有同形的單位，也有一個需
要判別是否詞的問題，如（3a）中的"四體""五穀""不勤""不分"，
(3b) 中的"從者""相國"等，而且這樣的單位因爲缺少了可資比照的對
象，判斷起來一點兒不比詞和詞組同形的情況容易。

上述這種情況的存在給我們從句子中找出詞帶來了更大的困難，所以
在我們弄清楚了詞、語素、詞組的特點和區別以後，需要明確一些具有可
操作性的標準。

三 確定先秦漢語複音詞的標準

判斷古代漢語複音詞的標準，目前人們提到的有意義、結構、頻率、修
辭等幾種。在這幾個標準當中，有學者主張使用單標準，也有學者主張使用
多標準。單標準抓住了詞的某方面的特徵，操作起來比較方便，對於企圖在
詞和短語之間一刀切的想法很適用，但這並不能解決所有的詞的問題。因
爲，漢語的詞比較複雜，不是所有的詞都齊刷刷地具有某種特徵或缺少某種
特徵，用某一個方面的標準對待所有的詞顯然有失公平。多標準有一個如何
使用的問題，同時使用還是分別使用最後得到的結果是不一樣的。

下面具體討論這些標準的含義及其適用範圍。

（一）意義標準

所謂的意義標準，用趙元任（1980）的話說就是："意義的結合不等
于結合的意義。"因此，凡是"一個組合的意義等於它的成分的意義的總

和，那麼這個組合是一個短語；如果不是這樣，這個組合就是一個詞。"
（呂叔湘，1989：23）

意義標準被人們廣泛地認可和接受，應該承認，使用這一標準的確能夠把一些複合詞從文獻當中確定下來。例如：

小人：大君有命，開國承家，～～勿用。《周易·師》

契闊：死生～～，與子成説。《邶風·擊鼓》

野人：先進於禮樂，～～也；後進於禮樂，君子也。《論語·先進》

歸義：諸侯之士來～～者，今使復之三世，無知軍事。《商君書·徠民》

司命：吾使～～復生子形，爲子骨肉肌膚。《莊子·至樂》

社稷：諸侯不仁，不保～～。《孟子·離婁上》

吾子：～～胡不位之？請相～～。《呂氏春秋·離俗》

丈夫：四境之内，～～女子皆有名於上，生者著，死者削。《商君書·境内》

丈人：子路從而後，遇～～，以杖荷蓧。《論語·微子》

"小人"不是小個子的人，"社稷"也不是土地神和穀神，"吾子"更不是吾之子。上述單位的整體意義都不等于其構成成分意義之和，因此都是典型的複音詞。

但是我們也應該看到，不是所有的複合詞的詞義都不等于它的構成成分意義之和，有些複合詞的詞義（或某個義位）就是由其構成成分意義相加得到的，這種情況古今漢語都有。爲了説明問題，我們先看幾個現代漢語的例子。

現代漢語中，單義詞的詞義等於語素義之和的情況：

唱戲：演唱戲曲。（《現漢》）

抗拒：抵抗和拒絕。（《現漢》）

爐竈：爐子和竈的統稱。（《現漢》）

徽爛：發徽腐爛。（《現漢》）

調配：調和，配合（顏料、藥物等）。（《現漢》）

現代漢語中，多義詞的某個義位等於語素義之和的情況（義項有省略）：

高大：①又高又大。（《現漢》）

觀測：①觀察並測量。②觀察並測度。（《現漢》）

弟妹：①弟弟和妹妹。（《現漢》）

漢姓：①漢族的姓。（《現漢》）

美貌：①美麗的容貌。（《現漢》）

跟現代漢語一樣，先秦漢語複合詞的詞義也有等於語素義之和的情況。例如：

長久："安雖～～，而以私其子孫，弗行也。"《呂氏春秋詞典》①

純樸："行其情，不雕其素；蒙厚～～，以事其上。"《呂氏春秋詞典》

暴慢："惠公即位二年，淫色～～。"《呂氏春秋詞典》

勤勞："禹立，～～天下，日夜不懈。"《呂氏春秋詞典》

逃匿："禽獸～～。"《孟子詞典》②

衣衾："謂棺槨～～之美也。"《孟子詞典》

安樂："然後知生於憂患而死於～～也。"《孟子詞典》

充塞："是邪說誣民～～仁義也。"《孟子詞典》

和樂：和睦快樂。"鼓瑟鼓琴，～～且湛。"《詩經詞典》③

福祿：福分和祿位。"君子至止，～～如茨。"《詩經詞典》

德行：道德品行。"百爾君子，不知～～。"《詩經詞典》

---

① 張雙棣、殷國光、陳濤編：《呂氏春秋詞典》，山東教育出版社 1993 年版。下同。

② 楊伯峻編：《孟子詞典》，見《孟子譯註》下冊，中華書局 1960 年版。下同。

③ 向熹編：《詩經詞典》，四川人民出版社 1997 年版。下同。

以上我們所選的基本上是大家都能認可的詞，有些收詞標準比較寬的先秦專書詞典中，詞義等於語素義之和的情況更爲常見。①

由此可見，複合詞的内部在表義方式上也存在著抽象程度的差别，"意義的結合不等于結合的意義"這一標準只適用于部分詞，即典型的詞彙詞，而對於非典型的詞彙詞和語法詞就不具約束力。②

另外，有些組合的意義是否不等于構成成分的意義的總合，有時候判斷起來非常困難，正如伍宗文（2001：8）所説："一個組合的意義是否融合，是否具有整體性，只憑感覺和經驗來判斷，很容易摻雜主觀的成分；同一個組合的意義，如果人們的著眼點不同，認識也會不一樣，對這個組合性質的判斷自然也就不同。"例如"祖考"：

> 祭以清酒，從以騂牡，享于～～。《小雅·信南山》
>
> 王命仲山甫，式是百辟，纘戎～～。《大雅·烝民》
>
> 王親命之：纘戎～～，無廢朕命。《大雅·韓奕》
>
> 今余命女環，兹率舅氏之典，纂乃祖考，無忝乃舊。《左傳·襄14》

上面幾句中的"祖考"是指祖和考呢？還是指包括祖和考在内的所有的祖先？這個問題恐怕不容易作出一致的回答。類似的例子再如"忠信""規矩""仁義""父母""富貴"，這些單位馬真（1980；1981）和程湘清（1982）均憑意義標準認爲是詞組，但是伍宗文（2001：134）憑意義標準卻認爲它們是詞。正因爲如此，朱德熙（1982：14）反對單憑意義來確定詞和非詞的界限，因爲什麼情況屬於"一個意義"，什麼情況屬於幾個意義的綜合，很容易引起無休止的辯論。

對於詞彙詞來講，構詞理據是一個比較客觀的標準。③ 凡是整個單位的理據義已經喪失或者一般人不容易作出解釋的，均可視爲複音詞。例如

---

① 如董治安主編的《老莊詞典》（1993）、楊伯峻、徐提主編的《春秋左傳詞典》（1985）、安作璋主編的《論語詞典》（2004）、王世舜主編的《〈論語〉〈孟子〉詞典》（2004）。

② 有關"詞彙的詞"和"語法的詞"的區别和鑒别標準，見呂叔湘（1979：21）。

③ "理據義指的是詞義形成的可解釋性，也就是某一語音形式表示某一意義内容的原因或根據。"見楊春（2004）。

"縮酒"：

> 爾貢苞茅不入，王祭不共，無以～～，寡人是徵。《左傳·僖4》

杜預注："束茅灌之以酒爲縮酒。"孔穎達疏引鄭興曰："束茅立之祭前，沃酒其上，酒滲下去，若神飲之，故謂之縮。"孔疏曰："縮，滲也。"又，《周禮·天官·甸師》："祭祀，共蕭茅。"鄭玄注："鄭大夫云：蕭字或爲茜，讀爲縮。玄謂：縮酒，泲酒也。"[①]孫詒讓《正義》曰："凡酒濁者，必泲之而後可酌。其用茅者謂之縮，不用茅者直謂之泲。通言之，則縮亦爲泲。"由以上材料可知，縮酒乃古時一種祭禮，縮酒就是"滲酒"。但是"縮"的本義並非"滲"，《説文》："亂也。從糸，宿聲。"王筠《説文句讀》："以從糸推之，治絲同度，而其中有縱弛者，則其度長矣；有收縮者，則其度短矣。長短不齊，故亂。"既然"縮"的本義是"亂"不是"滲"，那它爲何又有了"滲"義呢？我們遍查文獻，也找不到二義相關的證據。原來問題出在《周禮·天官·甸師》"祭祀，共蕭茅"鄭玄注上。鄭玄云"蕭字或爲茜，讀爲縮"（筆者按，"茜"字爲"茜"字之形誤），屬於典型的顛倒本字和借字的關係爲訓。《説文·酉部》："茜，禮祭，束茅加于祼圭而灌鬯酒，是爲茜。象神飲之也。"並引《春秋傳》："尔貢包茅不入，王祭不供，無以茜酒。"從以上幾則材料的比較可以看出，"茜酒"也寫作"縮酒"，"縮"與"茜"古音相同，均爲覺部心母。正因爲它們同音，所以它們可以通用，只是並非如鄭玄所説"茜讀爲縮"，而是"茜讀爲縮"，即"茜"爲本字，"縮"爲借字，正如《周禮·春官·司尊彝》"禮齊縮酌"孫詒讓《正義》所云："縮，即茜之叚字。"

可見，"縮酒"本作"茜酒"，因"茜""縮"同音而通用，後人不明詞源而誤以借字爲本字，強就借字字形來説解，致使"縮酒"的意義與其構成成分"縮"的意義失去聯系。[②]像這種詞源義未明的情況應該作複音詞處理。類似的例子再如：

---

① 朱駿聲：《説文通訓定聲》糸部"縮"字條云："縮，叚借又爲茜。"
② 張紹麒（2000：19）把這種情況叫作詞語變異，認爲它屬於傳承型流俗詞源研究的範圍。

僕姑（矢名）：公以金～～射南宮長萬。《左傳·莊11》

拔篲（掃帚）：闓之操～～以侍門庭，亦何聞于夫子！《莊子·達生》

句贅（髮髻）：肩高於頂，～～指天。《莊子·大宗師》

榮磚（箕坐）：公使人視之，則解衣～～臝。《莊子·田子方》

蔥靈（杜預注：輜車名）：載～～，寢於其中而逃。《左傳·定9》

專名有時也有構詞理據，人名如："盜丘""盜跖""戴不勝/戴盈之""惡來""負芻""高彊""工倕""瞽瞍""闔廬/闔閭""歐冶""歧踵戎""輪扁""神農""燧人""屠羊説""微子開/微子啓""无足""无爲謂""支離（虛擬的人名）""去疾""壽子""無咎""無畏""無恤""無感""無忌""無駭""痊生"。山名如："積金""積石""積水""牛山""青丘"。地名如："牧野""鳥谷""日出""沙丘""長城""草中""谿泉"。馬名如："青龍""遺風""飛兔"。

但有的專名構詞理據今天已經看不出來了，這樣的單位可以直接定爲詞。[1] 例如：

桃蟲（一種鳥）：肇允彼～～，拚飛維鳥。《周頌·小毖》《毛傳》："鷦也。鳥之始小終大者。"

繁弱（古之良弓）：今有羿、逢蒙，～～於此，而無弦，則必不能中也。《呂氏春秋·具備》高誘注："良弓所出地也，因以爲弓名。"

蓐收（西方神名）：火正曰祝融，金正曰～～。《左傳·昭29》

來自方言的詞因爲理據不明，可以直接定爲詞。例如：

丁子：犬可以爲羊，馬有卵，～～有尾。《莊子·天下》唐成玄英疏："楚人呼蝦蟆爲丁子也。"

---

[1] 關於專名的構詞理據，毛遠明（1999：10—19）有詳細的分析，可以參看。

於菟：楚人謂乳，穀；謂虎，～～。故命之曰鬬穀於菟。《左傳·宣4》按：於菟，楚方言，即虎。

迷陽：～～～～，無傷吾行！《莊子·人間世》王先謙《莊子集解》："謂荆棘也。生於山野，踐之傷足，至今吾楚與夫遇之，猶乎迷陽。"

以上三例均爲楚方言。至於爲什麽把蛤蟆叫"丁子"，把老虎叫"於菟"，把"荆棘"稱"迷陽"？它們是方言造詞，還是因爲用方音轉寫通語詞語而造成的異寫詞？現在已經説不清了。既然來源講不清楚，造詞理據當然也就無從得知。像這樣的單位直接定爲詞應該沒有什麽問題。另外，有些來自方言的單位，其理據義雖然可以探究，但是它作爲一種特殊的表達方式和表義的整體單位，拆開按詞組理解似嫌曲折，這時把它當作詞處理還是比較合理的。如"其諸"：

夫子之求之也，其諸異乎人之求之與？《論語·學而》

朱熹《集注》："其諸，語辭也。"王引之《經傳釋詞》卷五"其"條曰："其諸，亦擬議之詞也。"楊伯峻《論語譯註》對此有一段解釋，引述如下：

洪頤煊《讀書叢録》云："《公羊·桓六年傳》，'其諸以病桓與？'《閔元年傳》，'其諸吾仲孫與？'《僖二十四年傳》，'其諸此之謂與？'《宣五年傳》，'其諸爲其雙雙而俱至者與？'《十五年傳》，'其諸則宜於此焉變矣。''其諸'是齊魯間語。"按：總上諸例，皆用來表示不肯定的語氣。黄家岱《嬹藝軒雜著》説"其諸"意爲"或者"，大致得之。

"其諸"雖然來自方言，但是其意義和用法卻可以通過當時通語中"其""諸"的用法來推求，大概表示一種不肯定的語氣，意義相當於"或者"。像"其諸"這樣的單位，把它拆開當作兩個詞來理解，多轉幾個彎，似乎也能講得通，但是不如把它直接看作一個詞更好。

總而言之，複音詞的詞義和構成複音詞的語素的意義之間有多種情況，並非所有的複音詞的意義都不等于語素義之和，有些定型化程度不高的複音詞，它的意義完全可以從語素義上看出來。不僅古代漢語如此，現代漢語仍然如此。就現代漢語中的複音詞情況來看，其詞義和語素義之間的關係就有以下幾種情況：語素義直接完全表示詞義、語素義直接部分表示詞義、語素義間接表示詞義、語素義失落、語素義完全不表示詞義。（符淮青，1981；王樹齋，1993）由於複音詞詞義構成的情況十分複雜，所以不能單純地依據整體的意義是否等於成分意義的組合把所有的複合詞都找出來。不過，雖然如此，我們仍然認爲意義標準是有價值的。它的價值在於它能夠準確地解決部分單位是否是詞的問題。

（二）結構標準

結構標準跟語法有聯係。前人使用結構標準的大多是語法學者，也就是説，人們在從語法角度談到詞的判定問題時，多用結構標準。前人有一種認識，用意義標準確定下來的是詞彙詞，用結構標準確定下來的是語法詞。[①] 呂叔湘（1979）曾經談到過"語法上的詞"和"詞彙上的詞"的關係，並指出語法詞和詞彙詞"有時候一致，有時候不一致，因爲所用標準不同"，"語法原則強調的是這個組合不容易拆開，它的組成部分不能隨意擴展。詞彙原則強調的是這個組合不太長，有比較統一的意義"。（呂叔湘，1979：30）正因爲語法標準和詞彙標準不同，所以語法學者心目中的詞跟詞彙學者心目中的詞是有一定差距的。其實這個問題也容易解決，只要我們別忘了"詞這個東西，不光是語法單位，也是詞彙單位"。（呂叔湘，1979：21）在認識詞的時候，態度寬容一些：從詞彙角度研究詞的學者承認用結構標準確定下來的語法詞的成詞資格，從語法角度研究詞的學者也承認用意義標準確定下來的詞彙詞的成詞資格，換句話說，只要人們不死守某一學科，從整個語言研究的角度出發，承認詞有不同的類型——

---

① 見呂叔湘（1979）。詞彙詞和語法詞的提出主要是爲了説明漢語詞的複雜性，並非要把二者區分開來，因此凡是只從一個方面來討論詞的問題的，都有一定的局限性。

既有語法詞，也有詞彙詞，還有言語詞等，這個問題就很容易得到解決。[①]
正如向若等（1956）所指出的：“詞這個概念的使用範圍，絕不限於單純
的語法；它是詞彙學的主要對象，同時也還應用于語言學的其他部門的科
學之中。‘詞’應該是語言學的概念。”

如果認可上述意見，我們就可以使用結構標準把詞彙詞之外的語法詞
確定下來。前人提到的結構標準主要有二，一是擴展法（也叫插入法），
一是替換法。

所謂擴展法，就是對於一個擬判定是否複音詞的多音節單位，如果能
夠在其成分之間插入其他詞語，就說明該組合是一個詞組，否則就是詞。
以現代漢語爲例，“走路”，中間可以插入“夜”“小”“大”等，說成“走
夜路”“走小路”“走大路”，因此，“走路”是詞組而不是詞；再如“教
師”和“學生”，因爲它們中間不能插入任何成分，所以“教師”和“學
生”都是詞。

替換法就是看一個多音節單位的構成成分能否可以被其他詞替換，能
替換的就說明這個多音節單位是自由組合，否則就是詞。仍以現代漢語爲
例：“喝茶”的“喝”可以被“採”“買”“品”“泡”“倒”等詞替換，
“茶”也可以被“水”“湯”“粥”“奶”“飲料”“酒”等詞替換，所以“喝
茶”是一個詞組而不是詞。

以上是拿現代漢語爲例來說的，對於先秦漢語來講，擴展法和替換法
仍然有效，只不過它們的使用要受到一些限制。這種限制表現爲我們不能
替古人說話，也不能隨便徑改古書中的句子，只能從上下文或同時代的其
他文獻中去找相關的例子來說明問題。例如“成功”：

先秦傳世文獻中共出現 10 次，一些專書詞典也收録爲詞，從意義上看
也很像是詞。例如：

---

① 從漢語語言學的角度來看，什麼是詞，經歷了一個曲折而又複雜的認識過程，詳見王立
（2003）。現在看來，人們之所以對詞的認識有很大的分歧，主要是認識問題的出發點不同。從語
法角度、詞彙角度、韻律角度、中文信息處理角度或者是公衆語感的角度認識詞，會發現詞有不
同的特點。在對詞的認識形成共識之前，任何單從某個方面認識詞而否認其他角度的做法都是片
面的。

巍巍乎其有～～也，焕乎其有文章！《左傳·泰伯》

若夫～～，則天也。《孟子·梁惠王下》

終身役役而不見其～～，苶然疲役而不知其所歸，可不哀邪！
《莊子·齊物論》

有首有趾者，待是而後～～。《莊子·田子方》

故民不可與慮化舉始，而可以樂～～。《呂氏春秋·樂成》

湯其無郼，武其無岐，賢雖十全，不能～～。《呂氏春秋·慎勢》

但是我們從文獻中還可以找到如下用法：（1）"成"和"功"之間有
其他詞語，例如：

論至德者，不和於俗；成大功者，不謀於衆。《商君書·更法》

湯、武遭亂世，臨苦民，揚其義，成其功，因也。《呂氏春秋·
貴因》

夫欲成大功，令天下皆輕勸而助之，必之士可知。《呂氏春秋·
壹行》

（2）以"功成"的形式（"成功"的逆序形式）出現的，例如：

因民而教者，不勞而功成；《商君書·更法》

民信其賞則事功成，信其刑則姦無端。《商君書·修權》

自伐者无功，功成者墮，名成者虧。《莊子·山木》

……處喪以哀爲主，事親以適爲主，功成之美，无一其迹矣；
《莊子·漁父》

三王不能革，不能革而功成者，順其天也；《呂氏春秋·爲欲》

（3）"成"或"功"被其他成分代替的，例如：

夫成功名者，此先王之千里也。《呂氏春秋·察今》

中主以之眴眴也止善，賢主以之眴眴也立功。《呂氏春秋·樂成》

（4）"功""成"和其他成分自由組合的。例如：

先王先順民心，故功名成。《呂氏春秋·順民》
湯於是率六州以討桀罪，功名大成，黔首安寧。《呂氏春秋·古樂》
……犯危行苦，志懽樂之，此功名所以大成也。《呂氏春秋·本味》
故湯武禁之，則功立而名成。《商君書·算地》
功雖成乎外，而生虧乎內。《呂氏春秋·情欲》
名不徒立，功不自成，國不虛存，必有賢者。《呂氏春秋·謹聽》
嘗聞君子之用兵，莫見其形，其功已成，其此之謂也。《呂氏春秋·期賢》

上列四種情況的存在，說明"成"和"功"是兩個獨立的詞，其組合形式"成功"是詞組而不是詞。

當然，正如意義標準具有相對性一樣，擴展法和替換法作爲鑒別多音節單位是否語法詞的有效手段，也是相對的，不具備普遍性。[①]

除了擴展法和替換法，能作爲結構標準使用的還有構成成分的順序。所謂構成成分的順序，是指一個雙音組合在考察的那個時期的文獻中是否存在逆序的情況。由兩個單位組成的結構體，在考察的範圍內，有時只有一種組合順序，如"本根"：

如農夫之務去草焉，芟夷蘊崇之，絕其～～，勿使能殖……《左傳·隱6》
公族，公室之枝葉也；若去之，則～～無所庇蔭矣。《左傳·文7》
葛藟猶能庇其～～，故君子以爲比，況國君乎？《左傳·文7》
此之謂～～，可以觀於天矣！《莊子·知北遊》

---

① 劉澤先（1953）指出，"有些類的詞兒是'可分離性'的"，如"看見""結婚"。擴展法和替換法對這類詞就毫無辦法。另見朱德熙（1982：12—13）。

只有一種順序的且符合詞的意義標準的可以直接定爲詞。

上舉"本根"一例，在先秦的文獻中，我們未見"根本"這一形式，這説明"本"與"根"的組合具有唯一性，它們在構造形式上具備固定性。從意義上看，以上各例"本根"，除第 1 例用的是本義外，其他各例用的是抽象義，而且與現代漢語中"根本"的意義無別。這種情況説明，先秦時期"本根"跟後世的"根本"一樣，屬於結構上定型的語言單位。

有的時候，在考察範圍内，兩個單位可以顛倒順序組合成不同的結搆体。例如：（後面的數字表示出現次數）

年齒（1）——齒年（1）

舜舉乎童土之地，年齒長矣，聰明衰矣。《莊子·徐无鬼》

齒年未長，不敢爲園圃。《呂氏春秋·上農》

宗周（4）——周宗（2）

惟五月丁亥，王來自奄，至于宗周。《尚書·多方》

周宗既滅，靡所止戾。《小雅·雨無正》

室家（12）——家室（7）

古公亶父，陶復陶穴，未有家室。《大雅·縣》

若作室家，既勤垣墉，惟其塗墍茨。《尚書·梓材》

這種情況，這兩個結搆体是否都是詞就比較複雜。董秀芳（2002）強調成詞單位内部成分順序的固定性，她認爲，"當内部成分次序相反的形式並存時，這兩個成分組成的是短語而不是詞。……當並列結構的短語逐漸固化爲詞後，換序的操作也就終止了"。（董秀芳，2002：126—132）因此她把是否存在逆序的形式看作一個結搆体是否詞的外在標誌。與這一意見不同，車淑婭（2005）把《韓非子》中大量存在的逆序形式的單位都看作詞，認爲"這既是《韓非子》詞彙的一個顯著特色，又反映了漢語詞彙複音化的一個重要側面"。車淑婭（2005）列舉的《韓非子》中的逆序詞如：

兵甲｜甲兵　園倉｜倉園　患禍｜禍患　倉府｜府倉　君人｜人

君　　財資｜資財

　　　愛信｜信愛　惠愛｜愛惠　適正｜正適　資貨｜貨資　刑名｜名

刑　　君上｜上君

　　　君主｜主君　高名｜名高　亂弱｜弱亂　偷幸｜幸偷　饕貪｜貪

饕　　狂悖｜悖狂

　　　故新｜新故　治亂｜亂治　夭死｜死夭　説議｜議説　戰攻｜攻

戰　　私行｜行私

　　　便私｜私便　兄弟｜弟兄　事實｜實事　民人｜人民　言談｜談

言　　愛憎｜憎愛

　　　進前｜前進　詐偽｜偽詐　貴賤｜賤貴　黑白｜白黑　小大｜大

小　　平安｜安平

　　　董秀芳（2002）完全根據構成成分的順序是否“固定”來鑒定詞，把存在逆序形式的單位都排除在詞外，未免過於絕對，而車淑婭（2005）又全然不顧詞序的固定性，把所有的存在逆序的雙音節單位都看作詞，顯然是標準太寬了。

　　　我們認爲，從現代漢語中大量存在著的逆序詞的情況推測，[1] 先秦漢語中也有逆序詞的存在。當然，在複音詞大量創造（詳見下文“關於言語詞”部分）和由詞組向詞轉化的東周時期，一個雙音節單位的構成順序常常顛倒，説明了它們在結構上還缺乏詞的定型性特點。在判別這類單位是否成詞的時候，既不能不考慮詞的結構的固定性，把所有的在韻律上成詞的單位都看作詞；也不能不考慮構成上存在逆序的單位意義上的特點，把所有的有逆序形式的韻律單位都看作詞組。一句話，在確定這類單位是否成詞的時候，既要看到它們結構上的不固定性，更要考慮它們在意義上是否具備詞的特點。正因爲如此，潘云中（1989：29）認爲上古漢語複音詞的次序不固定是當時複音詞的特點之一，因此他把“恭敬”“敬恭”都看作當時的詞是有道理的。

　　　對這樣的單位，我們可以先假定它是詞組，然後從意義和頻率等角度

---

①　參見張立（1988）。

看，它是否具有詞的某方面的特點，有的就定爲詞，否則就作詞組處理。①
總之，形式是問題的一個方面，意義是不可忽視的。

討論語法詞，不能不説到在功能上發生了轉類的情況。我們認爲，功
能上髮生了轉類的應該是詞。例如"有罪"：

    A.

（1）戮～～，嚴斷刑。《呂氏春秋·孟秋紀》

（2）不度德，不量力，不親親，不徵辭，不察～～。《左傳·隱11》

（3）夫天之見妖也，以罰～～也。《呂氏春秋·制樂》

    B.

（1）朕躬～～，無以萬方；萬方～～，罪在朕躬。《論語·堯曰》

（2）誅之，不待其～～也。《商君書·慎法》

（3）君非姬氏，居不安，食不飽。我辭，姬必～～。《左傳·僖4》

B組三例爲動賓組合，而且在句子中均用作謂語，屬於一般用法（也可
以叫本用）；而A組三例均作句子的賓語，意義也與B組各例不同。另外，
從A（2）來看，整個句子由五個分句組成，這五個分句的結構形式相同，
由前面四個分句的結構方式可以推知"不察有罪"也是由"不＋動詞＋名
詞"構成的。也就是説，這一例中的"有罪"在句法功能上跟本句其他幾個
分句中的"德""力""親""辭"具有一致性：既然"德""力""親""辭"
都是詞，"有罪"也應當是詞。類似的情況不少，請看表1：

表1

詞例	例句	
	A	B
不義	（1）行一～～、殺一不辜，而得天下，皆不爲也。《孟子·公孫丑上》	（1）～～而富且貴，於我如浮雲。《論語·述而》
	（2）夷則之月，修法飭刑，選士厲兵，詰誅～～，以懷遠方。《呂氏春秋·音律》	（2）背施，無親；幸災，不仁；貪愛，不祥；怒鄰，～～。四德皆失，何以守國？《左傳·僖14》

---

① 張雙棣（1989：62）也承認先秦漢語中有逆序詞的存在。

詞例	例句	
	A	B
	(3) 舉天下之～～辱人必稱此四王者。《呂氏春秋·當染》	(3) 反先王則～～，何以爲盟主？《左傳·成2》
無道	(1) 凡爲天下之民長也，慮莫如長有道而息～～，賞有義而罰不義。《呂氏春秋·振亂》	(1) 尊則恣，恣則輕小物，輕小物則上～～知下。《呂氏春秋·慎小》
	(2) 夫救守之心，未有不守～～而救不義也。《呂氏春秋·禁塞》	(2) 徵雖易，表雖難，聖人則不可以飄矣，衆人則～～至焉。《呂氏春秋·觀表》
	(3) 此七君者，大爲～～不義：所殘殺無罪之民者，不可爲萬數；《呂氏春秋·禁塞》	(3) 中山之國有厹繇者。智伯欲攻之而～～也，爲鑄大鐘，方車二軌以遺之。《呂氏春秋·權勳》
不虞	(1) 質爾人民，謹爾侯度，用戒～～。《大雅·抑》	(1) 燕人畏鄭三軍，而～～制人。《左傳·隱5》
	(2) 大國政令之無常，國家罷病，～～荐至，無日不惕，豈敢忘職？《左傳·襄22》	(2) 君處北海，寡人處南海，唯是風馬牛不相及也，～～君之涉吾地也，何故？《左傳·僖4》

表中每個單位 A 組的用法都是比較典型的轉類用法，[①] 應該看作詞，B 組的用法爲一般用法，屬於詞組。以上情況説明，一個組合形式在句法功能上發生轉類以後，整個單位的性質和意義也會隨之發生變化，即由詞組而變成複合詞。

下面的幾例比較特殊，在既有的文獻中，找不到作爲詞組（本用）的用例：

司命：吾使～～復生子形，爲子骨肉肌膚，反子父母、妻子、閭里、知識，子欲之乎？《莊子·至樂》

鬥雞：紀渻子爲王養～～。《莊子·達生》

長老：求其孤寡而振恤之，見其～～而敬禮之。……是以賢者榮其名，而～～説其禮，民懷其德。《呂氏春秋·懷寵》

像這樣的單位，雖然找不出本用的例子，但它們的用法確實與本用的

---

① 轉類有的跟修辭方式的使用有關，如"長老"，既屬於轉類用法又屬於修辭造詞的情況，我們將在"關於修辭標準"一部分中討論。

時候不同，都是發生了轉類的用法，應該看作詞。

下面討論兩例從結構上看難以成詞的情況。

（1）巧匠

> 譬之若爲宮室，必任～～，奚故？《呂氏春秋・似順論》
>
> ～～爲宮室，爲圓必以規，爲方必以矩，爲平直必以准繩。（同上）
>
> 功已就，不知規矩繩墨，而賞～～。（同上）
>
> 宮室已成，不知～～，而皆曰：“善。此某君某王之宮室也。”（同上）

“巧匠”在第 4 期中出現四次，若只依據頻率判斷，它相對于很多只出現一次的典型的詞，四次的頻次完全可以把它看作詞。[①] 但是在文獻中還見以下用法：

> 匠不巧則宮室不善。（同上）

“巧”和“匠”組合的隨意性説明“巧匠”在結構上是不定型的，“巧”和“匠”能夠靈活造句，顯然是兩個詞，由它們構成的“巧匠”也應該看作名詞性偏正詞組。

（2）陰陽

“陰陽”在第 4 期文獻中出現 44 次，例如：

> 事若不成，則必有人道之患；事若成，則必有～～之患。《莊子・人間世》
>
> 天地有官，～～有藏。《莊子・在宥》
>
> 室大則多陰，臺高則多陽，多陰則蹙，多陽則痿，此～～不適之患也。《呂氏春秋・孟春紀》

---

① 伍宗文（2001：133—136）比較重視頻率標準，他以“父母”“富貴”等爲例説明見次頻率高的應該定爲詞。

金木異任，水火殊事，～～不同，其爲民利一也。《呂氏春秋·
似順論》

如此高的使用頻率，按理説也該是詞，但是從下面這幾例來看，看作
詞也是有問題的：

人大喜邪？毗於陽；大怒邪？毗於陰。陰陽並毗，四時不至，寒
暑之和不成，其反傷人之形乎！《莊子·在宥》
一清一濁，陰陽調和，流光其聲。《莊子·天運》
陰陽相照，相蓋相治；四時相代，相生相殺。《莊子·則陽》
陰陽爭，死生分。《呂氏春秋·仲夏紀》

“陰”和“陽”有分用、有合用，分用的情況證明合用時的結構還不
夠穩固，而合用時的意義從上下文看又明顯表示兩种事物，而非一個整
體。像這樣的單位，從結構上看，是難以成詞的。

（三）頻率標準

詞是語言的備用單位，是人們在説話或寫文章時無需加工即可拿來直
接使用的單位。一個詞創造出來之後總是被人们反復地使用著，語言中只
使用過一次的詞是死詞，语言中的死詞很少。由此可見，復現性是詞在使
用狀態中的突出特點，頻率標準正是根據詞在使用上的這一特點提出的。

不過，在文獻當中，我們經常遇到這種情況，高頻的未必是詞，低頻
的不一定不是詞。例如：（以《孟子》《莊子》《呂氏春秋》爲統計對象，
括號中的數字爲出現次數）

A.

父母（70）君之（78）其上（17）不然（75）王曰（88）
有之（62）是以（87）之謂（172）不能（327）者也（261）
父兄（11）殺人（27）一人（42）人心（23）魚鱉（9）
然而（63）天地（131）所謂（103）所以（392）規矩（14）

B.

獹囊（1）放飯（1）請旻（1）干將（1）辜人（1）

痀僂（2）罝罘（2）拘拘（2）俊傑（2）決斷（2）

廟堂（3）馨歆（3）胥靡（3）馳騁（3）安樂（3）

A 組單位出現次數都很高，B 組單位出現的次數都不多，若單純依靠頻率來定詞，A 組單位無疑都應看作詞，B 組單位都應看作詞組。其實不然。A 組中有些單位明顯不具備獨立性，如"君之""者也"，有些臨時組合的性質非常明顯，如"不然""王曰""人心"，還有一些雖然經常連用，但無論結構還是意義都缺乏穩固性，如"是以""父兄"。這些單位一般的工具書都不把它們看作詞。B 組 15 個單位雖然出現的次數都很少，但是從意義上看，它們具備典型的複合詞的特點，它們成詞的資格很少有人懷疑，所以這些單位常常被收錄到各種工具書中。

以上事實説明，頻率作爲判斷一個複音節單位是否成詞的標準只能是參考性的，它不能成爲詞和詞組區別的客觀依據。因爲復現性並非唯獨詞才有，詞組、句子甚至語段都有可能多次出現。像下面這段話，《呂氏春秋》中就出現過兩次（分別見於《謹聽》和《觀世》）：

文王，千乘也；紂，天子也。天子失之，而千乘得之，知之與不知也。諸衆齊民，不待知而使，不待禮而令；若夫有道之士，必禮必知，然後其智能可盡也。

至於個別文字略有出入的語段重復出現的情況更多，此處可以再舉一例（加下劃綫的部分稍有出入）：

越人三世弒其君，王子搜患之，逃乎丹穴。而越國無君，求王子搜不得，從之丹穴。王子搜不肯出，越人薰之以艾。乘以王輿。王子搜援綏登車，仰天而呼曰："君乎！君乎！獨不可以舍我乎！"王子搜非惡爲君也，惡爲君之患也。若王子搜者，可謂不以國傷生矣，此固

越人之所欲得爲君也。《莊子・讓王》

　　越人三世殺其君，王子搜患之，逃乎丹穴。越國無君，求王子搜
而不得，從之丹穴。王子搜不肯出，越人薰之以艾，乘之以王輿。王
子搜援綏登車，仰天而呼曰："君乎，獨不可以舍我乎!"王子搜非惡
爲君也，惡爲君之患也。若王子搜者，可謂不以國傷其生矣，此固越
人之所欲得而爲君也。《呂氏春秋・貴生》

　　句子和詞組復現的機會比語段要多得多，如"外物不可必，故龍逢
誅，比干戮，箕子狂，惡來死，桀紂亡"。在《莊子・外物》和《呂氏春
秋・必己》中出現過 2 次，"鎮撫其社稷"在《左傳》中出現過 5 次，"此
之謂"共出現 87 次。至於受特殊文體（如詩歌、格式化的金文）的影響，
某個詞組反復出現的幾率更大。例如，在《詩經》中，"碩鼠"出現 6 次，
"不可"出現 37 次，"我心"出現 46 次；在金文中，"入右（佑）""各
（格）于""永寶用""寶尊彝"等出現的次數也很多。若把頻率看作判斷
詞的客觀標準，上述這些單位單從頻率上看，遠比一些典型的詞頻率要
高，沒有理由不被看作詞。事實上卻沒有人把它們當作詞來處理。可見，
頻率高低只是詞在使用上表現出來的特點，這個特點既不是所有的詞都具
有的，也不是只有詞才有。大大小小的單位都有一個使用頻率的問題。儻
一個語言單位（可以是詞，也可以是短語或者句子）被反復使用，它的頻
率就高；反之，它的頻率就低。頻率的高低跟語言單位的性質無關，與之
有關的是具體的哪個單位被反復使用，哪個單位不大被人們使用。我們不
能因爲有些詞的使用頻率高，就認定所有的詞都具備高頻性這樣一個特
點，從而把某些使用頻率高而不是詞的單位也當作詞看待；更不能因爲有
些詞的使用頻率高，就否定某些使用頻率低的詞它的詞資格。頻率作爲鑒
定詞的標準，它只能起參考作用。
　　使用頻率標準時應堅持以下原則：第一，頻率高而且同時又有詞在意
義上或結構上某一特點的複音節，可以作爲詞處理；第二，只具有高頻
的特徵而不具備詞的其他方面特點的複音節，可以作爲詞組處理；第三，

頻率雖低但明顯具有詞的其他特點的複音節，可以定爲詞；第四，頻率低又不具備詞的其他特點的複音節，可以作爲詞組處理。①

另外，頻率作爲衡量一個單位是否成詞的"標準"，使用時不能只看整個雙音節單位出現的次數，還應該考慮構成成分出現的次數及其使用情況，如果合用的次數遠遠多於分用的次數，或者説沒有分用的情況，即使出現的次數不是很高，也可以肯定該雙音組合是詞而不是詞組。例如"禽"，先秦傳世文獻中共出現 89 次，與"獸"連用的有 36 次（"禽獸"），用於人名的有 20 次（"禽滑釐" 5、"伯禽" 1），作"擒獲"講的有 21 次（同"擒"），指鳥類的只有 12 次。用於人名的"禽"明顯是構詞語素，而且它與作"鳥類"講的"禽"意義毫不相關，不能看作一個詞，作"擒獲"講的"禽（擒）"跟"禽鳥"義的"禽"只是書寫形式相同，應該看作不同的詞。這樣一來，跟"禽獸"之"禽"意義一致而且單用的"禽"只有 12 次。合用的情況遠遠多於單用的情況，從使用頻率的角度看，"禽獸"成詞的可能性很大。那麼，"禽獸"是否詞？我們可以再從意義方面進行考察：

譬之如～～，吾寢處之矣。《左傳·襄 28》

今恩足以及～～，而功不至於百姓者，獨何與？《孟子·梁惠王上》

益烈山澤而焚之，～～逃匿。《孟子·滕文公上》

是故～～可係羈而遊，鳥鵲之巢可攀援而闚。《莊子·馬蹄》

古者～～多而人少，於是民皆巢居以避之。《莊子·盜跖》

樹木盛則飛鳥歸之，庶草茂則～～歸之。《呂氏春秋·功名》

人民淫爍不固，～～胎消不殖，草木庳小不滋，……《呂氏春秋·明理》

人之有道也，飽食、煖衣，逸居而無教，則近於～～。《孟子·滕文公上》

無父無君，是～～也。《孟子·滕文公下》

---

① 例如"治法不可不慎也，國務不可不謹也，事本不可不搏也"（《商君書·壹言》）中的"治法""國務""事本"，它們在第 4 期文獻中分別出現 3 次、3 次、7 次，其中"國務"有一次屬於非法檢索。

　　以上九例除了最後兩例不容易判斷外，前七例通過句子中其他詞語或者該句子所在的上下文可以知道，"禽獸"側重于指"獸"，而不是"禽"和"獸"的並列組合。由此我們便可以得出結論：戰國時期的"禽獸"正在取得詞的地位。

　　實際情況是否如此呢？接下來我們再考察一下"獸"的使用情況。

　　在先秦傳世文獻中，"獸"字共出現96次，與"禽"連用36次（"禽獸"），與"鳥"連用9次（鳥獸），用於"走獸"的2次，用於"猛獸"的2次，用於"巨獸"的1次，其餘46次均獨用，獨用的時候或作主語（如"獸死不擇音"），或作賓語（如"率獸食人"），或作中心語（如"草食之獸不疾易藪"），或作定語（如"獸蹄鳥跡之道交於中國"）。很顯然，獨用的時候，"獸"本身是一個詞，在與其他成分連用的時候，"猛獸""巨獸""走獸"無論從意義角度看還是從出現的頻率看都難以成詞。至於"禽獸"中的"禽"，意義雖與獨用的"禽"沒有明顯的區別，由於禽、獸連用時意義更偏重於"獸"，所以可以依據從寬的原則，把"禽獸"看作詞。

　　綜合"禽""獸""禽獸"的使用情況來看，我們可以得出如下結論：在先秦時期（尤其是春秋以後），表達〔獸類〕這個意義時，既可以用"獸"，也可以用"禽獸"；表達〔鳥類〕這個意義時，一般只用"禽"而不能用"禽獸"。"禽獸"在表義上的這種傾向性說明，它正在逐漸改變詞組的性質而取得詞的地位，[①] 這個時候與其把它看作詞組，不如把它看作複合詞更合理一些。

　　再如"朋友"，先秦傳世文獻中"朋"字出現52次，"友"字出現200次，"朋"和"友"連用的有21次（"朋友"），例如：

　　　　～～攸攝，攝以威儀。《大雅·既醉》

　　　　之綱之紀，燕及～～。《大雅·假樂》

　　　　惠于～～，庶民小子。《大雅·抑》

　　　　～～已譖，不胥以穀。《大雅·桑柔》

---

① 張連航（2002）從詞彙發展的角度論證了"禽獸"在戰國時期已經發展爲複合詞。

為人謀而不忠乎？與～～交而不信乎？傳不習乎？《論語‧學而》

事君數，斯辱矣；～～數，斯疏矣。《論語‧里仁》

言～～之道必相教訓以威儀也。《左傳‧襄31》

非所以內交於孺子之父母也，非所以要譽於鄉黨～～也，非惡其聲而然也。《左傳‧公孫丑上》

父子有親，君臣有義，夫婦有別，長幼有敘，～～有信。《孟子‧滕文公上》

責善，～～之道也。父子責善，賊恩之大者。《孟子‧離婁章句下》

蒞官不敬，非孝也。～～不篤，非孝也。《呂氏春秋‧孝行》

不可知則君臣、父子、兄弟、～～、夫妻之際敗矣。《呂氏春秋‧壹行》

"朋"字單用、作"朋貝"之"朋"的有11個，如：

西南得～，東北喪朋。《周易‧坤》

或益之，十～之龜，弗克違，元吉。《周易‧損》

既見君子，錫我百～。《小雅‧菁菁者莪》

用於人名的有11個（隰朋10次、張若謵朋1次），指兩罇酒的1個，如"～酒斯饗，曰殺羔羊"（《豳風‧七月》）；表示〖朋友〗義或者與該義相關的只有8次，如：

每有良～，況也詠歎。《小雅‧常棣》

三壽作～，如岡如陵。《魯頌‧閟宮》

有～自遠方來，不亦樂乎？《論語‧學而》

古之真人，其狀義而不～，若不足而不承。《莊子‧大宗師》

我們再看"友"字的使用情況。

"友"字用於人名的有33次（如公子友9次，公子季友6次，然友6

次，先友 2 次，公孫友 2 次，大子友 2 次，其餘的 6 次），作名詞用表示
"朋友"義的有 83 次，如：

> 雖無好～，式燕且喜。《小雅·車舝》
>
> 有若無，實若虛，犯而不校——昔者吾～嘗從事於斯矣。《論語·
> 泰伯》
>
> 君子以文會～，以友輔仁。《論語·顏淵》
>
> 宋皇瑗之子麋有～曰田丙。《左傳·哀 17》
>
> 孰知有无死生之一守者，吾與之爲～。《莊子·庚桑楚》

其餘的 63 次用作動詞，如：

> 匿怨而～其人，左丘明恥之，丘亦恥之。《論語·公冶長》
>
> 主忠信，毋～不如己者，過則勿憚改。《論語·子罕》
>
> 友直，友諒，～多聞，益矣。《論語·季氏》
>
> 父義、母慈、兄～、弟共、子孝。《左傳·文 18》
>
> 義不臣乎天子，不～乎諸侯。《呂氏春秋·不侵》

從以上的數據來看，"朋"和"友"單用時，"友"的出現次數遠遠高於
"朋"；在表示[朋友]義的時候，用"友"的時候比用"朋友"的時候多，而
用"朋友"又比用"朋"的時候多。換句話説，"朋"、"友"和"朋友"都
可以表示[朋友]義，三者選用的機會是："友"＞"朋友"＞"朋"。（"＞"
讀作"使用的機會大於"）"朋友"作爲一個組合，使用的幾率大於其構成成
分"朋"，這種情況説明，"朋友"已經不完全是一個自由組合了。

最後需要説明的是，借助計算機進行頻率統計時，不要把跨層組合的
單位誤當作檢索詞處理，例如：

君子

A. 君子務本，本立而道生。《論語·學而》

B. 王虐而不忌，楚君子干，涉五難以弑舊君，誰能濟之？《左傳·昭 13》

夫子

A. 夫子至於是邦也，必聞其政。《論語·學而》

B. 先大夫子犯有言曰……《左傳·宣 12》

三月

A. 三月甲戌，晉人殺箕鄭父、士穀、蒯得。《左傳·文 9》

B. 子在齊聞《韶》，三月不知肉味。《論語·述而》

微子

A. 微子去之，箕子爲之奴，比干諫而死。《論語·微子》

B. 微子之言，吾不知也。《左傳·襄 31》

左右

A. 盡以其寶賜左右而使行。《左傳·文 16》

B. 叔父陟恪，在我先王之左右，以佐事上帝《左傳·昭 7》

稅服

A. 公喪之如稅服終身。《左傳·襄 27》

B. 陳須無以公歸，稅服而如内官。《左傳·襄 28》

　　上面每個檢索詞分別舉了兩個例子，其中 A 例是符合要求的檢索，B 例爲跨層組合或者不符合檢索的要求，屬於非法檢索。使用頻率標準時要注意排除非法檢索。

　　（四）修辭標準

　　修辭標準是很多研究古漢語專書詞彙的學者都使用過的一條標準。伍宗文（2001：101）稱這個標準"爲判斷古代漢語中的複音詞提供了一個特殊的視角，借助它可以排除單純從意義出發可能帶來的主觀的、不確定的因素"。

　　人們提到的修辭標準主要有對舉、借代和比喻。所謂對舉標準，就是利用表達上講究形式美的特點，"在同一語言環境中，凡處於相同句式的相同位置上的兩個或兩個以上的雙音組合，其中一個或幾個如已可確定爲詞，則其他雙音組合可優先考慮爲詞而不是詞組"。（嚴志軍 1992）這個標準的適用範圍很窄，有時依據此標準確定下來的只能看作韻律詞，馮勝利（2005；7）認爲"韻律詞不必是複合詞"。這個問題我們不准備多説，這裏只舉幾個例子説明這個標準的局限性（加下劃綫的部分屬於對舉的内容，其中加點的不是複音詞）①：

> 山有扶蘇，隰有荷華。不見子都，乃見狂且。《鄭風·山有扶蘇》
> 山有喬松，隰有游龍。不見子充，乃見狡童。《鄭風·山有扶蘇》
> 君薨，不忘增其名；將死，不忘衞社稷，可不謂忠乎？《左傳·襄14》
> 冥冥之中，獨見曉焉；無聲之中，獨聞和焉。《莊子·天地》

比喻和借代是兩種修辭方式，其共同特點就是使語段當中的某個單位產生了特殊的含義。漢語有些詞就是利用比喻和借代造成的，也有些詞起源于言語運用中的比喻和借代。用比喻和借代造詞與由最初的比喻和借代發展成詞，是兩種不同的情況。② 前者一出現就是新詞，後者有一個成詞

---

① 馮勝利（2005：21）有一個觀點：漢語使用的基本單位是韻律詞，而且韻律詞在範圍上要大於複合詞。也就是説，是韻律詞的不一定是複合詞，是複合詞的必須是韻律詞。對於"漢語以韻律詞爲使用的基本單位"這一意見，如果我們沒有理解錯的話，他是把韻律詞（包括複音詞和一些自由短語）看成了語言的使用單位（即一般學者所説的詞），這樣就在無形中擴大的詞的内涵，把很多不是詞（是韻律詞）的"詞"當成了詞。

② 表現在詞典釋義上，前者只有一個義項（比喻義或借代義），後者有多個義項，而且比喻義和借代義一般都排在幾個義項的後面。如【布衣】，《常用字字典》收兩個義項：（1）麻布衣服；（2）平民，老百姓。第一個義項是本義，第二個義項是引申義（即借代義），換句話説，表示【平民，老百姓】這一意義的【布衣】不是一開始就創造出來的，而是通過把表示【麻布衣服】這一意義的【布衣】用作借代然後逐漸被人們認可和接受形成的。試舉兩個例子以見表示借代義的【布衣】其形成過程：

（a）列精子高聽行乎齊潜王，善衣東布衣，白縞冠。《呂氏春秋·達鬱》
（b）魏牟，萬乘之公子也，其隱巖穴也，難爲於布衣之士。《莊子·讓王》
（c）舜布衣而有天下。《呂氏春秋·適威》
（d）堯，天子也；善綣，布衣也。《呂氏春秋·下賢》

（a）（b）兩例是本用，（c）（d）兩例是借代用法，它是由前面那種用法發展而來的。對於（c）（d）兩例中的"布衣"，我們可以認爲它們屬於修辭方式的運用，也可以認定它們是詞。如果認爲是詞，必須考慮它們跟本用的關係，找到它們已經成詞而不再屬於修辭方式運用的證據。

的過程。利用修辭標準判斷一個單位是否是詞的時候，對后一種情況一定要注意，不要把當初的修辭用法當作新詞看待。

下面舉幾個比喻和借代的例子：

> 甲兵：刑政不用而治，～～不起而王。《商君書·畫策》
>
> 台背：黃髮～～，壽胥與試。《魯頌·閟宮》
>
> 搢紳：其在於《詩》、《書》、《禮》、《樂》者，鄒魯之士、～～先生多能明之。《莊子·天下》
>
> 二毛：君子不重傷，不禽～～。《左傳·僖22》
>
> 銚鎒：春雨日時，草木怒生，～～於是乎始修，……《莊子·外物》
>
> 樽俎：庖人雖不治庖，尸祝不越～～而代之矣。《莊子·逍遙遊》
>
> 喉舌：王之～～，賦政于外，四方爰發。《大雅·烝民》
>
> 錙銖：五六月累丸二而不墜，則失者～～；累三而不墜，則失者十一；累五而不墜，猶掇之也。《莊子·達生》

筆者按："錙""銖"均爲古代的重量單位，一説，一兩的二十四分之一叫"錙"或"銖"。此處喻指（失誤的）數量少。

> 豺狼：戎狄～～，不可厭也；諸夏親暱，不可棄也。《左傳·閔1》
>
> 食言：臨事而～～，不可謂眡。《左傳·成16》
>
> 耆艾：重言十七，所以已言也，是爲～～。《莊子·寓言》

筆者按：五十歲叫"艾"，六十歲叫"耆"。此處不表示歲數，而指老年人。

以上各例，有的屬於直接造詞，如"二毛"；有的屬於引申用法，如"甲兵"。屬引申用法的是否都是詞，可能人們有不同的看法。根據上文我們提出的意見，再結合多數學者的看法，對這部分單位可以採取從寬的原則，把它們看作複音詞。需要注意的是，活用與引申用法不同，不能同等對待。下面這句話中，劃綫的部分雖然也使用了修辭方式，但是跟上舉各例相比，則明顯屬於臨時的用法：

> 分貧，振窮；長孤幼，養老疾；收介特，救災患……《左傳・昭14》

　　總之，使用修辭標準時，要分清它是普遍用法還是臨時用法，前者因爲普遍使用，説明它已經得到了人們的認可而逐漸變成語言的成分，後者因爲是臨時的，説明它們還是屬於個人言語的東西。在個人言語的東西普遍爲人們接受之前，最好還是把它們看作短語。

　　（五）關於言語詞

　　從詞的産生的角度看，有一個事實我們必須承認，詞不是先天就存在于語言當中的，而是語言的使用者在運用語言的過程中不斷創造出來的。造詞也不是一種集體行爲，不是人們坐在一起先商量需要創造哪些詞，這些詞應該怎樣來創造，然後再把它拿到語言當中來使用，它完全是語言使用者個人的行爲，每一位説話者或文獻的創造者在説和寫的過程中都可以創造自己的新詞，只是他們所創造的新詞有一個是否能夠得到人們的承認、是否可以在社會上流行開來的問題。《莊子・盜跖》中有一個故事生動地説明了這個問題。

　　盜跖是柳下季之弟，他所以叫"盜跖"，是因爲他"横行天下，侵暴諸侯，穴室摳户，驅人牛馬，取人婦女，貪得忘親，不顧父母兄弟，不祭先祖。所過之邑，大國守城，小國入保，萬民苦之"。（《莊子・盜跖》）當然，他對人們送給他的這個稱號並不滿意，所以當孔子前去勸説他改邪歸正時，盜跖大怒："……今子脩文武之道，掌天下之辯，以教後世。縫衣淺帶，矯言僞行，以迷惑天下之主，而欲求富貴焉，盜莫大於子。天下何故不謂子爲盜丘，而乃謂我爲盜跖？"（出處同上）很顯然，"盜丘"是盜跖對孔子的誣稱，是他對當時社會風氣不滿把怨氣轉嫁到孔子身上而爲孔子造的新詞（起綽號）。從來源上看，"盜跖"和"盜丘"性質相同，都是新造詞，但是一般的工具書只收"盜跖"而不收"盜丘"，原因大概跟"盜跖"使用比較廣泛（22次）而"盜丘"只在此處出現過一次有關。

　　我們今天研究先秦文獻中的詞彙，一般只承認其中能得到人們認可的，即具有普遍使用範圍的單位是詞，對於其中只出現一兩次的也屬於個人所創造的新詞，一般不承認它們詞的資格。其實，這兩類單位從造詞的角度講，並沒有實質區別，它們都屬於當時人們創造出來的新詞；不同的是，前者因爲得到了人們的認可而變成了語言詞彙中的成員，後者因爲沒有得到人們的承認仍然作爲言語的單位而存在。這種區別，我們看作"語言詞"（如盜跖）和"言語詞"（如盜丘）的區別。

言語詞是個人的行爲，也是語言詞的基礎；語言詞是語言詞彙的單位，所有的語言詞都是由言語詞发展而來的。但這並不是説，所有的言語詞都可以轉變成語言詞。言語詞産生以後有兩個結果：一是被人們接受而變爲語言詞，一是不被人們認可而消亡。言語詞發展的結果雖然不同，但是它作爲歷史上曾經存在過的一類單位，從來源上看，與後來的語言詞並沒有什麼區別，所以也應該看作當時的詞彙成員。其實這跟我們認識問題的角度有關。研究漢語史問題時，是立足于今天看當時，還是立足于當時看當時？如果取前一個角度，不把言語詞看作當時的詞彙成員是很正常的情況；① 如果取後一個角度，就沒有理由把它們分別對待。在這個問題上，我們認爲兩個角度都是必需的，尤其是前一個角度，它是進行歷史比較的前提，而且這樣做也更容易發現當時漢語的特點和規律。但是我們也決不能因此而忽略了後一個角度。在先秦漢語詞彙研究方面，我們更應當立足于當時來認識問題，不能因爲有些詞沒有得到後人的認可，或者説沒有在後世的文獻中流傳下來，就否定它們當時詞的資格。這樣做是不夠客觀的。

承認言語詞是詞，在對待同素逆序的單位以及其他一些結構上還缺乏穩定性的單位時，就要慎重，既不能全盤否定，也不能完全肯定，應該結合意義、頻率等標準作綜合的鑒定，該看作詞的就一定把它處理爲詞。

（六）韻律標準

韻律對詞的形成影響是巨大的，後世不少複合詞開始在先秦文獻中都是作爲韻律單位出現的。但是另一方面，韻律也給我們判斷一個組合是否

① 有的專書詞典的做法正好相反，它把現代漢語中是詞彙單位的一些組合都收入到專書詞典中，如"所以""何必""和而不同""有教無類"。見安作璋主編《論語辭典》（2004）。作爲專書"詞/辭"典，收詞應該嚴一些，不能太隨便。

詞造成了很大的困難。例如：

爲肥甘不足於口與？輕煖不足於體與？抑爲采色不足視於目與？
聲音不足聽於耳與？便嬖不足使令於前與？《孟子·梁惠王上》

天油然作雲，沛然下雨，則苗浡然興之矣。《孟子·梁惠王上》

上面兩句話中加綫的單位都是韻律單位，它們是否都是詞，恐怕人們的看法並不一致。

在研究《詩經》詞彙的時候，有人認爲《詩經》中的複音詞很多，這大概是把其中的一些韻律單位也看成了詞的緣故。我們知道，《詩經》中的句子以四言居多，受韻律的影響，其中很多句子可以分作兩個韻步，有些音步是由同一層次上的兩個直接成分組成的，有些音步是由不同層次上的兩個非直接成分組成的（即跨層組合）。例如：

關關｜雎鳩，在河‖之洲。窈窕｜淑女，君子｜好逑。《周南·關雎》

三歲｜貫女，莫我‖肯顧。逝將‖去女，適彼‖樂土。《魏風·碩鼠》

哀我‖人斯，于何｜從祿。瞻烏｜爰止，于誰‖之屋。《小雅·正月》

雄雉｜于飛，泄泄｜其羽。我之‖懷矣，自詒｜伊阻。《邶風·雄雉》

維鵲｜有巢，維鳩‖居之。之子｜于歸，百兩｜御之。《召南·鵲巢》

振鷺｜于飛，于彼‖西雝。我客｜戾止，亦有｜斯容。《周頌·振鷺》

以上被“｜”和“‖”分開的都屬於音步。其中，“｜”兩側的音步多由直接成分組成，“‖”兩側的音步多由非直接成分組成，加點的部分被有些學者看作詞頭詞尾的成分。這些構成音步的東西，有些常常被人們看作複音詞。正因爲韻文節奏感强，韻步明顯，所以韻文中構成音步的雙音節單位比起散文中的雙音組合來，更容易被看作詞，正如向熹（1980）説："以四言爲主的句式往往以兩個音節爲一停頓，這種兩字一頓的四言句式特別適合於雙音詞的發展。"

對於一個句子，用層次分析法切分以後，往往可以得到有把握的詞和一些有可能成詞的韻律單位。這些韻律單位很容易被人們誤認爲是詞，而這樣的詞往往是可疑的。要知道，韻律（音步）只是成詞的基礎，它不是標準，我們不能因爲韻律單位容易成詞或者到後世可以發展成詞，就把早期的韻律單位看作詞。對於文獻中的韻律單位，我們還需要進一步運用意義的或結構的、或修辭的標準去驗證，凡是能夠在其他方面也得到證明的才能看作詞，否則就只是一個韻律單位而已。

四　判斷先秦複音詞時可以憑借的手段

1. 古代訓詁材料

古代的小學家雖然是以"字"爲研究對象的，但是他們在注解先秦典籍時常常以詞爲單位來進行訓釋，在漢人傳註材料裏，聯綿詞、疊音詞以及很多複合詞常常被當作一個整體來訓解就是證明。例如：

> 窈窕淑女，君子好逑。《周南·關雎》
> 《毛傳》："窈窕，幽閒也。"
> 葛之覃兮，施于中谷，維葉萋萋。《周南·葛覃》
> 《毛傳》："萋萋，茂盛貌。"
> 陟彼崔嵬，我馬虺隤。《周南·卷耳》
> 《毛傳》："崔嵬，土山之戴石者。虺隤，病也。"

我們可以以此爲綫索，對於沒有把握判定爲詞的單位，參考一下漢人的傳注材料，如果作爲整體解釋的話，可以考慮成詞。例如：

關關雎鳩，在河之洲。《周南·關雎》

《毛傳》："雎鳩，王雎也，鳥摯而有別。"

黃鳥于飛，集于灌木；其鳴喈喈。《周南·葛覃》

《毛傳》："黃鳥，摶黍也。灌木，叢木也。喈喈，和聲之遠聞也。"

采采卷耳，不盈頃筐。《周南·卷耳》

《毛傳》："采采，事采之也。卷耳，苓耳也。頃筐，畚屬，易盈之器也。"

益之以霡霂，既優既渥。《小雅·信南山》

《毛傳》："小雨曰霡霂。"

有周不顯，帝命不時。《大雅·文王》

《毛傳》："有周，周也。不顯，顯也。"

世之不顯，厥猶翼翼。《大雅·文王》

《毛傳》："翼翼，恭敬。"

穆穆文王，於緝熙敬止。《大雅·文王》

《毛傳》："穆穆，美也。緝熙，光明也。"

迺立皋門，皋門有伉。《大雅·緜》

《鄭箋》："諸侯之宮，外門曰皋門。"

迺立冢土，戎醜攸行。《大雅·緜》

《毛傳》："冢土，大社也。"

混夷駾矣，維其喙矣。《大雅·緜》

《鄭箋》："混夷，夷狄國也。"

思媚周姜，京室之婦。《大雅·思齊》

《毛傳》："京室，王室也。"

惠于宗公，神罔時怨，神罔時恫。《大雅·思齊》

《毛傳》："宗公，宗神也。"鄭箋："宗公，大臣也。"

肆成人有德，小子有造。《大雅·思齊》

《鄭箋》："成人，謂大夫、士也。"

上述毛、鄭傳注中作爲解釋對象的雙音節單位看作詞應該是不成問題的。另外，魏晉時期的傳注材料也可以爲我們確定詞提供佐證。例如：

> 以昭事神、訓民、事君，示有等威，古之道也。《左傳·文 15》
> 杜預注："等威，威儀之等差。"
> 舜臣堯，舉八愷，使主后土，以揆百事，莫不時序，地平天成。
> 《左傳·文 18》
> 杜預注："后土，地官。"
> 與孔將鉏、侯宣多納之，盟于大宮而立之，以與晉平。《左傳·
> 宣 3》
> 杜預注："大宮，鄭祖廟。"
> 其孫箴尹克黃使于齊。《左傳·宣 4》
> 杜預注："箴尹，官名。"
> 我盍姑億吾鬼神，而寧吾族姓，以待其歸，將焉用自播揚焉？
> 《左傳·昭 30》
> 杜預注："播揚猶勞動也。"
> 其人曰："吾公在壑谷。"皆自朝布路而罷。《左傳·襄 30》
> 杜預注："布路，分散。"

他們不以單字爲訓釋對象，這説明他們已經有了詞的意識，只是還沒有上升到理論高度罷了。上述這些雙音節單位在今天看來都是比較典型的詞。

當然，古人也有拆詞爲單而釋錯的時候。例如：

> 優哉游哉，輾轉反側。《周南·關雎》

《鄭箋》："臥而不周曰輾。""輾轉"本爲聯綿詞，鄭玄以爲每個字都有意義，故單釋"輾"字，對此，唐孔穎達《正義》指出："《書傳》曰，'帝猶反側晨興'，則'反側'亦臥而不正也。'反側'既爲一，則'輾轉'亦爲一，俱爲'臥而不周'矣。箋獨以'輾'爲不周者，辨其難明，不嫌與'轉'異也。《澤陂》云：'輾轉伏枕。''伏枕'，據身伏而不周，則'輾轉'同爲不周明矣。'反側'猶'反覆'，'輾轉'猶'婉轉'，俱是回動，大同小異，故《何人斯》箋：'反側，輾轉。'是也。"

針對古注中的上述問題，張連航（2002）指出："古代經書的註疏和字書的編撰，並沒有真切地反映出語言變化的時代特徵。所以當時語言中實際已完全被接受的用法，在古注及古字書中，並沒有被承認。"對於漢人注疏，我們不能把它絕對化，當作鑒別先秦漢語複音詞的標準，只能作爲一種參考。這是我們在利用舊注的時候需要注意的。

2. 借助上下文從語法角度或者邏輯角度進行判斷

根據語法特點判斷一個單位是不是詞。例如"賄賂"，單看像是詞，如果從它在句子中的位置來看，可以肯定不是詞："亂獄滋豐，賄賂並行。"（《左傳·昭6》）因爲副詞"並"在語義上要求句子的主語必須是多體，不能是個體。下面兩例可以爲證：

> 吾見其居於位也，見其與先生並行也。《論語·憲問》
> 我先王熊繹與呂伋、王孫牟、燮父、禽父並事康王《左傳·昭12》

這裏如果把"賄賂"看成一個詞，顯然違反了表達上的邏輯。此處的"賄賂"當指"賄"和"賂"兩種行爲，它們構成的是詞組而不是詞。根據前面的分析，以下幾句中"並"字前面的成分均不可作詞理解：

> 天降禍于周，俾我兄弟並有亂心，以爲伯父憂。《左傳·昭32》
> 德、刑不立，姦軌並至，臣請行。《左傳·成17》
> 是以上下無禮，亂虐並生。《左傳·襄13》
> 今宮室崇侈，民力彫盡，怨讟並作，莫保其性。《左傳·昭8》

"數詞＋者"與前面的名詞性短語常常構成同位結構，其中的數詞往往成爲鑒定前面名詞性短語中的雙字組合是不是詞的證據。例如：

> 富貴顯嚴名利六者，悖意者也。《呂氏春秋・似順論》
>
> 周遍咸三者，異名同實，其指一也。《莊子・知北遊》
>
> 農商官三者，國之常官也。《商君書・去彊》

第一例中的"富""貴""顯""嚴""名""利"，正好跟後面的"六者"相合，所以這裏的"富貴""顯嚴""名利"都不是詞。下面這一例正好相反，其中的數詞可以證明前面的雙字組合都是詞：

> 天子諸侯大夫庶人，此四者自正，治之美也；四者離位而亂莫大焉。《莊子・漁父》

"天子諸侯大夫庶人"，加標點斷開的話，當爲"天子、諸侯、大夫、庶人"，而不是"天、子、諸、侯、大、夫、庶、人"。這種方法也不是萬能的，有時候就不靈。如下面這句話：

> 民食芻豢，麋鹿食薦，蝍蛆甘帶，鴟鴉嗜鼠，四者孰知正味？……毛嬙、西施，人之所美也；魚見之深入，鳥見之高飛，麋鹿見之決驟，四者孰知天下之正色哉？《莊子・齊物論》

前一句，"民""麋鹿""蝍蛆""鴟鴉"正好是"四者"，由此可以認爲"麋鹿""蝍蛆""鴟鴉"都是複音詞；但是下一句"魚""鳥""麋鹿"只能構成三者，與下文的"四者"不符。如果不是數詞使用有誤（"三"訛作"四"），這裏的"麋鹿"應當分開按兩種動物來理解，這樣一來，這句話中的"麋鹿"就是詞組。同樣的一個組合，在一段話前一句是詞，後一句是詞組，這種情況怎麼處理？是分別對待還是統一處理，這是很讓人頭疼的一件事。

3. 合用与分用同現

一個韻律上成詞的單位，有時用意義和結構標準都難以確定是不是詞，這時如果我們能從上下文中找到該單位分用的情況，就可以證明這個單位因爲結構尚不定型而不能成爲詞。例如：

真者，精誠之至也。不精不誠，不能動人。《莊子·漁父》

不得中行而與之，必也狂狷乎！狂者進取，狷者有所不爲也。《論語·子路》

方命虐民；飲食若流；流連荒亡，爲諸侯憂。從流下而忘反謂之流，從流上而忘反謂之連，從獸無厭謂之荒，樂酒無厭謂之亡。先王無流連之樂、荒亡之行。《孟子·梁惠王下》

農無得糴，則竄惰之農勉疾。……愛子不惰食，惰民不竄而庸，民無所於食，是必農。大夫家長不建繕，則農事不傷。愛子惰民不竄，則故田不荒。《商君書·墾令》

人主之所以禁使者，賞罰也。賞隨功，罰隨罪，故論功察罪，不可不審也。《商君書·禁使》

我在伯父，猶衣服之有冠冕，木水之有本原，民人之有謀主也。……伯父若裂冠毀冕。《左傳·昭9》

相同的構成單位在一段話中有連用有分用，這種情況説明，它們在結構上還是不夠定型的，看作詞有一定的困難，應該都作詞組處理。

五　幾種難處理的情況

根據以上提到的幾個標準，下面結合我們研究的具體情況，討論一些經常遇到但不容易確定的單位，看它們是否是詞。

1. 數名組合

"數＋名"有兩種情況，一種是直接組合的，一種是有概括意義的。例如：

(1) 既見君子，錫我百朋。《小雅·菁菁者莪》

(2) 農戰之民百人，而有技藝者一人焉；《商君書·農戰》

(3) 宋人以兵車百乘、文馬百駟以贖華元于鄭。《左傳·宣2》

(4) 修己以安百姓，堯、舜其猶病諸。《論語·憲問》

(5) 百官於是乎戒懼，而不敢易紀律。《左傳·桓2》

(6) 小國之仰大國也，如百穀之仰膏雨焉。《左傳·襄19》

（1）（2）（3）句中的"百朋""百人""百乘""百駟"是數詞和名詞的直接組合，整個單位的意義就是兩個構成成分意義的組合。（4）（5）（6）句中的"百姓""百官""百穀"的情況與之不同，它們的意義都不能由字面的意義推導出來，而是有一種字面義之外的概括義。前一種情況屬於造句範疇，不是詞；後一種情況又分兩類，一類是在先秦時期就廣泛使用的，如"百姓""三軍"；一類是只見於某一兩部文獻的，如"六欲""百體"。第一類的語義概括性強，再加上它的使用範圍很廣，這說明它作爲一個整體已經得到了人們的認可，把這類單位成詞沒有太大的問題。①第二類在使用上缺乏普遍性，帶有個人色彩，這樣的單位是不是詞，人們的意見不一樣，有人看作詞，有人看作短語。（伍宗文，2001：271—272）其實，如果從造詞的角度看，這類單位與第一類單位沒有實質區別，都是使用"數+名"的方式來代指具體的事物，不同的只是有的數詞是確指（如"三軍"中的"三"指左、中、右三支），有的數詞是泛指（如"百姓"中的"百"並不表示只有一百個）。②

"數+名"的格式是古今漢語都經常使用的一種造詞方式，例如，在現代漢語中，用"五"加名詞性語素構成的詞，《現代漢語詞典》（以下簡稱《現漢》）收有"五彩""五代""五嶺""五毒""五方""五金""五經""五行"等22個詞，李行健、曹聰孫、云景魁主編的《新詞新語詞典》（以下簡稱《新詞典》）收"五愛""五保""五大""五反""五化""五老""五氣"等14個詞（不包括新語在內），這兩部詞典相同的條目只有一條

---

① 參見張雙棣（1989：189）、趙克勤（1994：48—49）、毛遠明（1999：120—121）、伍宗文（2001：271—272）。

② "數+名"的格式到底表示確指還是泛指，一般跟其中使用哪個數詞有關，使用"百""千"的常表示泛指，如"百體""百草""百歲""百世""百越""百神""千乘""千宮""千世"；使用"三""五"等小數的常常表示確指，如"三軍""三王""三光""三晉""三代""五穀""五色""五藏""五聲"。

（"五毒"），這説明《新詞典》和《現漢》在收條上是互補的。其實互補只是一種表面現象，這種現象反映了不同的詞典編者對不同條目的性質的看法是不一樣的，《現漢》持從嚴的標準，因此收詞具有選擇性，《新詞典》持從寬的標準，它把符合"數＋名"這一構造形式的、《現漢》不收的單位都看作新詞。① 這兩種做法都是合理的。從《新詞典》對待這些詞語的態度我們可以看出，一方面，"數＋名"確是漢語中一種重要的造詞法；另一方面，用"數＋名"格式創造的詞並不都能成爲語言的單位，有些只是臨時性的。臨時性的只能看作言語詞。先秦漢語中這兩類單位也一樣，"數＋名"格式有一些是比較典型的詞，有一些詞的性質不明顯，具有臨時性。對後面這類單位可以採取從寬的標準，把它看作言語詞，也可以採取從嚴的標準，把它看作短語。

2. 重叠的形式

先秦漢語中重叠的形式有兩種，一個字的重叠（記作 AA）和兩個字的重叠，兩個字的重叠又分只重叠其中的一個字（如坦蕩蕩、呱呱叫，分別記作 ABB 和 AAB）和兩個字都重叠（記作 AABB）兩種情況。ABB 式和 AAB 式在我們統計的範圍内很少見到，② 缺乏討論的普遍意義。下面我們只討論 AA 式和 AABB 式。

先看"AA"式。

AA 式從其整體的意義與其構造成分 A 的意義的關係來看，有相關（記作 AA≈A）和不相關（AA≠A）兩種情況。意義相關的如：

惴惴≈惴

臨其穴，～～其慄。《秦風·黄鳥》

《毛傳》："惴惴，懼也。"《説文·心部》："惴，憂懼也。從心耑聲。《詩》曰：～～其慄。"

悄悄≈悄

---

① 當然有些單位《現漢》不收，是因爲在編寫的時候還沒有產生。
② 金文中有"子子孫"（9 例）和"孫子子"（1 例），《論語》中有"坦蕩蕩""長戚戚"（各 1 例）。

— 75 —

憂心～～，慍于群小。《邶風·柏舟》

《毛傳》："悄悄，憂貌。"《説文·心部》："悄，憂也。從心肖聲。《詩》曰：憂心～～。"

傞傞≈傞

側弁之俄，屢舞～～。《小雅·賓之初筵》

《毛傳》："傞傞，不止也。"陸德明《經典釋文》："傞傞是舞不止。"《説文·人部》："傞，醉舞皃。從人差聲。《詩》曰：屢舞～～。"

采采≈采

～～芣苢，薄言采之。《周南·芣苢》

《毛傳》："采采，非一辭也。"王先謙《集疏》："采采者，采而又采，薛君以爲'采采而不已'，是也。"

宿宿≈宿

有客～～，有客信信。《周頌·有客》

《毛傳》："宿宿，一宿曰宿，再宿曰信。"

意義不相關的如：

敖敖≠敖

碩人～～，説于農郊。《衛風·碩人》

《毛傳》："敖敖，長貌。"《説文·出部》："敖，出遊也。"

蔌蔌≠蔌

佌佌彼有屋，～～方有穀。《小雅·正月》

《毛傳》："蔌蔌，陋也。"《爾雅·釋器》："菜謂之蔌。"又《大雅·韓奕》："其蔌維何"，《毛傳》："蔌，菜殽也。"

意義相關的實際上屬於有意義的語言成分的重疊，意義不相關的實際上是沒有意義的音節的重疊。

語言成分的重疊大多見於《詩經》類的韻文中，在散文體的文獻中不多見。上面所舉的五例中，前三例是形容詞，後兩例是動詞。從意義上看，《毛傳》以重疊的形式爲解釋對象，《説文》以單字爲解釋對象，並引《詩經》重疊形式爲例。對比《毛傳》的解釋和《説文》的解釋可以發現，重疊後的意義跟重疊前的意義是基本上是一樣的。不同的是，重疊後的形式在詞彙意義基礎上又增加了新的語法意義。這樣的單位把它看作一個整體比把它看作兩個不同的詞的組合更合理一些。動詞重疊的情況略有不同，它跟現代漢語單音節動詞的重疊形式（如“看看”“聽聽”“走走”）表示嘗試體的語法意義不同，表示的是動作行爲的重復，如“采采”指采了又采，“宿宿”指住了一夜又住一夜。這類單位相當於散文體中的複句形式，只是在詩句中受韻文格式的限制不得不採取疊音的形式表現罷了。這類單位，我們可以遵從前人的意見，把它看作《詩經》中特殊的語法詞。

音節重疊，即王筠所説的“合兩字之音以成一字之意”，其中重疊的成分不表義，只有兩字重疊之後才表達一個完整的意義，這樣的單位完全符合詞彙詞的特徵，而使用意義標準即可判定爲詞。

總之，AA≈A 的情況屬於構詞成分的重疊，可以看作語法詞；AA≠A 的情況屬於音節重疊，是典型的詞彙詞。

下面我們再看“AABB”式。

從構成上看，AABB 式也有兩類：①

一類是由前後兩個部分組成的“AA＋BB”式。例如：

振振殷殷（振振＋殷殷）

其遇時也，登爲天子，賢士歸之，萬民譽之，丈夫女子，～～～～，無不戴説。《呂氏春秋·慎人》

高誘注：“振振殷殷，衆友之盛。”又《周南·螽斯》“宜爾子孫，振振兮！”朱熹《集傳》：“振振，盛貌。”《左傳·僖5》“均服振振”，

① 伍宗文（2001：180）認爲“AABB”式中還有一類“整體爲詞而不可分割者”，如“翂翂翐翐”。筆者以爲，先秦漢語中“AABB”只有兩種類型，“翂翂翐翐”即使真的不可分割，也屬於孤證。如果一個類型只有一個用例，這個用例值得懷疑。另外，《玉篇·羽部》“翐，飛皃”。《廣韻·質韻》和《集韻·質韻》“翐”字條下均以“翐翐，飛皃”或者“翐翐，飛舒遲皃”來訓“翐”，可見，“翐翐”乃“翐”字重疊用法，而且意義與“翂翂翐翐”無别。

杜預注："振振，盛貌。"《文選·王融〈三月三日曲水詩序〉》"殷殷均乎姚澤"劉良注："殷殷，盛貌。"《文選·左思〈魏都賦〉》"殷殷寰内，繩繩八區"。張銑注："殷殷、繩繩，皆衆也。"可見，"振振"在意義上等於"殷殷"，都是"盛"的意思。高誘用"衆友之盛"釋"振振殷殷"，屬於釋句義，而非釋詞義。

芒芒昧昧（芒芒＋昧昧）

黃帝曰："～～～～，因天之威，與元同氣。"《呂氏春秋·應同》

高誘注："芒芒、昧昧，廣大之貌。"

"振振殷殷"和"芒芒昧昧"的構造方式跟"廣大""遙遠""冷漠"的構造方式一樣，屬於同義並列，不同的是前者由兩個疊音詞並列構成，後者由兩個單音節的同義語素構成。從意義上看，"振振殷殷"的意義等於"振振"的意義或者"殷殷"的意義，這裏所以用"振振殷殷"，不用"振振"或"殷殷"，完全是受語言表達上的節律的影響。"芒芒昧昧"的情況與"振振殷殷"完全相同。像這種由兩個疊音詞連用構成的"AA＋BB"式在《詩經》這種韻文當中很常見，如"顒顒卬卬""奉奉婁婁""離離啃啃"。這樣的單位無論是從結構上看還是從意義上看，都屬於詞的組合。

一類是"AB"式的擴展形式。例如：

窈窈冥冥——窈冥

至道之精，～～～～；至道之極，昏昏默默。《莊子·在宥》

郭象注："窈冥、昏默，皆了無也。"又，《素問·徵四失論》"窈窈冥冥，孰知其道"。王冰注："窈窈冥冥，言玄遠也。"

爲汝入於～～之門矣，至彼至陰之原也。《莊子·在宥》

動於无方，居於～～；《莊子·天運》

按：《後漢書·馮衍傳》"履孔德之窈冥。"李賢注："窈冥，謂幽玄也。"又，《文選·潘岳〈寡婦賦〉》"窈冥兮潛翳"。李周翰注："窈冥，幽深也。"

　　從前人的注疏可以看出，文獻中的"窈窈冥冥"和"窈冥"在意義上有密切的關係；另外，郭象注明確指出，"窈窈冥冥"乃"窈冥"在形式上的擴展。再如：

　　暖暖姝姝——暖姝

　　所謂暖姝者，學一先生之言，則～～～～而私自說也，自以爲足矣，而未知未始有物也。是以謂暖姝者也。《莊子·徐无鬼》

　　成玄英《莊子疏》：暖姝，自許之貌。在這一段話當中，"暖姝"和"暖暖姝姝"交替使用而意思無別，可見，"暖暖姝姝"是"暖姝"的重疊用法。①

　　作爲"AB"式擴展形式的"AABB"式，其意義與原形式的意義相關聯，它表達的不是兩個"AB"意義組合起來的複合的意義，而是在"AB"詞彙意義的基礎上增加了新的感性意義。② 從"AABB"式的構成方式上看，它既不能分成"AA"和"BB"兩個部分，也不能拆分成"AB"和"AB"兩個部分，它在結構上形成一個完整的整體而與原形式"AB"式共存。因此，這類單位無疑是先秦漢語中典型的複合詞。

　　3. 干支

　　紀時的干支（如"甲子""丙辰"）有人看作詞組，有人看作詞。我們的意見是這類單位雖說是由天干和地支組合起來的，意義相對也比較單純，但是組合後的單位不是開放性的，它們作爲一個整體在使用時是直接取用而非臨時組合，其性質大致相當於語言中的數詞。這類單位與其看作自由組合，不如看作詞更合理一些。

　　4. 數詞問題

　　數詞有系、位之別。（朱德熙，1982：46）簡單的系位構造毫無疑問

------

　　① 另外，先秦漢語中有兩個"渾渾沌沌"（分別出自《莊子·在宥》和《呂氏春秋·大樂》），王世舜等編的《老莊詞典》釋爲"猶渾沌，無知無識的樣子"，張雙棣等編的《呂氏春秋詞典》則把它分爲兩個詞："渾渾""沌沌"。兩者相比，當以《莊子詞典》的做法更爲可取。

　　② 感性意義的具體含義見劉叔新（1990）6.2—6.3節。

都是詞，如"十一""三千""兩萬"；複雜的系位構造是否詞，可能會有不同的意見，如"三百六十""百八十三""六百又五十又九"。我們同意歐陽國泰（1994）的意見，把這類單位看作複合數詞，理由如次：第一，在現代漢語中，所有的數詞都有兩種寫法——漢字式和阿拉伯數字式，如"兩萬五千九百四十三"，也寫作"25943"。如果認爲前者是詞組後者是詞，肯定講不通；如果把"25943"也看作詞組，很少有人同意。所以，綜合兩種情況考慮再結合阿拉伯數字的實際情況，把它們一視同仁都看作詞是比較合理的。第二，數詞本身是一個自足的系統，這個系統由小到大按等差數列的形式排列，在這個系統當中，各個數詞除了有大小之別，其地位都是一樣的。如果承認"一""二""三"……"八""九""十"是詞，就應該承認"十一""十二""七十""八十"是詞，同樣也應該承認"二十五""三十三""百八十三"也是詞。如果承認了"二十五""三十三"是詞，那麼帶"又""有"的複雜的系位構造也應該看作詞，如"六百又五十又九""七十有五"。[①] 這種認識是體現了數詞系統性。第三，古今數詞的表現形式雖然不盡相同，但是數的含義是一樣的，不能把現代漢語中的數詞跟古代漢語中的數詞分別對待。

當然，由于複雜的系位構造在長度上超出了一般的複音詞，而且意義上的加合關係又比較明顯，我們不妨稱之爲短語詞。

5. 專名問題

專名包括人名、地名、書名、國名、朝代名、職官名、天文名、節氣名、樂律名、動植物名、建築宮室名、器物名（如劍名）等。（張雙棣，1989：61）

認識專名的時候，要把它跟普通名詞區別開。一般來講，專名有特定的指稱對象，具有唯一性，雖然有時候存在共用的情況（如"厲公"可以指陳厲公、宋厲公、晉厲公和鄭厲公）；普通名詞具有普遍性和概括性，非某一個人或者某一類事物所特有，如"莒子"，指莒國國君，別管是犁比公，還是著丘公、茲平公，都可以稱"莒子"，像"莒子"這樣的詞還

---

① 現代漢語中整數和零數之間常使用"零"字，如一百零三。"零"和先秦漢語中"又""有"的性質一樣。

有"許男""鄭伯""蔡侯""宋公"等。這樣的單位都不屬於專名。弄清專名和普名的意義在於，在確定詞位的時候，普名不需要分開作不同的詞處理，而專名必須根據所指對象分爲幾個不同的詞。（詳見本章第三節）

專名和普通名詞都是詞。認識專名的時候，不要受現行文獻傳本中專名符的影響，把一些由普通名詞加專有名詞或者專有名詞加專有名詞構成的單位誤當作專名。例如：

(1) 帝舜　公子糾　大子祿　大宰子商　大史克　右尹子午　司城子罕

(2) 鄭子産　晉士鞅　延州來季子　郈黑肱　韓不信　蔡甲午

(3) 蔡侯朱　劉子摯　莒子庚輿　胡子髡　申公巫臣氏

第（1）類是由表示身份的普通名詞加人名構成的，第（2）類是由國名或地名加人名構成的，第（3）類是由普通名詞加人名構成的。這些單位都不能直接當作專名來處理，而應該分開作不同的詞。

6."小名冠大名"與"大名冠小名"

先秦文獻中常見這樣一些單位："淇水""蕿草""鮒魚""鳳鳥"，其中，"淇""蕿""鮒""鳳"爲專稱，"水""草""魚""鳥"爲通名，整個單位的構成方式是"專稱＋類名"。伍宗文（2001）指出："類名所指範圍寬泛，通過與專稱的結合使指稱明確；專稱對相應的類名表現出定向的依賴，或者説是類名對專稱實施了單向的控制。""這類組合，無論是'大名冠小名'還是'小名冠大名'，都應視爲複合詞。"（伍宗文，2001：77）

這類單位從形式上看很像是複合詞，尤其是現代漢語中，用這種方式構成的複合詞不在少數。例如：

—鳥：蜂鳥　鴕鳥　翠鳥　琴鳥　文鳥　……
—草：茅草　莎草　萱草　蒲草　蓆草　……
—樹：榆樹　柳樹　槐樹　桑樹　橡樹　……
—河：淮河　黃河　海河　汾河　紅河　……

　　—魚：　鯽魚　鰱魚　黑魚　鯉魚　鯰魚　……

　　先秦漢語中的"大名冠小名"或者"小名冠大名"是否都是詞，不能以《説文》的解釋爲准①，而應該從以下兩個方面來看：第一，結構是否固定；第二，這類結構的普遍性如何。

　　所謂"結構是否固定"，就是看這類組合的形式是經常出現還是偶然出現，如果單用是經常的，連用是偶然的，就説明連用時的結構還不夠定形，把它看作詞比較困難。所謂"普遍性"，就是看與之情況相似的單位是否也這樣使用，比如，把"魴魚"看作是用"大名冠小名"方式構造的詞，那麼，其他屬於"魚"的專稱也應該按照這種方式構詞，否則就不具備普遍性。對於不具備普遍性的這類單位，不能一視同仁，不能作爲構詞規律來看，只能具體情況具體對待。下面我們以類名"魚""水"爲例，考察一下它們在先秦漢語中的用法。

　　先看專稱＋類名"魚"的使用情況。

　　在我們統計的範圍中，以"魚"作類名的只出現了如下四例：

　　　　魴魚（1次）：～～赬尾，王室如燬。《周南·汝墳》

　　　　儵魚（1次）：～～出遊從容，是魚之樂也。《莊子·秋水》

　　　　鮒魚（3次）：周顧視車轍中，有～～焉。《莊子·外物》

　　　　青魚（1次）：大咠小畝，爲～～肢。《呂氏春秋·辯土》

　　其中，"儵魚"和"青魚"只有合用例沒有單用例，而"魴魚"和"鮒魚"都有與之對應的只使用專稱的情況。例如：

　　　　魴（7次）：其釣維何？維～及鱮。《小雅·采綠》

---

　　① 即使考慮《説文》的解釋，也不能説明問題。《説文》常常是用類名釋專稱，如木部："松，木也。""檀，木也。""楊，木也。"像上面這種用"木也"作釋語的，只木部就有 50 個。這種情況並不能證明"—木"就是以"大名冠小名"的形式構成的詞。有關這種形式是詞的説法見伍宗文（2001：76—78）。

　　　　川澤訏訏，～鱮甫甫，麀鹿噳噳。《大雅·韓奕》

　　　　敝笱在梁，其魚～鰥。《齊風·敝笱》

　　　　豈其食魚，必河之～？《陳風·衡門》

　　　　九罭之魚，鱒～。《豳風·九罭》

　　鮒（3次）：有人自南方來，～入而鯢居，使人之朝爲草而國爲

　　　　墟。《呂氏春秋·貴直》

　　　　井谷射～，甕敝漏。《周易·井》

　　　　夫揭竿累，趨灌瀆，守鯢～，其於得大魚難矣。《莊

　　　　子·外物》

其他指魚的詞都是以專稱的形式出現的。例如：

　　鯤：北冥有魚，其名爲～。《莊子·逍遙遊》陸德明釋文：鯤，

大魚名也。

　　鰩：藋水之魚，名曰～，《呂氏春秋·本味》

　　鱄：魚之美者：洞庭之～，東海之鮞。《呂氏春秋·本味》

　　鮞：魚之美者：洞庭之鱄，東海之～。《呂氏春秋·本味》高誘

注：鮞，魚名。

　　鰥：敝笱在梁，其魚魴～。《齊風·敝笱》毛傳：鰥，大魚。

　　鱮：維魴及～，薄言觀者。《小雅·采綠》

　　鰌：猨猵狙以爲雌，麋與鹿交，～與魚游。《莊子·齊物論》陸

德明釋文引司馬云：鰌，魚名。

　　鯨：古者明王伐不敬，取其鯢～而封之。《左傳·宣12》孔穎達

疏引《風土記》：鯨、鯢，海中大魚也。

　　鯢：有人自南方來，鮒入而～居，使人之朝爲草而國爲墟。《呂

氏春秋·貴直》高誘注：鯢，大魚，魚之賊也。

　　鰷：猗與漆沮，潛有多魚。有鱣有鮪，～鱨鰋鯉。《周頌·潛》

鄭玄箋：鰷，白鰷也。

　　鱨：魚麗于罶，～鯊。《小雅·魚麗》毛傳：鱨，揚也。

鱣：匪鶉匪鳶，翰飛戾天，匪～匪鮪，潛逃于淵。《小雅・四月》
鄭玄箋：鱣，鯉也。

鱒：九罭之魚，～魴。《豳風・九罭》毛傳：鱒、魴，大魚也。

鯉：豈其食魚，必河之～？《陳風・衡門》

鮪：薦～于寢廟，乃爲麥祈實。《呂氏春秋・季春》高誘注：鮪，
魚似鯉而小。

鰋：魚麗于罶，～鯉。《小雅・魚麗》郭璞注：鰋，今鰋額白魚。

由先秦文獻中"～魚"的使用情況可知，在先秦漢語中，多數情況下
只用專稱，"專稱＋類名"的用法雖然有但比較少見，而且這種表達方式
完全可以用專稱代替。

我們再看專稱＋類名"水"的使用情況。

只以"～水"的形式表示河流名稱的不多，例如：

瀍水：我乃卜澗水東、～～～西，惟洛食。《尚書・洛誥》
豐水：～～東注，維禹之績。《大雅・文王有聲》
黎水：我卜河朔～～。《尚書・洛誥》

只使用專稱表示水名的不少，例如：

濟：因與衛地，自～以西，禚、媚、杏以南。《左傳・哀15》

洙：冬，浚～。《春秋經・莊9》

汝：使疆于江、～之間而還。《左傳・哀1》

沂：浴乎～，風乎舞雩，詠而歸。《論語・先進》

涇：濟涇而次。秦人毒～上流，師人多死。《左傳・襄14》

泓：吳大子友、王子地、王孫彌庸、壽於姚自～上觀之。《左傳・
哀13》

睢：騁而從之，則決～澨、閉門登陴矣。《左傳・成15》

洹：初，聲伯夢涉～，或與己瓊瑰食之。《左傳・成17》

澮：有汾、～以流其惡，且民從教，十世之利也。《左傳·成 6》

更多的情況下，既用專稱又用"專稱＋類名"的形式。例如：

汾（9 見）——汾水（1 見）——汾川（1 見）

汾：取狐、厨、受鐸，涉～，及昆都，因晉敗也。《左傳·僖 16》

汾水：往見四子藐姑射之山，～～之陽《莊子·逍遥遊》

汾川：帝用嘉之，封諸～～。《左傳·昭 1》

淮（16 見）——淮水（3 見）

淮：軍于漢、～之間。《左傳·桓 8》

有酒如～，有肉如坻，寡君中此，爲諸侯師。《左傳·昭 12》

淮水：何謂六川？……黑水，江水，～～。《呂氏春秋·有始》

淇（13 見）——淇水（4 見）

淇：送子涉～，至于頓丘。《衛風·氓》

淇水：～～湯湯，漸車帷裳。《衛風·氓》

潈（2 見）——潈水（2 見）

潈：季孫斯……帥師伐邾，取～東田及沂西田。《春秋經·哀 2》

潈水：取邾田，自～～。《春秋經·襄 19》

漢（27 見）——漢水（1 見）

漢：濟～而後發喪。《左傳·莊 4》

蔡侯歸，及～，執玉而沈。《左傳·定 3》

漢水：楚國方城以爲城，～～以爲池，雖衆，無所用之。《左傳·僖 4》

潁（7 見）——潁水（2 見）

潁：己亥，與楚師夾～而軍。《左傳·襄 10》

潁水：乃自投於～～而死。《呂氏春秋·離俗》

可見，在用作指稱的時候，用"專稱"和用"專稱＋類名"兩種形式均可，但是前者在使用上佔絕對優勢（見以上諸例後面的數字）。這種情況説明，先秦漢語中用專稱指稱事物是普遍現象，而"專稱＋類名"的形式只是偶爾一用，它既缺乏普遍性，結構又不夠穩固，把它們看作複合詞缺乏足夠的理由。

7. 組合結構和複音虛詞

撇開定義，從理論上講，詞是語言的建築單位。作爲語言建築材料的詞應該是類型多樣的，而不都是具有相同的特點並呈現出一種模式的。因此，凡是造句時可以直接取用的單位或結構都可以看作語言的建築材料——詞。如果上述説法成立的話，像"不亦……乎""無乃……歟""豈……耶""得無……乎""之謂""可以""如之何""至於""於是乎""奚其""乎哉""也矣""也已矣"等分割結構或跨層結構都可以看作語言的詞彙單位。① 但就目前的研究情況來看，把上述這些單位看作詞還有一定的難度。本書暫且遵從多數學者的意見，把這樣一些成分作詞組處理。

從定義上看，複音虛詞應該都是詞。可是如果用詞的標準來衡量，上舉被某些講虛詞的工具書收入的所謂"複音虛詞"都是不合格的。這些單位進入句子以後，差不多都是跨層組合，很少處在一個層面上而構成直接成分。

8. 附加式

附加式是合成詞的一種結構類型，它是由表達實在意義的詞根和不表達實在意義的詞綴結合起來構成的，出現在詞根前面的詞綴叫前綴，出現在詞根後面的詞綴叫後綴。前綴、後綴是相對于詞根而言的，它們都是分割詞幹的結果。②

先秦漢語中有沒有前綴、後綴，學者們的意見不同。認爲有詞綴的學者對於哪些成分是詞綴意見也不一致。表 2 反映了各家對先秦漢語詞綴的認識：

---

① 楊伯峻《論語詞典》和《孟子詞典》均收錄了這樣一些單位。

② 對前綴和後綴的叫法不盡相同，張雙棣（1989）叫前加成分、後加成分，甯燕（2005）叫首碼、尾碼，馬真（1980；1981）叫作詞頭、詞尾。我們認爲，這些概念都不如前綴、後綴的叫法明確和科學。詳見楊世鐵（2008）。

表2

		何九盈等 (1980)	馬真 (1980)	王力 (1980/2004)①	張雙棣 (1989)	陳丹紅 (1989)	向熹 (1993)②	郭錫良 (1994)③	佟滌非 (1996)	白平 (1996)	石鋟 (1999)	毛遠明 (1999)	徐朝華 (2003)	甯燕 (2005)
詞頭（前綴、前加成分）	有	+	+	+	+	+	+	+	+		+	+	+	+
	其	+							+					
	于	+							+		+			
	言			+										
	薄										+			
	誰								+					
	斯								+					
	思								+					
	爰			+										
	曰			+										
	韋通													
詞尾（後綴、後加成分）	然	+	+	+	+	+	+	+	+		+	+	+	+
	若			+			+		+				+	
	如	+		+	+	+	+	+	+		+	+	+	+
	焉				+				+					
	爾	+	+	+		+	+	+	+		+	+	+	+
	氏								+					
	子			+	+				+					

---

① 以下所列"詞頭""詞尾"，王力（1980/2004：365—384）認爲很多是可疑的，"但是，有一類字必須肯定是形容詞或副詞的詞尾，那就是'如''若''然''爾''而'等。它們都是一個詞的變形"。

② 向熹（1980）認爲《詩經》裏的附加成分有："有—""—子""—氏""斯""—聊""誰—"（以上是名詞的附加成分）和"有—""其""斯""思—""—若""—然""—而""—如""—焉"（以上是形容詞的附加成分）。"形容詞附加成分'有''其''斯''思'等不僅後代沒有，先秦其他作品裏也比較少見，可以算是《詩經》裏所特有的。"

③ 郭錫良（1994）認爲"爾"可能是"然"的方言變體，"如""若"也可能是一個語素的兩種變體。"它們都是構成狀態形容詞的詞尾，是一種取代疊音詞的構詞方式。"

续表

	何九盈等 (1980)	馬真 (1980)	王力 (1980/2004)①	張雙棣 (1989)	陳丹紅 (1989)	向熹 (1993)②	郭錫良 (1994)③	佟滌非 (1996)	白平 (1996)	石鋟 (1999)	毛遠明 (1999)	徐朝華 (2003)	甯燕 (2005)
其								+					
止			+										
耳			+										
思			+										
斯													
聊													
而			+									+	
者											+		+
乎											+		

表中被人們看作是詞綴或者可能是詞綴的這些成分，古代的小學家也常常論及，他們把這些成分看作語詞（語助）。例如：

《大雅·文王》"思皇多士，生此王國"。孔穎達疏："思，語辭，不爲義。"

《周南·葛覃》"薄汙我私，薄澣我衣"。王引之《經傳釋詞》："薄，發聲也。"

《鄘風·桑中》"爰采唐矣，沬之鄉矣"。陳奐《傳疏》："爰、于、

① 以下所列"詞頭""詞尾"，王力（1980/2004：365—384）認爲很多是可疑的，"但是，有一類字必須肯定是形容詞或副詞的詞尾，那就是'如''若''然''爾''而'等。它們都是一個詞的變形"。

② 向熹（1980）認爲《詩經》裏的附加成分有："有—""—子""—氏""斯""—聊""誰—"（以上是名詞的附加成分）和"有—""其""斯""思—""—若""—然""—而""—如""—焉"（以上是形容詞的附加成分）。"形容詞附加成分'有''其''斯''思'等不僅後代沒有，先秦其他作品裏也比較少見，可以算是《詩經》裏所特有的。"

③ 郭錫良（1994）認爲"爾"可能是"然"的方言變體，"如""若"也可能是一個語素的兩種變體。"它們都是構成狀態形容詞的詞尾，是一種取代疊音詞的構詞方式。"

曰、於四字，皆語詞。”

《王風·揚之水》“彼其之子，不與我戍申”。陳奐《傳疏》：“其，語助。”

《齊風·南山》“既曰歸止，曷又懷止”。劉淇《助字辨略》：“止，與只同，語已辭也。”

《邶風·二子乘舟》“遄臻于衛，不瑕有害”。陳奐《傳疏》：“有，爲句中語助。”

《邶風·終風》“終風且霾，惠然肯來”。王先謙《集疏》：“然，詞也。”

《周易·大有》“厥孚交如”。孔穎達疏：“如，語辭。”俞樾《群經平議·周易一》：“凡言如者，大率皆形容之詞。”

《論語·八佾》“始作，翕如也；從之，純如也，皦如也，繹如也”。邢昺疏：“如，語辭。”

《論語·述而》“禱爾于上下神祇”。劉寶楠《正義》：“爾是語辭。”

《召南·野有死麕》“舒而脱脱兮”。陳奐《傳疏》：“而者，狀物之詞。”

關於語詞的性質，孔穎達認爲是“不爲義”，王引之認爲是“發聲”，袁仁林認爲是“語中襯貼之聲”，“離語則不能自立”。[①] 換句話説，古人認爲這些語詞是用來造句的，而不是依附于句子當中某個非獨立的成分上。

今人的認識與之不同，他們多參照印歐語合成詞的結構，認爲先秦漢語中比附于具有實在意義的語言成分之前或之後的、不表達具體意義的語言成分（見表2所列）相當於印歐語中的詞綴。不過，這種意見先後也受到一些學者的質疑和反對。例如，史存直（1989：96—97）主張，處理漢語問題時不能照印歐語死搬硬套，在兩種説法都可以成立的時候，應該採取謹慎的態度，多考慮傳統的説法：“既然（“有”“爰”“曰”“思”“其”等）有時用有時不用，而前人又認爲是助詞，我們就不能因爲講不清它們

---

① 袁仁林：《虛字説》，中華書局1989年版。

的意義功能，就隨便説它們類似詞頭詞尾，因而就把它們當作詞頭詞尾了。我認爲寧可暫時仍作助詞來仔細研究它們的意義或功能好些。"白兆麟（1991）認爲，上古漢語中的"有""其""言""于""斯""思"等，依附的是各類實詞，所處的位置不固定，它們跟典型的詞綴相比，詞綴的特點並不明顯，所以不能看作詞綴，應該看作襯音助詞。另外，白平（1996）對《詩經》中的"其"是否是詞頭進行了論證，他認爲把古書中一些含義不易確定的字輕易地指爲"詞頭"的做法是不可取的："如果'其''有''薄''言''于'等字真是'詞頭'，它們就應該有在不同語境中反復出現，以資驗證的例子，主張'詞頭'説的人們總是舉一些《詩經》、《尚書》中的例子，似乎《詩經》、《尚書》使用的是一套和其他上古典籍不同的詞彙系統，在《詩經》中俯拾皆是的'詞頭'，到了其他文獻中就蕩然無存了。這顯然是不能令人信服的。"①

认爲先秦漢語有詞綴的學者大多只管列舉，很少論證它們爲什麼是。與之相比，上述反對的意見更值得重視。

上文説過，詞綴是拆分詞以後得到的。所以，要認定上述那些單位是詞綴而不是獨立的造句單位，首先要有充足的證據證明它們與之結合的單位是詞，然後才有可能通過對詞內成分的分析確定它們是否屬於詞綴。在這種認識手續上，我們不能顛倒爲之，因爲講不清它們的作用，就認爲它們是詞綴，進而認爲與之結合的單位和它們一起構成合成詞。

基於以上的認識，在詞綴這個問題上，我們的意見是：

第一，《詩經》中的"于""其""斯""止"等，是造句的單位而不是構詞的成分，② 它們之所以常被人們看作詞綴，主要是受詩歌這種特殊文學體裁的影響，與之相鄰的前一個或後一個具有實在意義的詞構成一個音

---

① "有""其""斯"等多用於《詩》《書》而在其他文獻中很少見，這種現象向熹（1980）已經注意到，不過他説："形容詞附加成分'有''其''斯''思'等不僅後代沒有，先秦其他作品裏也比較少見，可以算是《詩經》裏所特有的。"

② 原因見白平（1996）。還有一種意見，韓宏韜（2005）認爲"有A""A其""斯A""思A""A彼""A兮"等是重言詞的變格，如把"有洸"看作"洸洸"的變格，把"殷其"看作"殷殷"的變格，把"悄兮"看作"悄悄"的變格。變格説的理論依據是漢人的訓詁（詳見潘允中，1989：18）；它與詞頭詞尾説性質一樣，都把"有""斯""其"等看作構詞成分。

步（詳見上文"關於韻律標準"部分）。我們知道，屬於同一個音步的不一定是詞。

　　第二，專名前的"有一"，性質跟《詩經》中的"于""其""斯"等不一樣，正如王引之所説："一字不成詞，則加有字以配之，若虞、夏、殷、周皆國名，而曰有虞、有夏、有殷、有周，是也。"[1] 所以，專名前的"有一"應該看作構詞成分。

　　第三，先秦漢語中最有可能成爲後綴的是"然""若""如""而""爾"。[2] 即使如此，先秦漢語中"然""若""如"等的性質跟現代漢語中詞綴"一然"的性質也不太一樣。現代漢語中的"～然"具有如下特點：首先，"一然"的意義很虛，即使在釋義的時候，也很難用"……的樣子"的形式解釋；其次，"然"前面的成分絕大多數不能單用，它們只有和"然"（或其他成分）結合后才能構成一個獨立的單位，如"突然"；再次，可以跟"一然"結合的成分很少，除了已有的一些單位之外，其他與之性質相同的單位不能仿照這種結構形式隨意創造新的詞語；最後，"～然"作爲一個獨立的單位具有比較高的使用頻率。先秦漢語中的"～然"常常與上述特點相反。例如，先秦漢語中可以與"一然"結合的成分很多，至少有這樣一些單位：

　　　　出自《周易》的有：錯然
　　　　出自《詩經》的有：居然、惠然（2 次）、胡然（4 次）、終然、宛然、烝然（3 次）、賁然、胥然
　　　　出自《論語》的有：斐然、間然、喟然、循循然、硜硜然、必然、皆然、憮然
　　　　出自《商君書》的有：區區然、本然
　　　　出自《左傳》的有：實然（2 次）、皆然、撋然、由然、廩然
　　　　出自《孟子》的有：填然、卒然（通"猝然"）、油然、沛然、淳

---

① 王引之：《經傳釋詞》卷三。
② 王力（1980/2004）認爲它們是一個詞的變形。這種説法很有道理，可惜很少有人循著這個思路來認識它們，總是受漢字的影響，把它們看作不同的單位。

　　　　　　　　　　　　　　　　　　　　　　　　　　　　　　　　— 91 —

然、欣欣然、艴然、易然、浩然、芒芒然、望望然、由由然、綽綽然、美然、浩然、小丈夫然、悻悻然、盻盻然、紛紛然、憮然、小然、赧赧然、沛然、攸然、誠然、諄諄然、嚚嚚然、幡然、勃然、淳然、同然、歆然、訢然、睟然、巍巍然、嘐嘐然、閹然

出自《莊子》的有：果然、猶然、數數然（2次）、泠然、缺然、分分然、窅然（3次）、呺然、荼然、釋然（3次）、盡然、樊然、竊竊然、栩栩然、俄然、蘧蘧然、耋然、嚮然、驕然、固然、怵然、謋然、莾然、怫然、廢然、蹵然/蹙然（7次）、悶然、氾然/泛然①、儵然（2次）、淒然、煖然、喘喘然、成然、遽然、莫然（2次）、芒然、憒憒然、全然、塊然、常然（3次）、誘然、躍然、倘然、贅然、忽然（3次）、局局然、覤覤然、溟涬然、滑滑然、瞞然、頊頊然、警然、儻然（3次）、燋然、怫然、嗑然、汲汲然、睆睆然、昧然（3次）、漠然、崖然，衛然、頯然、闋然、義然、惛然、傑傑然、蹩蹩然、澹然（2次）、危然、欣然、蓬蓬然（3次）、適然、適適然、規規然（3次）、爽然、誙誙然、概然、偨然、噭噭然、蹶蹶然、蟯然、從然、賑然、輒然、芒然（3次）、犂然、晏然、怵然（2次）、薰然（2次）、熱然、信然、自然、僮僮然、昧然、栩栩然、扁然、惛然、油然（2次）、注然、瀏然、曝然、空然、昭然（2次）、欣欣然、畫然、挈然、洒然、懼然、儵然（2次）、侗然（2次）、魁然、披然、超然、跂然、恂然、瞿然、索然、畜畜然、惑然、暢然（2次）、惝然、儹然、忿然（3次）、静然、果然、削然、扢然、闋然、愀然（3次）、悽然、幸然、決然、魏然、窾然

出自《呂氏春秋》的有：蹻然、云云然、喀喀然、嘆然（3次）、憮然、烈然、抗然、適然、驩然、默然、顯然、湫然、艴然（3次）、惕然、俞然、粲然、洋洋然、況然、固然、盡然、皆然、類然、脤然

---

① 出自《莊子‧田子方》，原文作"臧丈人昧然而不應，泛然而辭"。該句與《莊子‧德充符》"闋然而後應，氾若辭"比較接近。由此可以得出初步結論，先秦漢語中"然""若"用在形容詞後面表示狀態的時候可以通用。這個問題有待于今後專文探討。

從以上列舉這些例子來看，"一然"在先秦的結合面很寬，差不多所有的狀態形容詞都可以與之結合。與其把這類開放性的"一然"看作詞綴，倒不如把它看作形態成分。①

"一若""一如""一而""一爾"的性質與"一然"同。

第四，關于"一者"的問題。先秦漢語中，"一者"的情況跟"一然"的情況差不多，很多動詞、形容詞或者動詞短語、形容詞短語都可以后接"者"表示某種人，例如：

孝者　仁者　智者　賢者　先濟者　不知我者　欲戰者　愛我者
樂民之樂者　自晉師告寅者　代其君任患者　好德如好色者

除此之外，其他詞類或短語也常後接"者"，如：

三者　二者　五者　八竅者　三家者　三子者　力不足者　古者
顏回者　王者　儒者　墨者　君子者　昔者　嚮者　所獻書者

在這些例子中，最容易被人們看作詞的是由形容詞和時間名詞構成的雙音節的"～者"，如"仁者""賢者""古者""嚮者""昔者"。確實，這些單位跟"孝者""愛我者""五者""三家者""力不足者"等一些自由組合的結構相比，從意義上到結構上都更接近于詞。對這樣一些單位，我們不妨多從其作爲一個整體經常被人們使用的角度考慮考慮，把標準放寬一些，把它們看作性質上接近短語的複合詞。

9. 關於"語法詞"

在先秦文獻中，我們經常看見這樣一些雙字組合：以爲、可以、至於/至于、於是（乎）。這些雙字組合具有如下幾個特點：第一，出現次數多，如"以爲"在我們的統計範圍内共出現 715 次，"於是"共出現 291 次，"至於/至于"共出現 245 次，"可以"共出現 523 次。第二，結構不固定，

---

① 依筆者的理解，王力（1980/2004）所講的詞尾就是這種意義上的詞尾（與詞幹相對），而不是指構詞成分。

有時可以分用（或單用），有時可以合用，例如：

以爲——以……爲……

諸大夫皆～～然。《左傳·襄10》

我～不貪～寶，爾～玉～寶。《左傳·襄15》

至於/至于——至

又伐其東南，～～陽丘，以侵訾枝。《左傳·文16》

王命衆悉～～庭。《尚書·盤庚》

齊人侵我西鄙，公追齊師，～酅，弗及。《春秋經·僖26》

將以甲子～殷郊，子以是報矣。《呂氏春秋·貴因》

吾思夫使我～此極者而弗得也。《莊子·大宗師》

可以——可

夫聖人之存體性，不～～易人。《商君書·錯法》

真者，所以受於天也，自然不～易也。《莊子·漁父》

第三，多數屬於跨曾組合。

這些單位，多數學者認爲它們不是詞，但也有不少工具書把它們看作價值上等于詞的固定組合，也有的工具書分別情況，只承認其中的某種用法是詞。①

上述三個特點中的後兩個決定了這類單位跟典型的詞還有一段距離，如果不作分別把它們全部看作詞是絕對不行的，都看作自由詞組也不合適。像下面這種用法已經跟現代漢語中的用法沒有太大的區別了：

可以

人而無恒，不～～作巫醫。《論語·子路》

日衞不睦，故取其地。今已睦矣，～～歸之。《左傳·文7》

---

① 不承認"至於/至于"是詞的有喻遂生（2003）和董秀芳（2002）。姜寶昌（1982）雖然沒有明確說明"至于"是詞，但另一方面又説："'至'又常跟'于'結合成'至于'，用法同'至'。"據我們的理解，姜寶昌傾向于把"至于"看作詞。

以爲

而王猶～～不可，則臣愚不能知已。《商君書·徠民》

及齊，齊桓公妻之，有馬二十乘，公子安之，從者～～不可。
《左傳·僖 23》

鍾子期死，伯牙破琴絕絃，終身不復鼓琴，～～世無足復爲鼓琴
者。《呂氏春秋·本味》

莫得安其性命之情者，而猶自～～聖人，不亦可恥乎？《莊子·
天運》

至於/至于

"至於/至于"最初的用法是後接表示地點的名詞，這是屬於典型的跨
層組合，是詞組的用法。等到後接其他名詞表示延及義時，詞的性質比較
突出。例如：

今之孝者，是謂能養。～～犬馬，皆能有養。《論語·爲政》

今有璞玉於此，雖萬鎰，必使玉人雕琢之；～～治國家，則
曰"姑舍女所學而從我"，則何以異於教玉人雕琢玉哉？《孟子·
梁惠王下》

如使口之於味也，其性與人殊，若犬馬之與我不同類也，則天下
何耆皆從易牙之於味也？～～味，天下期於易牙，是天下之口相似
也。惟耳亦然，～～聲，天下期於師曠，是天下之耳相似也。惟目亦
然，～～子都，天下莫不知其姣也；不知子都之姣者，無目者也。故
曰：口之於味也，有同耆焉；耳之於聲也，有同聽焉；目之於色也，
有同美焉。～～心，獨無所同然乎？心之所同然者，何也？《孟子·
告子上》

像這樣的用法，我們不妨從發展的角度採取從寬的原則認定它們是
詞。當然，即使把它們看作詞，也應該承認這些詞既跟詞彙詞有區別，又
跟前面所說的用結構標準確定下來的語法詞有區別。這樣的單位，我們不

妨把它們看作一種特殊的語法單位——"語法詞"。①

正如呂叔湘（1959/1984）所說，漢語的詞是很複雜的，不僅有典型的、完備的詞，還有不完備的詞（即接近于構詞語素的詞）和擴大的詞（即接近于詞組的詞），"如果我們企圖用一個並且只有一個手段來劃分所有的詞，顯然是不可能。可是如果我們承認有不同種類的詞，那麼適當地利用上述各種標準，還是有可能達到我們的目的"。（呂叔湘，1959/1984：367）

在上面提到的這些標準中，意義和結構的標準無疑是最可靠的，雖然有時不容易把握；而修辭和頻度的標準雖然比較客觀，但是適用範圍很窄。在利用這些標準的時候，既不能不作區別地拿所有標準來衡量每一個單位，認爲一個單位必須符合所有的標準才是詞；也不能只注意到詞所具有的多個特點中的某一方面，認爲只要具備了其中某個特點的就是詞。應該承認，上面提到這些標準的適用性並不一樣，它們是互補的而不是並列的，每一個標準往往只針對著詞的某一種類型或者某一方面的特點。另外，通過上文的分析我們可以看到，漢語的詞的問題是複雜的，尤其是古代漢語中，我們不能籠統地説某一類單位是不是詞，而應該一個單位一個單位地去分析，更不能試圖在複音詞和短語之間劃出一道明確的界限，認爲一個雙音組合不是詞組就是詞，要看到典型的複音詞和典型的詞組之間有一類既像詞又像詞組的單位——"潛詞"（或叫"短語詞"）——存在。② 潛詞既不是典型的詞，也不是一般的自由詞組，而是處於詞化過程中的一類單位。在確定詞的時候，對這類單位如果從嚴處理，可以把它們歸入詞組；如果從寬處理，可以把它們歸入複音詞。正因爲如此，唐鈺明（1986）主張在使用已定的標準鑒定一個單位是否複音詞時，"就只求大體適用而並不試圖囊括無遺"。應該説，這是一種比較客觀的態度。

----

① 本書所説的"語法詞"實際上有兩類，一是指用語法標準確定下來的不同於詞彙詞的詞（詳見上文結構標準部分），一是指語法特點明顯的一類單位，如此處的"可以""至於""以爲"。

② "潛詞"可以這樣定義：它是指在後世是詞而在當時尚未完全取得詞的資格的而形式又相對比較固定的短語。

第四節　先秦漢語詞的確定方法——詞的同一性

明確了詞的標準,就可以使用本章第一節所説的層次切分法把詞從句子中劃分出來。

從句子中切分出詞以後還不能馬上進行統計,因爲句子中的詞都是具體的,音義往往帶有鮮明的個性,有些看來毫無關係的詞實際上屬於同一個詞;有些表面上看來是一個詞的實際上屬於不同的詞。前者如"伍員"和"五員":

> 故伍員流于江,萇弘死于蜀,藏其血三年而化爲碧。《莊子·外物》
>
> 丈人不肎受曰:"荆國之法,得五員者,爵執圭,禄萬檐,金千鎰。昔者子胥過,吾猶不取,今我何以子之千金劍爲乎?"《吕氏春秋·異寶》

從字形上看,"伍員"和"五員"並沒有關係,但從第 2 句的上下文看,"五員"即"(五)子胥"。《別雅》卷三:"五子胥,伍子胥也。"王力説過,春秋時男子取字最普遍的方式是在字的前面加一個"子"字,如"子淵(顔回)""子有(冉求)""子我(宰予)","這個'子'字常常省去,直接稱顔淵、冉有、宰我,等等"。(王力,2002:154—155)所以,"伍子胥"就是"伍胥"、"五子胥"就是"五胥"。孫詒讓《札迻·越絶書·敍外傳記第十九》"五胥因悉挾方"條按:"五胥即伍胥也。"錢大昕《廿二史考異·漢書二·藝文志》"五子胥八篇"條按:"五,古伍字。"另,《學林》卷九云:"《史記》有伍子胥傳,而《漢書·藝文志》陰陽家有五子胥十篇,用'五'字者,省文也。"看來,別管是古今字説還是省文説,"伍員"和"五員"都指的是同一個人("伍子胥"),書面上寫作"伍員"和"五員",屬於同一個詞的不同寫法。我們在認識漢語詞的時候應當把它們當作同一個詞看待,而不應該看成不同的詞。

具有相同書寫形式但不屬於同一個詞的情況如"杵臼":

冬十有二月丁丑，陳侯杵臼[1] 卒。《春秋經・僖 12》

冬十有一月，宋人弒其君杵臼[2]。《春秋經・文 16》

秋九月癸酉，齊侯杵臼[3] 卒。《春秋經・哀 5》

以上三句中的"杵臼"我們分別記作杵臼[1]、杵臼[2]、杵臼[3]。[①] 從三個"杵臼"所在的句子的上下文來看，杵臼[1] 指陳侯（即陳宣公），杵臼[2] 指宋君（即宋昭公），杵臼[3] 指齊君（齊景公）。很明顯，三個杵臼雖然都是專有名詞，但具體所指不同，應該看作不同的詞而不是一個詞。

在統計先秦漢語詞的頻次的時候，應該考慮到上面兩種情況並且分別對待，前者需要把它合在一塊兒當作一個詞處理，後者需要把它分開當作不同的詞處理。

前面提到的兩種現象是古今漢語普遍存在的，爲了稱說方便並能深入研究這一問題，這裏有必要引進詞位變體（variant of lexeme）和詞位（lexeme）兩個概念。

一 詞位變體和詞位的含義

我們知道，詞由形式和意義（以下或簡稱"義"）組成，詞的形式又包括書寫形式（以下或簡稱"形"）和讀音形式（以下或簡稱"音"）。這樣，書面上的一個詞就包括形、音、義三個方面的內容。

一個詞被創造出來之後，並不總是按照它最初的形式和意義使用的，不同的人、不同的時間在使用同一個詞的時候常常使之發生變異。如表示〖看見〗義的/tu²¹⁴/這個詞，《孟子・告子下》、《莊子・天道》等篇寫作"覩"，《莊子・在宥》、《呂氏春秋・召類》等寫作"睹"；再如，讀作/nei⁵¹/、寫作"內"的這個詞，有的時候表示〖內心、心里〗義，如"見賢思齊焉，見不賢而～自省也"（《論語・里仁》）；有的時候表示〖在某個範圍之中〗義，如"而謀動干戈於邦～"（《論語・季氏》）；有時候表示〖裏面〗義，如"婦人哭於門～"（《左傳・成 2》）；有時候表示〖婢妾〗義，如"齊惠欒、

---

① 這三個"杵臼"《公羊傳》均作"處臼"。"杵臼"與"處臼"的關係跟上面提到的"伍員"和"五員"的關係相同，屬於異形詞。

高氏皆耆酒，信～，多怨"（《左傳·昭10》），等等。前一例是一詞多形，後一例是一詞多義。詞在使用中在形、音、義三個方面表現出來的不同特點，是詞的個性的表現。我們把具有個性特點的同一個詞的不同表現形式看作該詞的各種變體。

一個詞不管有多少個變體，這些變體形式並沒有使它脫離原詞發展成爲另外一個詞（如"睹"和"覩"，作各種意義講的"内"）。我們在認識詞的時候，必須把它們統合在一起作爲一個詞來認識，這個包含了種種變體形式的詞就叫某個詞的詞位。這樣看來，前面説的詞的各種變體實際上就是詞位變體。

大致説來，詞位和詞位變體的關係如下：詞位是經過抽象概括之後得到的詞，它包括各種不同的書寫形式以及若干相互有關聯的義位，而詞位變體是指形式上或意義上有所不同的、但屬於同一個詞的各種變異形式。詞位是抽象的、概括的詞，詞位變體是具體的、帶有個性的詞。

詞位和詞位變體的記錄方式可以參照語音學上音位和音位變體的記錄形式來處理。在本書中，我們用"【】"符號表示詞位，用"｜｜"表示詞位的書寫形式變體。例如：

【睹】　｜睹｜：睹有者，昔之君子。（《莊子·在宥》）
　　　　｜覩｜：翼殷不逝，目大不覩。（《莊子·山木》）

【早】　｜早｜：不如早爲之所，無使滋蔓！（《左傳·隱公元年》）
　　　　｜蚤｜：蚤入晏出，犯君顏色。（《呂氏春秋·勿躬》）

【四肢】｜四肢｜：逸四肢，全耳目，平心氣。
　　　　　　　　　　　　　　　（《呂氏春秋·察賢》）
　　　　｜四枝｜：齊七日，輒然忘吾有四枝形體也。
　　　　　　　　　　　　　　　（《莊子·達生》）
　　　　｜四支｜：惰其四支，不顧父母之養，一不孝也。
　　　　　　　　　　　　　　　（《孟子·離婁下》）

屬於詞位的意義變體的可以借鑒工具書釋義的方式，在該詞位之後用

"①……；②……，③……"的形式把屬於該詞位的意義列舉出來。例如：
（以下二例引自張雙棣、殷國光、陳濤編著的《呂氏春秋詞典》。例句略）

【厲¹】：①磨，磨礪；②激厲；③嚴猛，威武；④高，高遠；⑤災，禍害。

【厲²】：謚號，指周厲王。

當然，上面所說的記録詞位及其書寫形式變體的方式只是爲了便於從理論上進行描寫和説明，在整理詞表的過程中，或者下面在舉例分析詞位及其變體形式時，在不至於引起誤會的情況下，對於有若干書寫形式變體的詞位，没有必要像上面描述的那樣煩瑣，可以直接選定一個形體作代表或者再把它的變體形式放在"/"之後表示。例如，【睹】、【早】、【四肢】這三個詞位我們可以直接用下面的簡省形式表示：

睹/覩（或直接作：睹）

早/蚤（或直接作：早）

四肢/四枝/四支（或直接作：四肢）

其中，排在最前面的那個形式就是幾個詞位變體的代表——詞位。①

以詞位爲單位研究詞與以詞的書寫形式爲單位研究詞是兩種不同的方法，體現在辭書編纂上，後者常常把不同的詞放在一塊兒來講，而把屬於同一個詞的不同變體形式又分散到幾處講，這樣不利于展示詞義的系統性；前者可以避免這類問題出現。從研究的角度來講，以詞位爲單位可以研究不同詞位之間的關係以及每個詞位的發展演變情況，研究不同時期詞位變體的各種表現形式和特點，便於從整體上揭示詞彙發展演變的規律。

二 確定詞位的方法

確定詞位有兩個方面的工作要做，一是要把屬於同一詞位的各種變體統合在一起；二是要把形式相同但不屬於一個詞位的詞分開。

進行前一個方面的工作需要知道詞位都有哪些變體。

---

① 確定詞位一般不能撇開詞位變體另外尋求代表形式，而應該從既有的各個變體形式中選擇一個作代表，因此，最後確定的詞位實際上就是該詞位的一個變體——相對于詞位來講，它是詞位變體，相對于各個變體來講，它又是詞位。

下面我們先討論詞位的各種變體。

既然每個詞都由形、音、義三者組成，那麼詞位變體不是發生在詞的書寫形式上，就是發生在讀音形式上，要麼發生在意義上（當然，也有可能同時在幾個方面出現變體），絕不會超出這三個方面。我們把詞位在書寫形式上的變體叫書寫形式變體，簡稱書寫變體（variant of word form），把詞位在讀音形式上發生的變體叫讀音形式變體，簡稱讀音變體（variant of pronunciation），把詞位在意義上發生的變體叫意義變體（variant of meaning）。

1. 詞位的書寫形式變體

書寫形式變體是指同一個詞在書面上有不同的寫法。由不同寫法造成的詞是詞彙學上所謂的異形詞。關於異形詞，需要明確以下兩點：第一，異形詞説的是一個詞，因此凡是音義不相關的詞，即使書寫形式不同，也不屬於異形詞，[①] 如"吕"和"文"、"天子"和"將將"。第二，異形詞只是就詞的書寫形式而言的，不涉及讀音問題，所以有人把異形詞又叫異寫詞。

先秦漢語中的異形詞包括以下幾種情況：

（1）文字使用上的假借現象。例如"賜/錫"：

> 君賜食，必正席先嘗之。《論語·鄉黨》
> 王使毛伯衛來錫公命。叔孫得臣如周拜。《左傳·文1》

《公羊傳·文公元年》："錫者何？賜也。"《説文·金部》"錫"字條段玉裁注："經典多叚錫爲賜字。"可見，"賜""錫"屬同詞異形。

再如"萬年/邁年"：

> 子子孫永寶，其萬年用鄉（饗）王出入。《小臣宅簋》
> 用作季姜尊彝，其子子孫孫邁年寶用。《趙簋》

---

① 異形詞受漢字本身讀音以及語音變化的影響，有時讀音可以不完全相同，如象聲詞。

《說文·内部》："萬，蟲也。從厹，象形。"金文中借作數詞。《說文·
辵部》："邁，遠行也。從辵，蠆省聲。䢲，或不省。"從西周早中期金文來
看，"邁"字均從辵萬聲，未見省聲者，而且也未見有作"遠行"義的用
例。根據它在金文中的位置和上下文文義，"邁"字均借作數詞，用法同
"萬"。"萬"與"邁"雖然字形不同，本義亦相差甚遠，但在金文中意義
和用法完全一樣。在本例中均作構詞語素，所以"萬年"和"邁年"同詞
異形。

由假借造成的異形詞在先秦文獻中很常見，再如：

早/蚤　鳴/明　戕/壯　惕/遏　祀/巳　屋/握　贈/拯
窒/至　禦/御　飛/蜚

以上是由假借造成的單音節的異形詞，下面再列舉些由假借造成的雙
音節的異形詞：

羈紲/羈綫　福禄/芾禄　狄泉/翟泉　繁陽/繁揚　斧鑕/斧質
蕉火/焦火　軍帥/軍率　耕耘/耕芸　婚姻/婚嫺　再拜/載拜
齋戒/齊戒　天均/天鈞　寂漠/寂寞

蔣紹愚（1989b）在談到這類詞的時候指出："不論是'本有其字'的
假借，還是'本無其字'的假借，和詞義是不相干的。"所以對這一類單
位，我們必須要擺脫字形的束縛，把它們當作一個詞（位）來處理。

（2）感嘆詞、聯綿詞、疊音詞以及專名等的不同寫法。

記錄感嘆詞、聯綿詞、疊音詞甚至專名的文字有很多是只記音不表義
的。例如"嗚呼/於乎"：

嗚呼！邦伯、師長、百執事之人，尚皆隱哉。《尚書·盤庚》
王曰於乎！何辜今之人？《大雅·雲漢》

《匡謬正俗》卷二："烏呼，古文《尚書》悉爲於戲字，今文《尚書》悉爲嗚呼字，而《詩》皆云於乎字，中古以來文籍皆爲嗚呼字。"又，《學林》卷五："於亦與烏通用，後世因改於乎爲烏乎，又改爲嗚呼，其實一也。"可見，"嗚呼"與"烏呼"形異實同，均用作感嘆詞。

這樣的異形詞在先秦也不少，下面我們再列舉一些：

鏘鏘/將將　　奲奲/唪唪　　菁菁/青青　　晏晏/燕燕

奕奕/弈弈　　慇慇/殷殷　　鳳凰/鳳皇　　螳蜋/螳螂

蚯蚓/丘蚓　　逢蒙/蓬蒙/蠭蒙☆　　闔廬/闔閭☆　　善卷/善綣☆

豎刀/豎刁☆　　老聃/老耽☆　　驪姬/麗姬☆　　寧戚/甯戚☆

甯越/寗越☆　　禽滑黎/禽滑釐☆　　詹子/瞻子☆　　子犟/子犁☆

翟黄/翟璜☆　　屈申/屈伸☆　　申驪/申麗☆　　鱗矔/鱗鱹☆

夷陽五/夷羊五☆　　史墨/史默☆　　干隧/干遂艹（吳邑）

三危/三峗（山名）　　太山/泰山（山名）　　崑崙/崐崘（山名）

贊茅/欑茅艹（邑名）　　耶/鄁艹（魯邑）　　鏌鋣/鏌鎁（古之名劍）

只記音不表義的字跟假借沒有關係，從文字學的角度來講，它屬於比較特殊的一類，這類字不管其本義如何，也不管其讀音差別有多大，一律看作異形詞。

（3）異體字（有的是正俗關係）及包含異體字的複音詞屬于異形詞。例如：

睹/覩　　群/羣　　衆/眾　　髮/髪　　間/閒　　歎/嘆　　鳱/鳱

脣/唇　　德/悳　　鬭/鬬　　姦/奸　　決/决　　狸/貍　　寧/寍

啓/啟　　胷/胸　　雁/鴈　　愿/願　　暴/曓　　奔/犇　　鼈/鱉

餐/飡　　妒/妬　　氾/泛　　槁/藁　　劍/劔　　劫/刦　　倦/勌

蹶/蹷　　穣/糠　　肯/肎　　況/况　　留/畱　　粲/餐　　戲/戯

災/灾/烖　　歡/讙/懽　　並/竝/并　　狗/猗　　教/敎　　欲/慾

大皥/大暤　　皋陶/皐陶　　棺槨/棺椁　　堀室/窟室　　蠭蠆/蜂蠆

哲哲/晣晣　仇讎/仇讐　朞年/期年　夭昏/夭昬　至於/至于

蹵然/趨然　雕琢/彫琢　四墉/四廊　浮遊/浮游　甘肥/甘脃

譁譁/諠譁　洿池/汙池　驩愉/驩虞　蚊虻/蚉蝱　罘網/罘罳

衛靈公/衞靈公　歡樂/懽樂

（4）古今字的兩種情況。

古今字是一個有著多種理解的概念，我們這裏所説的古今字跟王筠所説的"分別文"的第二種含義差不多。王筠云："字有不須偏旁而義已足者，則其偏旁爲後人遞加也，其加偏旁而義遂異者，是爲分別文。其種有二：一則正義爲借義所奪，因加偏旁以別之者也；一則本字義多，既加偏旁，則只分其一義也。"① 説得通俗一點兒，我們所説的"古字"是指相對于後來字形有分化的、早期可以表示多種意義的字，如"弟""舍""北""説"；我們所説的"今字"是指在早期文字基礎上增加或者替換偏旁從而分擔"古字"所表示的多種意義之一的後起字，如"悌""捨""背""悦"。

古今字中的"古字"和"今字"是有歷史層次的，古今字的産生和結束並不同步，今天見於先秦傳世文獻中的一些"今字"很可能是秦以後的"今字"，它們之所以出現在先秦文獻當中，有可能是當初文獻經過長時間的口耳相傳之後人們用文字把它整理出來時使用了當時的文字造成的，當然也不排除後人在解釋文獻時用了秦以後的"今字"的可能。② 不過，面對既有的傳世文獻，我們只能承認事實。

在對待先秦傳世文獻中古今字的態度上，我們的意見是，凡某個階段文獻中已經使用分化字的，古字盡量按其意義和用法分開，把與今字用法相同的併入今字作異形詞處理。如"知——智"，因《尚書·召誥》已有

---

① 《説文句讀》卷八。

② 這樣説帶有推論的性質，推論的依據有兩點，一是近些年出土的一些先秦文獻（如《論語》殘簡、《周易》簡帛、《詩經》殘簡等）與現今傳本書字有很大不同。如《論語·爲政》："爲政以德，譬如北辰。"其中"政"和"譬"，定州漢墓竹簡分別作"正""辟"。（見定州漢墓竹簡《論語》，文物出版社1997年版）二是我們在整理切分詞的過程中，常常發現不同文獻在用字上有一些特點：有的都用古字；有的多用古字，個別地方用今字。

"智"字，所以我們把用作"智"的"知"字看作【智】的異形詞。再如
"取——娶"：

> 取妻如之何？必告父母。《齊風·南山》
> 豈其娶妻，必齊之姜？《陳風·衡門》

《齊風·南山》王先謙《集疏》："韓詩作娶妻如之何。"又，《孟子·
萬章上》引此詩亦作"娶妻如之何"。《説文·又部》"取"字條朱駿聲通
訓定聲："取，假借爲娶。"從辭例及前人的分析知道，《齊風·南山》中
之"取"與《陳風·衡門》之"娶"屬同一詞，前者是古字，後者爲今字
（即分化字）。既然同時期的文獻中已經用到了今字"娶"，我們只好把
"取妻如之何"之"取"歸入【娶】條。同理，只要是這個階段用作【娶】義
的"取"，我們都把它當作【娶】的異形詞處理。

對於某個階段文獻中尚未分化的古今字，則不強作分別，以古字立
條。例如"大"與"太"是古今字，由它們構成的"大廟"和"太廟"當
屬於同一個詞位，但是在第二期文獻中，只出現了 4 次"大廟"（見《春秋
經》）而未見"太廟"，所以，我們就以【大廟】作詞條，而不把它看作
【太廟】的變體；到第三期文獻，既出現了"太廟"（3 次，2 次見於《論
語·八佾》，1 次見於《論語·鄉黨》），又出現了"大廟"（共 7 次，均
見於《左傳》），這個時候我們就把"大廟"看作【太廟】的詞位變體來
處理。

不是異形詞的情況。以下這幾類現象在文獻中經常見到，但是它們不
屬於我們所説的異形詞。

（1）新舊字形的區別。例如：

税—稅　説—説　蜕—蛻　脱—脫　梲—棁　鋭—銳　悦—悦
閲—閱　摇—搖　遙—遥　瑶—瑤　謡—謠　彦—彥　顔—顏
奂—奐　换—換　涣—渙　焕—焕　吴—吳　俣—俣　娱—娛
彔—录　祿—禄　録—錄　緑—綠　吕—呂　宫—宫　戶—户

虛—虛　嘘—嘘　爭—爭　崝—崝　榆—榆　媮—媮　兹—兹
黄—黄　横—横　沒—没　歿—殁　苟—苟　奥—奥　絕—絶
臥—臥　網—網　温—温　敊—敊　啟—啓　劔—劍　真—眞
即—卽　既—旣

（2）同實異名。例如“黄鳥—搏黍—倉庚/蒼庚”：

　　春日載陽，有鳴倉庚。《豳風·七月》
　　今以百金與搏黍以示兒子，兒子必取搏黍矣。《呂氏春秋·異寶》
　　黄鳥于飛，集于灌木，其鳴喈喈。《周南·葛覃》

　　《毛傳》：“黄鳥，搏黍也。”孔穎達疏引陸機云：“黄鳥，黄鸝留也。或謂之黄栗留。幽州人謂之黄鸎，一名倉庚，一名商庚，一名鶬黄，一名楚雀，齊人謂之搏黍。”

　　　桃李華，蒼庚鳴，鷹化爲鳩。《呂氏春秋·仲春紀》

　　高誘注：“蒼庚，《爾雅》曰商庚、黎黄、楚雀也。齊人謂之搏黍，秦人謂之黄離，幽冀謂之黄鳥。”

　　可見，黄鳥、搏黍、倉庚/蒼庚名稱雖然不同，其實所指相同。[1] 除了“倉庚”和“蒼庚”音同義同形不同構成異形詞之外，其他兩詞與“倉庚/蒼庚”只在所指對象上相同（義同），因讀音差别太大而難以構成異形詞。既然不是異形詞，當然也就不屬於同一個詞位的詞位變體。同實異名的情況多發生在專有名詞上。再如：

　　老龍吉—老龍　孔子—孔丘—仲尼　南榮趎—榮趎　宋—有宋
　　列禦寇—禦寇　伯夙—荀盈—盈—知盈—知伯—知悼子

---

　　① 張雙棣等：《呂氏春秋詞典》把“搏黍”理解爲捏聚成團的飯，我們不取此說。

（3）急言、緩言或短言、長言造成的不同的書寫形式。① 例如：

密州——買朱鉏

十有一月，莒人弑其君<u>密州</u>。《春秋經・襄 31》
書曰"莒人弑其君<u>買朱鉏</u>"，言罪之在也。《左傳・襄 31》

楊伯峻《春秋左傳注》："買朱鉏即密州，買、密音近，'朱鉏'急讀音近於'州'，'州'緩讀音近'朱鉏'。"

那—奈何

牛則有皮，犀兕尚多，棄甲則那？《左傳・宣 2》

杜預注："那，猶何也。"顧炎武《日知録・奈河》："直言之曰那，長言之曰奈何，一也。"王引之《經傳釋詞》卷六"那"字條引此句云："那者，奈何之合聲也。"

鉦—丁寧

鉦人伐鼓，陳師鞠旅。《小雅・采芑》
伯棼射王，汰輈，及鼓跗，著於丁寧。《左傳・宣 4》

杜預注："丁寧，謂鉦也。"

戰以錞于、丁寧。《國語・晉語五》

韋昭注："丁寧者，謂鉦也。"

（4）因避諱改字造成的異名同實現象。如"常山—恆山"。

---

① 高守綱（1994：5）認爲兩種讀法語音相近，而語義又沒有區別，應該視爲同一個詞的不同語音變體。將紹愚（1989）亦主此説。

2. 詞位的讀音形式變體

詞的讀音形式對詞具有至關重要的作用，按理説，詞的讀音形式一變，它就會變成另外一個詞而不再是原詞。不過，先秦時期詞的讀音情況如何，根據現有的書面材料，我們現在很難説清楚。有人認爲古有四聲及音轉的變化，錢大昕認爲這是後人強分的結果，他説："古人訓詁，寓于聲音，字各有義，初無虛實動靜之分，'好''惡'異義，起于葛洪《字苑》，漢以前無此分別也。'觀'有平去兩音，亦是後人強分。"（《十駕齋養新録》）馬建忠亦云："至同一字而或爲名字，或爲別類之字，惟以四聲區別者，皆後人強爲之耳。稽之古籍，字同義異者，音不異也。"（《馬氏文通》卷二）。周祖謨（1957）主張一字兩讀始于後漢，他説："以余考之，一字兩讀，決非起於葛洪徐邈，推其本源，蓋遠自後漢始。"孫玉文（2000）提出上古漢語已經變調構詞的現象。承認不承認上古有四聲及音轉的變化，對於認識先秦漢語的詞位具有決定作用。在這個問題上，我們同意毛遠明（1999）的意見："研究《左傳》這樣的先秦詞彙，對後世所説的'四聲別義'，一般還是視爲一詞爲宜，其意義内容的變化和語音形式的分化只是發生在一個詞的内部，屬於多音詞的範疇。只有確實可以認定爲産生了新詞的'四聲別義'，其意義内容的變化和語音形式的分化確實産生出兩個詞，才算作另一個詞。"所以，理論上詞的讀音形式已經分化了的詞（如"王/$uaŋ^{35}$/" → "王/$uaŋ^{51}$/"，"衣/i^{55}/" → "衣/i^{51}/"），如果其意義密切相關的話，我們還是從研究的實際出發，把它處理成一個詞。換句話説，我們從理論上承認變調構詞現象的存在，只是不把它看作造詞現象，而看作屬於同一個詞位的讀音形式變體。這樣處理乃是一種保守的做法。有些詞有不同的讀音形式，早已爲人們接受和認可，如"朝""食"；有些詞是否有不同的讀音形式，現在還説不清，如上文所舉的"王""衣"。如果分開處理，很可能會引起更大的爭議。[①]

---

　① 在詞位的確定上，本書實際上只提出了問題，很多問題還沒有解決。另外，對於有些問題，本書也只是提供了一條認識、研究的路子，至於這條路子能否走得通，如何去走，還得由今後的進一步研究來證實。

3. 詞位的意義變體

判斷詞位的意義變體，實際上就是判斷幾個義位是否屬於同一個詞位的問題。這個問題之所以作爲一個問題被提出來，是因爲語言中除了多義詞之外，還有同形詞的存在，如上文所舉的"杵臼[1]""杵臼[2]"和"杵臼[3]"。

多義詞是同一個詞位表達多個相關聯的義位，同形詞是不同的義位（彼此毫無關係的義位）採用了相同的書寫形式來表達。前者説的是一個詞的問題，後者説的是多個詞的問題。多義詞和同形詞本來屬於不同性質的詞彙現象，它們毫不相關，只是因爲它們都"共形"，這才牽涉到區分問題。

從理論上説，多義詞的各個意義之間"不管怎麼紛繁，都有一個共同的源頭"，（高慶賜，1978）也就是説，這些意義之間必須有"源生上的關聯"或"聯想上的關聯"，否則就是同形詞。（劉叔新，1990：58）理論上的解釋與實際操作總有一段距離，當我們面對一些具體的詞彙單位判斷它們是多義詞還是同形詞的時候，常常感到理論解釋的蒼白。爲了説明多義詞和同形詞區分的困難，下面轉引高慶賜（1978）中的一段話：

> "刻"這個詞，《現代漢語詞典（試用本）》是作爲"一詞多義"的。它的基本義是"用小刀子在竹、木、玉、石、金屬等物品上雕成花紋、文字或痕跡"，舉"雕刻、刻石、刻字、刻圖章"等詞語爲例。引申義有"古代用漏壺記時，一晝夜共一百刻。參考'漏壺'。今用鐘錶計時，以十五分鐘爲一刻，即一小時的四分之一"，舉例句爲"下午五點一刻開車"，"刻不容緩（遲緩一刻的短時間也不容許）"。
>
> 　　周祖謨《漢語詞彙講話》談到同音詞（引者按：即我們所説的同形同音詞）和一詞多義的界限時，也舉"刻"作例，説："'刻'是'雕刻'的'刻'。'一時一刻'的'刻'和十五分鐘一刻的'刻'，跟'雕刻'的'刻'並不是沒有關係（它是由銅壺漏刻來的），但是已經是另外一個詞。"

多義詞和同形詞的區別之所以困難，主要是因爲多義詞有本義和引申義的區別，而引申義又並不都是由本義直接引申出來的，由引申義再引申出來的引申義跟本義之間距離較遠，有時不容易看出它們之間的聯係，正因爲如此，趙克勤（1994：202）在談到由引申造成的多義詞問題時指出："如果本義與引申義的關係非常遠，幾乎讓人察覺不出來，那麼，也可以認爲它們是同形同音詞。"

鑒于目前詞義研究的成果尚不足以解決實踐中多義詞和同形詞的區分問題，爲了避免走過頭，把本來屬於一個詞位的幾個義位當作不同詞位的義位處理，在沒有把握的情況下，我們盡量保守一些，把幾個意義共形的情況當作多義詞（即看作一個詞位的不同義位變體）來處理。

4. 詞位的功能變體

我們知道，漢語的詞有一個突出的特點，就是詞的多功能性。詞的多功能性決定了在具體的句子中用作不同詞類的詞只要意義沒發生太大的變化，就應當看作一個詞。這種現象，用詞彙學詞位的觀點來看，就叫詞位的功能變體。

詞位的功能變體，説得通俗一點兒，就是同一個詞位可以用作不同的詞類。例如：

鼓 { 填然～之，兵刃既接，棄甲曳兵而走。《孟子·梁惠王上》
求非我徒也，小子鳴～而攻之可也。《孟子·離婁上》

命 { 因顧而～管子曰："夷吾佐予。"《呂氏春秋·贊能》
賊民之主不忠，棄君之～不信，一於此不若死。《呂氏春秋·過理》

上面兩組句子中，前一句中的"鼓"和"命"均作動詞，分別表示〖擊鼓〗和〖指使〗的意義；後一句中的"鼓"和"命"均作名詞，分別表示〖用竹木和皮革等製成的圓形中空的敲打樂器〗和〖下達的指示〗的意思。用作動詞的"鼓""命"與用作名詞的"鼓""命"，意義是密切相關的，把它們看作不同的詞位不如看作同一詞位更爲合適。像這種因詞性不同造成的詞位變體，我們把它叫作同一個詞位的不同功能變體。

近些年來，有人主張根據詞性來確定詞位：用作名詞的是一個詞位，用作動詞是一個詞位，用作形容詞的也是一個詞位。這種主張是專門針對著某種特殊的研究需要提出來的（如語法屬性描寫），它比較適合語法研究，對於詞彙研究來講，把變類的現象看作同一個詞位的不同功能變體更有意義些，這樣更有利於分析屬於同一詞位的不同意義和功能發生變化的類型和因素，這對於深入描寫和解釋詞義演變的方式很有意義，否則，把它們分成不同的詞位，必然會影響到對它們的描寫。

以上説的是詞位變體的情況。屬於詞位變體的，在詞彙研究中需要把它們統合起來作爲一個詞來處理。

下面討論表面上看是一個詞，實際上需要分開作不同的詞處理的情況。這種情況前面已經提到，就是同形詞。

按照詞彙學者通常的理解，同形詞是指詞的書寫形式相同的詞。當然，詞的書寫形式相同，詞的讀音形式一般也相同，如【姑姑】的【姑】與【姑且】的【姑】。至於書寫形式相同而讀音形式不同的詞，如果意義之間有聯係，可以作同一個詞位的不同讀音變體處理（如"王""衣"）；如果意義之間看不到聯係或聯係不緊密，可以作不同的詞來處理。下面我們討論的同形詞實際上是指同形同音詞。

同形同音詞也有一個與多義詞的區分問題，有關二者區別的意見可以參照"詞位的意義變體"中的討論，這裏我們只就在切分詞的過程中所遇到的一些典型的同形同音詞按類列舉説明它們的各種表現。

一般詞語和一般詞語同形的，有三種情況：

（1）因使用了假借字而造成的同形同音詞。例如：

説[1]——説[2]

　　　　星言夙駕，説[1] 于桑田。《鄘風·定之方中》
　　　　利用刑人，用説[2] 桎梏。《周易·蒙》

説[1]，《説文·言部》："説，説釋也，從言、兑。一曰談説。"陸德明《毛詩音義》："説，鄭如字。辭説。"説[2]，焦循《易章句》："説，讀如脱去之脱。"由此可見，以上兩句中説[1]、説[2] 形同而意義毫不相關，屬於兩個不同的詞。

（2）因使用了簡稱造詞而造成的同形同音詞。例如：

二文¹——二文²

> 若以二文¹之法取之，盜有所在矣。《左傳·昭7》
>
> 伯父若肆大惠，復二文²之業，弛周室之憂，徼文、武之福，以固盟主，宣昭令名，則余一人有大願矣。《左傳·昭32》

從上文看，二文¹指周文王和楚文王；據《左傳·昭32》杜預注，二文²指文侯仇和文公重耳。這兩個單位都屬於數字簡稱詞，它們的所指對象不同，應該看作不同的詞位。

（3）偶然同形同音。例如：

> 楚師伐鄭，次於魚陵，右師¹城上棘，遂涉潁。《左傳·襄18》
>
> 於是華元爲右師²，公孫友爲左師，華耦爲司馬，鱗鱹爲司徒，蕩意諸爲司城，公子朝爲司寇。《左傳·文16》

從"右師¹城上棘"這句話可以看出，右師¹爲楚国軍隊的一種建制；在第二句話當中，從"司馬""司徒""司城""司寇"等並用可以知道，右師²指的是職官，右師的這兩個意義沒有關係，或者説一般人看不出其聯係，應該看作兩個不同的詞，這兩個詞因爲書寫形式相同，故屬於同形詞。與"右師"情況一樣的還有"左師"。

專名和專名同形的，情況很多，主要有以下幾種：

（4）人名和人名同形。先秦漢語中的同形詞多數發生在指人的專有名詞上，有時候，一個詞形最多可以記錄十幾個不同的詞。例如"文子"：

> 文子¹：歸以語范文子。文子曰："無禮，必食言，吾死無日矣夫！"《左傳·成12》按：指晉人范文子。
>
> 文子²：陳文子見崔武子……武子曰：……文子退，告其人曰：……《左傳·襄23》按：指齊人陳文子。

文子[3]：秋，季文子將聘於晉，使求遭喪之禮以行。……文子曰：……《左傳·文6》按：指魯人季文子。

文子[4]：十一月，北宮文子相衞襄公以如楚，宋之盟故也。……文子入聘。《左傳·襄31》按：指衞人北宮文子。

文子[5]：梁嬰父嬖於知文子，文子欲以爲卿。《左傳·定13》按：指晉人知文子。

文子[6]：懿子知之，見子之，請逐揮。文子曰："無罪。"《左傳·哀25》按：指衞人子之，即公孫彌牟。

文子[7]：孔文子之將攻大叔也，訪於仲尼。……文子遽止之曰：……《左傳·哀11》按：指衞人孔文子。

文子[8]：康子病之，言及子贛，曰："若在此，吾不及此夫！"武伯曰："然。何不召？"曰："固將召之。"文子曰：……《左傳·哀27》按：從上下文提到的人名來看，文子係魯人，但據楊伯峻《春秋左傳詞典》，文子指叔孫舒。待考。

文子[9]：中行文子告成子曰：……成子曰：……文子曰：……《左傳·哀27》按：指晉人中行文子。

文子[10]：初，衞公叔文子朝，而請享靈公。……文子曰：《左傳·定13》按：指衞人公叔文子。

文子[11]：士莊伯不能詰，復於趙文子。文子曰：……《左傳·襄25》按：指晉人趙文子。

文子[12]：子大叔見大叔文子，與之語。文子曰：……《左傳·襄29》按：指衞人大叔文子。

文子[13]：桓子授甲而如鮑氏。遭子良醉而騁，遂見文子，則亦授甲矣。《左傳·昭10》按：指齊人鮑氏，即鮑文子。

文子[14]：孫文子如戚，孫蒯入使。……蒯懼，告文子。《左傳·襄14》按：指衞人孫文子。

這樣的例子很多，如"襄"指11人（表示11個同形同音詞，下同），"成"指9人（還有1個地名）。

（5）人名與地名或國名同形。例如：留¹（宋地）——留²（陳公子留）、顓臾¹（人名）——顓臾²（魯屬國）、崇¹（崇侯虎）——崇²（秦之與國）、費¹（魯邑）——費²（齊小臣）、絞¹（周臣原伯絞）——絞²（國名）——絞³（邾地）。

（6）星宿名與人名同形。例如：參¹（指楚臣伍參）——參²（孔子學生曾參）——參³（星宿名）。

（7）人名、地名和國名同形。例如：巢¹（鬭巢，楚臣）——巢²（衛地）——巢³（國名）——巢⁴（宋國左師巢）、鄧¹（曼姓國）——鄧²（魯地）——鄧³（蔡地）。

（8）地名或國名與水名同形。例如：汾¹（楚地）——汾²（汾水）、江¹（楚之與國）——江²（長江，水名）。

（9）地名和地名同形。例如：葵丘¹（在今山東）——葵丘²（在今河南）、渠丘¹（齊地）——渠丘²（莒地）。

（10）地名和國名同形。例如：郳¹（齊地）——郳²（國名）、潛¹（魯地）——潛²（國名）、賴¹（國名）——賴²（齊地）。

（11）山名和鳥名同形。例如：天翟¹（山名）——天翟²（神話中的鳥名）。

專名屬於私名，專名同形的情況大略如上所述。不過需要注意的是，與指人的專名性質相近的還有一類公名，如"鄭伯"（164 個）[1]、"宋公"（57 個）、"楚子"（191 個）、"許男"（13 個）、"齊侯"（206 個）、"陳侯"（31 個）、"衛侯"（105 個）。公名雖然也是指人的，但是它不屬於某個人獨有的，因此對於公名，不管在上下文中具體指哪一個人，都應該看作同一個詞。[2]

一般詞語和專名同形的，有以下三種情況：

（12）一般詞語和書名同形，例如"四月"：

　　夏四月¹，費伯帥師城郎。《左傳·隱 1》

---

① 括號中的數字是對第 3 期文獻做的統計。下同。

② 這種情況屬於指稱義與詞義不一致。指稱義是詞在具體的上下文中的所指，詞義是詞抽象的意義。這種情況應看作典型的詞義變體。

文子賦《四月²》。子家賦《載馳》之四章。《左傳·文 13》

四月¹ 是月份，爲一般詞語；四月² 指詩篇，是專名。

（13）一般詞語和人名同形，例如“支離”：

上徵武士，則支離¹ 攘臂而遊於其間；上有大役，則支離¹ 以有常疾不受功；上與病者粟，則受三鍾與十束薪。夫支離² 其形者，猶足以養其身，終其天年，又況支離² 其德者乎！《莊子·人間世》

支離¹ 指上文提到的支離疏，是莊子借其形體特徵而虛構的寓名，雖然他不是現實中的人物，但仍屬於專名；支離² 有兩個含義，一指身體殘疾、相貌醜陋，一指行爲品德不健全，前者是本義，後者是引申義，二者均爲一般詞語。再如“蠆”：

彼君子女，卷髮如蠆¹。《小雅·都人士》
夏，四月戊申，鄭伯蠆² 卒。《春秋經·定 9》

蠆¹，《鄭箋》：“蠆，螫蟲也。尾末揵然，似婦人髮末曲上卷然。”蠆²顯然是鄭伯之名。

（14）含數詞的簡稱和人名同形，例如“四嶽”：

四嶽¹、三塗、陽城、大室、荊山、中南，九州之險也，是不一姓。《左傳·昭 4》
惠公蠲其大德，謂我諸戎，是四嶽² 之裔冑，毋是翦棄。《左傳·襄 14》

四嶽¹ 是泰山、華山、衡山和恆山四座山的簡稱，是數字縮略詞，屬於一般詞語；而四嶽² 爲堯時方伯，是指人的專名。

疊音詞和疊音詞同形的。例如“欽欽”：

　　　未見君子，憂心欽欽[1]。《秦風·晨風》

　　　鼓鍾欽欽[2]，鼓瑟鼓琴。《小雅·鼓鍾》

　　欽欽[1]，《毛傳》：“思望之，心中欽欽然。”朱熹《集傳》：“欽欽[1]，憂而不息之貌。”欽欽[2]，孔穎達《正義》：“此欽欽[2]亦鍾聲也。”兩個“欽欽”一爲形容詞，一爲象聲詞，詞義無聯係，屬於同形詞。再如“厭厭”：

　　　厭厭[1]其苗，綿綿其麃。《周頌·載芟》

　　　厭厭[2]良人，秩秩德音。《秦風·小戎》

　　厭厭[1]，《鄭箋》：“厭厭[1]其苗，衆等齊也。”厭厭[2]，《毛傳》：“厭厭[2]，安靜也。”“等齊”義與“安靜”義無涉，因此，“厭厭[1]”與“厭厭[2]”定爲同形詞無疑。

　　以上列舉的這些同形同音詞都屬於典型的不同的詞，在確定詞位的時候，均應該把它們分開作不同的詞處理。

　　經過前面的分析可以知道，從具體的文獻中切分得到的詞彙單位還不屬于詞位，要得到詞位，還需要進行分解和歸並的工作，即把形式相同而意義無關的詞分成多個，把形式不同而意義相同或相近的詞歸並到一起，前者屬于拆分，後者屬於歸並。

第二章　西周早期至西周中期常用詞及其特点

第一節　語料的文獻學分析

一　關於出土文獻

西周早、中期出土文獻的主要類型有周原甲骨文和青銅器銘文。這兩類材料可靠性強，是研究當時漢語不可或缺的重要資料。本書選擇數量較多的青銅器銘文作爲研究的語料。鑒于西周早期漢語和商末漢語一脈相承，並沒有顯著區別①，我們也適當選用部分殷商後期的青銅器銘文。

這個時期的銅器銘文内容不盡相同，字數有多有少，它們對於詞彙研究，尤其是以詞頻統計爲基礎的常用詞研究，價值不同，使用時必須有所選擇。選擇的原則如下：

第一，只記鑄器者姓名或者族號（徽）的銘文屬於專有名詞，如"龍"（《龍爵》，西周早期），"冊父丁"（《冊父丁鼎》，西周中期），它們跟當時的實際語言沒有直接關係，這部分材料首先應該捨棄。

第二，只有幾個字的銘文，如"作寶尊彝"、"乍寶彝"（以上兩條見于西周早、中期的43件青銅器）、"乍旅彝"（見于14件青銅器），因其常見于其他長銘文中，選與不選不會影響統計的結果，這樣的銘文盡量不用。

第三，格式化的、沒有實際内容的銘文，盡量不用或者適當選用。

---

① 關於殷商後期金文與西周早期金文詞彙的關係，朱歧祥（2004）有比較詳細的論述，可以參看。

如：（方括號中的字爲金文隸定字在傳世文獻中的寫法）

《德鼎》：王［賜］［德］貝［廿］朋，用［作］寶［尊］彝。

《中作祖癸鼎》：侯［賜］中貝三朋，用［作］［祖］癸寶鼎。

《［翳］父鼎》：休王［賜］［翳］父貝，用［作］厥寶［尊］彝。

《師賸父鼎》：師賸父［作］［齭］姬寶鼎，其萬年，子子孫孫永寶用。

《叔碩父鼎》：新宮叔碩父、監姬［作］寶鼎，其［萬］年，子子孫孫永寶用。

《衛鼎》：衛［作］文考小仲、姜氏盂鼎，衛其萬年，子子孫孫永寶用。

這樣的銘文，雖然內容並不全同，但用詞範圍極窄，所用詞語也都見於其他較長的記事銘文中，即使該條銘文隸定、釋義明確清楚無爭議，我們也捨棄不用。

第四，因器物殘蝕嚴重而缺字較多的銘文盡量不用。如《臣諫簋》全文約七十餘字，存五十餘字，其他字或殘蝕嚴重，或根本無存。

第五，重復出現的銘文只選其一。如《作冊大方鼎》（共四件，銘同）、《士上卣》和《士上盉》（共三件，銘同）。

第六，釋文或理解爭議較大的，或者未識字太多的盡量不選。

根據以上原則，我們從張亞初《殷周金文集成引得》的釋文部分選取了231條銘文（共11564字次）作爲本研究的語料，其中個別文字依華東師範大學中國文字研究與應用中心所編《金文引得·青銅器銘文釋文檢字》（殷商西周卷）有所校正，銘文斷代依據《金文引得》中的標註。

關於銘文的字形，還有一點需要說明的是，古文字的隸定有寬、嚴兩种，《殷周金文集成引得》多用寬式隸定，《金文引得》多用嚴式隸定。別管是寬式隸定還是嚴式隸定，隸定後的字形跟傳世文獻的用字仍有很大的差別，由於我們研究的對象是詞彙而不是文字，爲了便於把金文中的詞彙跟傳世文獻中的詞彙進行比較，凡是大家公認的，我們將依照傳世文獻的寫法對隸定字形作適當的處理，如"乍寶簋"中的"乍"直接寫作"作"，"易金"中的"易"直接寫作"賜"，以求兩類文獻在詞語書寫形式上的一致。

二 關於傳世文獻

西周早期至中期傳世文獻的數量不多，而且這些文獻的語言學價值也不一樣，研究漢語史問題應當選擇其中内容和成書年代可靠的部分。

排除其中的偽書及真偽爭議較大的部分，這個時期的傳世文獻主要有：(1)《詩經》(部分)；(2)《周易》卦、爻辭；(3) 今文《尚書》(部分)。

1.《詩經》

《詩經》共 305 篇，由"風""雅""頌"三部分組成。關於《詩經》305 篇的形成，最通行的意見是孔子刪定的，司馬遷説："古者《詩》三千餘篇，及至孔子去其重，取可施于禮義，上採契后稷，中述殷周之盛，至幽厲之缺，始于衽席。……三百五篇，孔子皆弦歌之，以求合韶武雅頌之音。"(《史記•孔子世家》)"孔子刪詩説"跟《詩經》是否原始的文獻有關，如果我們以《詩經》作爲漢語史研究的基本材料，就應該把這個問題弄清楚。

司馬遷的説法提出來之後，雖有不少人贊同，卻也受到很多人的質疑。反對的理由主要有以下幾點：

第一，按司馬遷所説，孔子定詩，是從三千餘篇中選定了三百零五篇，但是，"《書傳》所引之詩，見在者多，亡逸者少，則孔子所録，不容十分去九"，可見，"遷言未可信也"。(孔穎達《毛詩正義•詩譜序疏》)

第二，"刪"與"正"的意思不同："刪之云者，削而棄之也；正之云者，校其節奏，整齊其次序，如所謂無相奪倫者也，是安得同？史遷蓋因《論語》而誤，衛宏又因《史記》而誤也，是以有刪詩之説也。"(汪琬《經解詩問》)

第三，《論語》中一再提到"《詩》三百"、"誦《詩》三百"，可見，在孔子時代，《詩經》已經是三百篇了。(王士禎《池北偶讀》，中華書局1982 年版；崔述《洙泗考信録》，中華書局 1985 年版)

第四，孔子嘗言"鄭聲淫"，若《詩》三百爲孔子刪定而得，爲何不把這些詩一並刪去，還要保留這些"淫佚之辭"呢？（汪琬《經解詩問》）

第五，即使承認"古者詩三千餘篇"，也應該是指當時各國所藏《詩》（如周藏本、魯藏本、齊藏本）的總數，"這些藏本中的詩篇各本重重復復，篇目字句偶有出入，基本上大同小異，各有缺失可以相互補充與糾正"。因此，所謂的孔子刪詩，是指"藉此相互訂補"、"去其重"，而不是刪除不同的篇目。（劉操南，1987）除此之外，劉建國（2004）從多個方面論證了《詩經》早在孔子之前就已經流傳于世。

由反對的意見可以看出，"孔子刪詩説"的爭論主要集中在孔子是否刪除過一些詩篇上，跟《詩經》是否經過改寫沒有關係，這樣一來，別管"孔子刪詩説"是否成立，都不會影響我們今天拿《詩經》作爲研究當時漢語的可靠語料。

關於《詩經》作品的年代，學者們的意見比較一致，一般認爲它"大約上起西周初年，下至春秋中葉，歷時五百多年"。[1]

五百多年不是一個短時期，如果作一下比較的話，它大致上相當於從明代中葉至今天這麼長的一段時間。我們知道，從明代中葉到今天，漢語已經有了不小的變化，那麼《詩經》時代的五百多年是否也曾發生過較大的變化？由於文獻資料的缺乏，我們現在還無法作出肯定的回答。鑒于《詩經》各篇的成詩年代大多比較可靠，我們打算把《詩經》分成兩個部分，一部分作爲西周早期至中期的語料，一部分作爲西周中期至春秋時期的語料。前者包括《國風》中的《檜风》、《豳风》、《周頌》全部、《大雅》中的 28 篇（不含《瞻印》、《召旻》二篇），總計 60 篇；後者包括《國風》中《周南》、《召南》、《邶風》、《鄘風》、《衛風》、《王風》、《鄭風》、《齊風》、《魏風》、《唐風》、《秦風》、《陳風》、《曹風》，《小雅》全部和《大雅》中的《瞻印》、《召旻》二篇以及《魯頌》5 篇，共計 240 篇。至於《商頌》5 篇，到底是宋詩（春秋時期）還是商詩（殷商後期），目前還不能確定。[2] 爲慎重起見，這五

---

① 參見程俊英《詩經譯註》"前言"，上海古籍出版社 1985 年版。
② 詳見王國維（1956：116）、牟玉亭（2002）和李山（2003）。另外向熹（2002）和陳桐生（1999）也有詳細介紹，可參看。

首詩將不作爲我們研究的材料。

2.《周易》卦、爻辭

《周易》由經（即卦、爻辭）、傳（即《十翼》）兩個部分組成，這兩個部分的成書年代都有問題，但是根據目前多數學者的意見，《十翼》大約成于戰國至秦漢之間，我們這裏只討論《周易》本經部分。

關於《周易》卦、爻辭的寫成時代，目前主要有三種意見：

第一，成於“西周初年”說，以余永梁和夏傳才爲代表。余永梁（1982）從歷史、文化、風俗制度以及語言的特點等方面論證了《周易》的卦爻辭產生于周初，他說：“《易》卦爻辭是與商人的甲骨卜辭的文句相近，而筮法也是從卜法蛻變出來的。”顧頡剛（1982a）通過對《易經》中王亥喪牛於易、高宗伐鬼方、帝乙歸妹、箕子之明夷、康侯用賜馬蕃庶等事跡的考證，推定經文卦爻辭“著作年代當在西周初葉”。後來，李學勤（2006）在此基礎上作了進一步論證，指出“經文的形成很可能在周初，不會晚於周中葉”。（詳見第一章第一節“周易卦爻辭年代補證”）夏傳才（2006）則肯定地指出：“《易》編纂成書的時間不可能早于西周初年，因爲其中有成王時代康侯參加周公領導的平叛之事的記載；又不可能遲于西周末年，因爲《左傳》中有許多以《易》占筮的記錄。就其晦澀詼詭、古奧難懂的語言及其語言結構和詞彙特點來看，把其編纂時代斷在西周初期，是站得住的。”近年來同意此說的還有曹道衡、劉躍進（2005），他們認爲：“說由‘重卦’而產生的‘卦辭’和‘爻辭’產生于‘殷周之際’，大約也是可信的。”

第二，成於“西周末年”說，以宋祚胤（1994）爲代表。他認爲《周易》寫成于西周厲王末年，是爲了幫助厲王復國中興而作的，而且作者自認爲“由於所用的都是本證，而且相當充分，因此這些前無古人的結論都是難以動搖的”。與這種觀點相類的還有葉福翔（1995），他認爲《易經》的形成年代很可能綿延于西周三百多年，而且作者是多位卜筮史官。

第三，成於“春秋、戰國之交”說，以陸侃如（1932）和郭沫若（1962）爲代表。陸侃如（1932）認爲卦爻辭的產生比較早，“或在商、周之際”，但其寫定比較晚，——“迨經過數百年的口耳流傳，到東周中年方寫定"。郭沫若（1962）判斷卦爻辭寫定年代的兩個根據之一，是《周易》中出現了"中行"這個詞，他認爲"中行"是指春秋時晉國的中行氏荀林父。郭氏的誤解已爲後來的學者指出。另外，張增田（1994）從益卦、旅卦和鼎卦所反映出來的内容、結合當時社會的重大歷史事件，指出《周易》卦爻辭當最後成于春秋早期，其下限不會晚于公元前 672 年。不過，這種意見目前還沒有人響應。

上述幾種意見，張玉金（2004）有具體評論，他認爲《周易》的卦、爻辭成于西周初年的説法是比較可靠的。（詳見第一章）本書從張玉金（2004），把《周易》本經的寫定時代定于西周早期。

3.《尚書》

《尚書》是一部很複雜的文獻，不僅表現在内容上，也表現在流傳上。單就真僞來説，古文部分最不可靠，而相對于古文《尚書》來講，今文部分的情況要好些，但仍然有問題。在討論今文《尚書》真僞之前，首先要明確文獻真僞的層次性。

前人在談到僞書的時候，對僞書的理解是不一樣的。縱觀各家的説法，"僞書"有以下幾種含義：

第一，内容僞，即書的内容不真實。如《尚書》中的《虞書》、《夏書》，按説應該是上古時期的文獻，可是據顧頡剛等學者的考證，其中的《堯典》、《皋陶謨》、《禹貢》等跟戰國時期的諸子學説有聯係，前代的書出現了後世的内容，很顯然這是不應該的，由此可以證明，這兩篇不是虞夏時代的歷史記錄，而是戰國至秦漢間的僞作，或者説經過了戰國至秦漢間人們的改動。

第二，作者僞，即原題某人所撰的文獻如果不是某人的作品，即被人們看作僞書，這種情況即屬於作者僞。例如，《莊子》原題莊周撰，大約從晉代開始，陸續有人指出該書有不少内容是後人增竄的，也就是説，它不是莊周的原作，於是有人把《莊子》列入僞書。《論語》被視爲僞書的情況與此同。

第三，年代"僞"。先秦大部分文獻的成書年代是不確定的，如果有人（如司馬遷和劉向）最先提到某書成于某時，後來有人懷疑或根據其他材料證明該書並非成于某時，於是也被人們看作偽書。這其實是把前人的話當作真理的緣故。《周易》被視爲"偽書"就屬於這種情況。

偽書的這三種情況性質是不一樣的，有的是真偽，有的是假偽；有的只在一個方面偽，有的在多個方面偽，今文《尚書》就屬於後一情況。

人們最先談到《尚書》是偽書的時候，主要指古文《尚書》，認爲古文《尚書》的內容不可靠，後來又有人指出今文《尚書》中的某些篇也不可靠，也屬於"偽書"。其實，這兩個"偽書"的含義是不一樣的。前一種"偽"是以秦爲參照點，認爲凡是先秦產生的著作都是真書，否則就是後人偽造的；[①] 後一種"偽"，其實屬於年代偽，即人們拿它所標稱的產生時代跟它實際產生的時代相比較，發現二者並不完全一致。如《尚書》中的《虞書》按說應該是遠古時代的文獻，《夏書》應該是夏代的文獻，《商書》應該是商代的文獻，可是經過學者們考證，"不僅'虞書'不可靠，即使'夏書''商書'也不能簡單地看作夏、商時代文獻的原貌"[②]。

看來，我們在談論古代文獻真偽的時候，不能籠統地稱說，而應該根據研究的目的弄清偽書的層次，不同的研究對"真書"的要求是不一樣的。以漢語史研究爲例，如果把整個先秦時期當作一個整體來研究，把今文《尚書》看作真書，拿來作先秦的語料，是沒有大問題的；如果把先秦分作幾個階段來研究，就必須弄清各種文獻或者這些文獻中的某些篇章的具體產生年代，否則可能出現把戰國時期產生的文獻當作西周時期的語料使用的情況。我們的研究屬於後者，所以在利用今文《尚書》時，還有必要弄清今文《尚書》各篇的寫定年代，對說不清或爭議較大的篇目盡量不用。

有關今文《尚書》各篇的成篇年代，王國維（1994）、梁啟超（1955）、顧頡剛（1982b）、陳夢家（1985）、蔣善國（1988）、孫欽善（1994）均有詳細的論述，根據他們的研究成果，我們選擇他們的意見比較一致的一些

---

① 蔣善國（1988）說："我們把漢代所傳的《尚書》當作真書，把不是漢人所傳習、而突然出於漢代以後的《尚書》認爲偽書。"（第 133 頁）他還說："漢以前的《尚書》都是真書，所謂偽《書》，是指先秦沒有的《書》或漢以後假造的《書》。"（第 234 頁）

② 詳見孫欽善（1994）第一章第一節。

篇目作爲本時期詞彙研究的語料，這些篇目是：《盤庚》、《大誥》、《康誥》、《酒誥》、《梓材》、《召誥》、《洛誥》、《多士》、《多方》、《呂刑》、《文侯之命》。

第二節　西周早期至西周中期金文詞彙及其常用詞的特點

一　金文詞彙總況及確定常用詞的標準

用作統計分析的西周早期至中期金文（以下或徑稱"金文"）的總字量爲 11564 字次（共用字 1217），用詞 1728 個（以下稱"全部詞彙"），總詞次爲 9140 詞次（以下稱"總詞彙量"），平均每個詞出現 5.3 次。在 1728 個詞當中，單音詞 1068 個，佔全部詞彙的 61.8％，複音詞 660 個，佔全部詞彙的 38.2％；複音詞和單音詞之比爲 1：1.5。

單從單音詞和複音詞所佔的比例來看，好像這個時期的複音詞已經相當多。實際上，我們仔細觀察一下這些複音詞就會發現，金文當中的複音詞以專名爲主，其中大多數是表示人名、地名的專名，其次是記時的干支名和職官名。專名在語言生活中雖然重要，但它並不能反映語言詞彙的本質特點；另外，專名之所以佔較大的比例，跟語料的選擇有關。這個時期的金文主要是銘記功德、頌揚先人和君上，如果不用專名或少用專名，銘文也就失去了存在的價值和意義。而且這類銘文在西周早、中期的青銅器銘文中所佔比例相當大，要大面積地描寫當時的詞彙面貌，這類銘文是無法避開的。在金文的複音詞當中，作爲一般詞語的複音詞數量很少而且大多不夠典型，如果使用從嚴的標準來判定，很多複音詞是不合格的。

金文中的 1728 個詞的分佈情況是：

> 出現 1 次的詞有 932 個；
> 出現 2 次的詞有 264 個；
> 出現 3 次的詞有 142 個；
> 出現 4 次的詞有 63 個；
> 出現 5 次的詞有 53 個；

出現 6 次的詞有 42 個；

出現 7 次的詞有 26 個；

出現 8 次的詞有 24 個；

出現 9 次的詞有 17 個；

出現 10 次的詞有 18 個；

出現 11 次的詞有 10 個；

出現 12 次的詞有 16 個；

出現 13 次的詞有 3 個；

出現 14 次的詞有 7 個；

出現 15 次的詞有 6 個；

出現 15 次以上的詞有 105 個。

從上面所列的數據可以發現一條很有意思的規律：詞的頻次跟詞的數量總體上呈反比分佈狀態，出現的次數越少（如 1 次），詞的數量就越多（如 932 個）；出現的次數越多（如 10 次），詞的數量就越少（如 18 個）。

以上説的是頻次和詞的數量的關係。如果從頻次和詞的覆蓋率來看，也有很強的規律性：頻次高的詞，覆蓋率也很高；頻次低的詞，覆蓋率也很低。例如，出現 10 次的詞有 18 個，其覆蓋率爲 1.97％，出現 5 次的詞有 53 個，其覆蓋率爲 2.9％。從詞的數量上看，出現 5 次的詞是出現 10 次的詞的近三倍，但是覆蓋率只多二分之一。這兩個比例關係是不一樣的，它所反映出來的規律就是上面我們所説的頻次越高，覆蓋率就越高；頻次越低，覆蓋率也就越低。

爲了説明問題，我們擇要把詞的頻次和覆蓋率的情況列舉如下：

2 次以上的詞 532 個，覆蓋率爲 84.02％；

3 次以上的詞 390 個，覆蓋率爲 79.37％；

4 次以上的詞 327 個，覆蓋率爲 76.61％；

5 次以上的詞 274 個，覆蓋率爲 73.71％；

6 次以上的詞 232 個，覆蓋率爲 70.95％；

7 次以上的詞 206 個，覆蓋率爲 68.96％；

8 次以上的詞 182 個，覆蓋率爲 66.86％；

9 次以上的詞 165 個，覆蓋率爲 65.19％；

10 次以上的詞 147 個，覆蓋率爲 63.22％；

……

15 次以上的詞 105 個，覆蓋率爲 57.43％；

……

20 次以上的詞 69 個，覆蓋率爲 50.53％。

……

這些數據所反映出的頻次和覆蓋率關係的上述規律，説得具體一點就是：不到全部詞彙（1728 個詞）四分之一的 390 個詞，佔了全部詞彙總量（9140 詞次）的五分之四多（79.37％），而金文所有詞彙（指詞彙總量）的一半多（50.53％）是由 69 個詞組成的，剩下的不到一半由 1661 個詞組成。

前面我們對詞頻統計分析所發現的兩條規律，説明了出現次數很高的詞就是那個時代的常用詞。至於常用詞佔全部詞彙的多大比重，這是一個見仁見智、不好回答的問題。我們覺得，確定常用詞應該考慮研究的目的，如果爲了詞彙教學，可以根據學生水平的差異，分別以覆蓋率在 50％（小學）、60％（初中）、70％（高中）或者 80％（大學）左右來確定常用詞的比例；如果爲了研究漢語詞彙的發展變化，不妨把常用詞的比例定得稍高一些，這樣便於在更大範圍內考察其變化情況。

基於以上的認識和本研究的目的，我們以詞頻表中的覆蓋率爲主，適當考慮詞的頻次，把覆蓋率達到 80％左右的詞定爲常用詞。

以上講標準時用到一個詞"左右"，我們之所以説"80％左右"而不説"80％"，主要基於以下兩點考慮：第一，詞頻表中詞的覆蓋率一般很少會出現整數，不是 80％多一點就是不夠 80％，因此選擇整數在頻率表中往往找不到對應的數字（見本章附錄）；第二，選定了覆蓋率的某個數值之後，再看詞出現的頻次，會發現詞頻表中屬於同一頻次的詞有很多，比如説，如果我們以覆蓋率在 80.02％以上的詞爲常用詞，表中相對應的詞是“楚荆”，“楚荆”的頻次爲 3 次。該表中出現 3 次的有 142 個詞，“楚荆”之前（含“楚荆”）有 20 個，“楚荆”（不含“楚荆”）之後有 122 個，我們不能説出現次數相同的詞，排在前面的是常用詞，排在後面的不是常用詞，應該承認出現次數相同的詞其常用程度是一致的，只是因爲排序的問題，把它們分成了兩個部分———一部分在規定的覆蓋率範圍之内，一部分在規定的覆蓋率範圍之外。因此，在這種情況下，我們必須考慮頻次問題，要麽把出現三次的詞都劃入常用詞，要麽把它們都劃入非常用詞，如此一來，覆蓋率的值就會在已經確定的數值（如 80.02％）的基礎上出現上下波動的情況，應該説這是正常的現象。

依據上面的認識及所説的標準，我們以略微低於 80％的 79.37％作爲覆蓋率標準，以頻次爲 4 次或 4 次以上的 390 個詞作爲金文中的常用詞。金文中的常用詞見本章附録一。

二　金文常用詞的特點

金文中的常用詞有如下一些特點：

1. 專名佔了一定的比例

金文 390 個常用詞中，專名有 58 個（人名 53 個，地名、國名 5 個），佔全部常用詞的七分之一多。這是一個比較高的比例，它意味著，在金文常用詞中，七個詞語當中就有一個專名。

專名在常用詞詞頻分區中的分佈情況如下：

常用詞詞頻分區	專名數量
001—130	5（人名 4 個，地名 1 個）；
130—260	18（人名 15 個，地名 3 個）；
260—390	35（人名 34 個，地名 1 個）。

由以上數據可以看出，詞的頻次越高，專名出現的機會就越小；詞的頻次越低，專名分佈得越密集。這説明，專名作爲語言常用詞的資格是不

牢靠的，它們所以能夠進入常用詞的範圍，既跟選擇的語料有關，也跟青銅器銘文的特點有關。就後者來講，銘文多以頌揚功德爲主要内容，這樣就勢必要涉及很多人名，而且有的人名在一條銘文中出現就多達 8 次，如《𢼸方鼎》中的"𢼸"。如果增加語料的數量或者縮小常用詞的取值範圍，很多專名成爲常用詞的機會就會大大減少。此外，詞頻表中有 6 個專名的頻次爲 6 次，16 個專名的頻次爲 5 次，18 個專名的頻次爲 4 次，其中有不少僅見于同一條銘文中。

2. 虛詞不太發達

虛詞發達不發達，需要比較才容易看出來，這個問題後面我們還要作詳細的分析，這裏先作一下簡要的介紹。

虛詞不發達表現在三個方面：第一，不表達實在意義的專用虛詞很少。金文常用詞中的專用虛詞很少，只有"唯""于""其""敢[1]""廼""咸""烏呼"幾個。這裏以"敢"爲例看一看虛詞在金文中的用法。

金文中有用作人名的"敢"（荆人敢，見《五祀衛鼎》），所以在金文常用詞表中我們把作爲一般詞語的"敢"記作"敢[1]"，把表示人名的"敢"記作"敢[2]"。傳世文獻沒有這種分別，只有一個"敢"，故金文常用詞表中的"敢[1]"與傳世文獻中的"敢"屬於同一個詞位，下文一律稱作"敢"。

金文中"敢"共出現 60 次，或者單獨用在句子的動詞之前，或者構成"否定詞＋敢＋否定詞"的格式再修飾動詞。直接用於動詞之前的有 54 例，如：

(1) 償求乃友，君夫～奉揚王休。(8.4178)

(2) 王賜靜鞞𤩰，靜～拜頴首。(8.4273)

(3) 彔伯𢼸～拜手頴首。(8.4302)

(4) ～擧昭告朕吾考。(8.4330)

(5) 今余非～夢先公有𥡴遂。(8.4327)

(6) 班非～覓。(8.4341)

(7) 牆弗～沮。(16.10175)

(8) 休朕小臣金，弗～喪。(5.2678)

(9) 酒無～酖，有柴烝祀無～釀。(5.2837)

構成"否定詞＋敢＋否定詞"格式再修飾動詞的有 6 例：

(10) 用辟先王，不～弗帥用夙夕。(8.4170)

(11) 虔夙夜出入王命，不～不遂不娶。(5.2812)

(12) 烏虖，效不～不邁年夙夜奔走揚公休。(11.6009)

(13) 令乃嬗沈子作綏于周公宗，陟二公，不～不綏休同。
(8.4330)

(14) 汝毋～不善，賜汝瓚四……(8.4327)

(15) 汝毋～不善于乃政，賜汝載芾幽衡……《虎簋蓋》

　　爲稱説方便，我們把上述句子叫"敢"字句。"敢"字句中"敢"的
性質，用今天的觀點看有兩種：一是願望動詞①，一是副詞。願望動詞説
與副詞説只是叫法不同，其實他們對"敢"字性質的認識是相同的，即
"敢"在句子中都用于其他動詞之前。按照語義重心從後的理論，由"敢＋
動詞"構成的句子謂語部分，其語義重心落在動詞上面而不是落在"敢"
字上。換句話説，"敢"字可有可無，而"動詞"必不可少。試比較以下
幾組句子：

{ A. 百世孫子毋敢墜，永寶。(12.6516)
{ B. 其百世子子孫孫永寶用，勿（）墜。(16.10168)

{ A. 申敢對揚天子休命。(8.4267)
{ B. 免（）對揚王休，用作尊毀。(8.4240)

{ A. 用敢饗孝于皇祖考。《仲枏父毀》
{ B. 子子孫永寶，其萬年用（）饗王出入。(8.4201)

{ A. 淮夷敢伐内國。(10.5419)
{ B. 戎（）伐毃，廋率有司、師氏奔追攔戎于域林……(8.4322)

---

① 也叫助動詞，詳見楊世鐵(2007)。

以上四組句子，（A）例用"敢"，（B）例不用"敢"。用"敢"與不用"敢"，只有語氣上的差別，沒有語義上的不同。這種情況對於"敢"字前後使用否定副詞的用例（5—9 例）同樣適用。由此我們認爲，金文中的"敢"主要用作情態詞，表達一種謹慎的語氣。

"敢"字的這種用法跟句子的主語有關。從金文的用例來看，"敢"字句的主語多數是説話者自己，有時也可以是聽話者。當"敢"陳述的對象是説話者自身時，"敢"所表達的謹慎語氣最明顯；當"敢"的陳述對象是聽話者時，表達的是説者對聽者的要求，其謹慎的語氣雖然不如前一種情況強烈，但仔細揣摩文意仍然可以體會得到。

在金文中，我們還發現了一例主語是第三方的用法："淮夷敢伐内國。"很多工具書把這類句子中的"敢"解釋爲"膽敢、敢于"。這樣解釋從語義上是講得通的，不過考慮到金文中"敢"的使用情況，從來源上看，我們認爲仍然可以用"謹慎的語氣"來解釋，——"敢伐内國"，就是貿然征伐内國，是一種不謹慎的做法。由"謹慎"義到"不謹慎"義，體現了"敢"字用法上的發展。

如果以上分析成立的話，可以得出這樣的結論："敢"字最初用於指稱説話者自身，然後發展到可以指稱聽話者（一般情況下，身份和地位低於説話者），由此再進一步發展到指稱聽、説雙方之外的第三者，這個發展過程表現在語義上就是由［謹慎］義到［不謹慎］義的變化，[①] 這個發展過程並沒有引起它的功能的變化，這種用法的"敢"在金文中始終用作助動詞。

第二，與常用的實詞相比，虛詞的頻次排位都不是很高，例如，"唯"和"于"的頻次最高，分別排在第 5 位和第 6 位，"敢"在第 22 位，"眔"在第 35 位，"廼"在第 92 位，"以"在 133 位。[②]

第三，有些常用詞產生了與其實義相關的虛詞用法，初步顯示出實詞

---

① ［謹慎］義與［不謹慎］義屬於感性意義（也叫表達色彩）而不是理性意義（詞義）。詳見劉叔新（1990）。

② 如果從發展的角度看，後期的常用詞頻次最高的大多是虛詞，例如，第 3 期詞頻最高的前五個詞是：之、不、曰、也、而，第 4 期詞頻最高的前五個詞是：之、不、也、而、其。第 3 期前五個詞除"曰"外都是虛詞，第 4 期前五個詞都是虛詞。詳見第四章和第五章附録。

虛化的發展趨勢。例如"用":

(16) 賜休集土，～兹彝對令。(8.4140)

(17) 子子孫孫，其永～之。(8.4178)

(18) 萬年永寶，～于宗室。(8.4276)

(19) 其邁年，子子孫孫永寶，日～享孝。(7.4113)

(20) ～作辛公毁，其萬年孫子寶。(8.4159)

(21) 唯～綏神鬼，號前文人。(7.4115)

(22) 賜犅騂犅曰：～禘于乃考。(8.4165)

(23) 對揚朕考賜休，～鑄兹彝。(8.4162)

(24) 子子孫永寶，其萬年～饗王出入。(8.4201)

《説文》："用，可施行也。"據于省吾（1979：359—361）考證，"用"作"施用"之"用"，乃引申義。上舉前三例用的都是該義。在後面幾例中"用"常和其他動詞結合著用，而且置於其他動詞之前，這種情況導致"用"在句子中處於從屬的地位，它在句子中地位的變化又引起了其意義的虛化。① 正因爲如此，陳初生《金文常用字典》把置於其他動詞之前的"用"解釋爲虛詞，是有一定道理的。不過，我們認爲這種用法的"用"還沒有完全虛化，本身仍有比較實在的意義。跟"用"的情況相似的還有"相""在"。

很明顯，上舉虛詞用法和實詞用法有密切的引申關係，這種詞義上的聯係使得這個時期金文中某詞的虛詞用法和實詞用法緊密相關。

3. 不少複合詞帶有熟語性質

金文常用詞中的複音詞除了人名、月相名、月份名、干支名等名詞之外，其餘的複音詞有不少帶有熟語的性質，例如：

————————

① 除非構成連動式，一般情況下，一個句子只有一個動詞即可，如果一個句子出現了兩個動詞連用的情況，而且其中一個不表示具體的意義，又經常出現在相同的位置上（靠前或靠後），這個動詞常常要虛化。金文當中的"用"就屬於這種情況。

對揚　首　蔑　拜手　享孝　用事　奔走　帥型　丕顯　丕丕

子孫　孫子

子子孫孫　孫孫子子　子子孫　眉壽　黃耇　夙夜　夙夕　朝夕

冊命　冊賜　賜休

這部分複音詞的特點是：（1）可拆用；（唐鈺明，1986）（2）構成成分有時可以換用；（唐鈺明，1986）（3）意義固定；（4）出現頻率高。可拆用的如：

對揚：對——揚

（25）賞叔鬱鬯、白金、芻牛，叔對大保休，用作寶尊彝。（8.4132）

（26）穆公對王休，用作寶皇殷。（8.4191）

（27）競揚伯犀父休，用乍父乙寶尊彝殷。（8.4134）

（28）錫金車、馬兩，揚公伯休，用作乙公尊彝。（8.4201）

前兩例只用“對”，后兩例只用“揚”。

構成成分還可以換用其他的成分，如：

對揚——奉揚

（29）豨對揚王休，用自作寶器，萬年與厥孫子寶用。（8.4192）

（30）儥求乃友，君夫敢奉揚王休。（8.4178）

享孝——享祀

（31）梁其作尊壺，用享孝于皇祖考，用祈多福、眉壽，（15.9716）

（32）敢對揚王休，用作殷，孫孫子子萬年用享祀。（8.4208）

"可拆用"和"構成成分可以換用"説明這類複音詞在結構上還不夠定型，不過，考慮到它們在意義上和使用頻率上的特點，可以把它們看作當時的熟語。[①] 這樣一來，金文中有不少在形式上是由詞和詞組合而成，而在功能上等於詞的單位——熟語。

4. 異形詞既表現爲字形的構造方式不同，也表現爲同音通用

這裏所説的異形詞不是指銘文拓片上金文文字的方圓、敧正、大小、構字部件位置的變化、飾筆的有無和筆畫的長短、曲直等，而是指文字的構形方式不同或因同音借用而造成的異"字"同詞現象。前一種情況如：

萬年/邁年

（33）癲其萬年，子子孫孫其永寶。《癲盨》

（34）幾父用追孝，其邁年，孫子子永寶用。《幾父壺》

"萬年"之"萬"，有的作"萬"，有的作"邁"，前者爲獨體，後者從辵萬聲，爲合體。"萬""邁"，字的構型方式雖然不同，所記録的實爲同一語言單位，因此，"萬年"和"邁年"屬於異形詞。再如：

各（記作各¹）/客（記作各²）/㝓（記作各³）/逪（記作各⁴）

（35）唯十又二月初吉，王在周，昧爽，王各¹于大廟。《免簋》

（36）唯王九月丁亥，王各²于般宮。《利鼎》

（37）唯廿又二年，四月既望己酉，王各³周宮，殷事。《庚嬴鼎》

（38）唯王十月既望，辰在己丑，王各⁴于庚嬴宮。《庚嬴卣》

各¹銘文作"𠁥（各）"，爲會意字；各²銘文作"𠈈（客）"，從宀各聲；各³銘文作"𠈈（㝓）"，從宀從人各聲；各⁴銘文作"𠑆（逪）"，從辵

各聲。各²、各³、各⁴ 的金文字形均爲形聲字，而聲符又爲會意字（各）。

屬於同音借用的如"寶/保"：

（39）追其萬年，子子孫孫永寶用。《追簋》

（39'）鑄保簋，用典格伯田，其邁年，子子孫孫永保用。《格伯簋》

"保"用作"寶"，在傳世文獻中亦有用例，如《小雅·楚茨》"神保是饗"，馬瑞辰《毛詩傳箋通釋》："保，與寶同音，古通用。"又，王筠《説文句讀·人部》："古文、鐘鼎文寶字亦作保。"以上兩例行文格式完全一致，而且"永寶用"是銘文中的套語，由此可知"永保用"之"保"當爲"寶"字之借字。再如"永/虞"：

（40）師奎父其萬年，子子孫永寶用。《師奎父鼎》

（40'）其萬年，世子子孫虞寶用。《恆簋蓋》

"永"字古音爲陽部影母，"虞"字古音爲魚部疑母，魚、陽部屬於陰陽對轉，影母與疑母爲鄰紐，兩字的讀音比較接近；另外，從句式和它們在句子中的位置來看，"虞"通"永"的可能性很大。

5.10 個位數詞出現了 7 個，而且都是常用詞

常用詞中 7 個位數詞及其出現的次數分別是：一（20 次）、二（22 次）、三（17 次）、四（13 次）、五（21 次）、七（3 次）、十（18 次）。

另外，在全部詞彙中，六十甲子出現了 49 個，其中進入常用詞範圍的有 19 個：丁亥、乙亥、丁卯、庚寅、庚午、乙卯、丁丑、庚申、甲午、甲戌、戊戌、戊寅、戊辰、丙午、丁巳、壬申、辛酉、乙巳、己丑。[①]

從理論上講，十個位數詞和六十個甲子出現的機會是均等的，不應該有常用與不常用之分，可是根據現在統計的結果，有的是常用詞，有的不

---

① 屬於非常用詞的干支名有：甲申、甲寅、甲子、乙酉、乙丑、乙未、戊申、戊午、戊子、丙寅、丙辰、丙戌、丁未、己酉、庚辰、辛丑、辛卯、庚戌、辛亥、辛巳、辛未、壬辰、壬戌、壬寅、壬午、癸丑、癸亥、癸巳、癸未、癸酉。

是常用詞，這説明語料的選擇對於常用詞的確定是至關重要的，我們今天依據有限的文獻資料研究當時的詞彙問題，只能大致反映當時的語言面貌。這體現了研究結果的相對性。

第三節　西周早期至西周中期傳世文獻詞彙及常用詞的特點

一　傳世文獻詞彙總況

西周早期至西周中期傳世文獻（以下稱"第 1 期"）總字量爲 21595 字次，用字 2168 個，用詞 2634 個，總詞彙量爲 19442 詞次，平均每個詞出現 7.4 次。其中，單音詞 2036 個，佔 77.3％；複音詞 598 個（包括 4 個四音節詞、8 個三音節詞），佔 22.7％。

這些詞的分佈情況如下：

出現 1 次的詞有 1132 個；　　出現 17 次的詞有 8 個；

出現 2 次的詞有 380 個；　　出現 18 次的詞有 11 個；

出現 3 次的詞有 235 個；　　出現 19 次的詞有 11 個；

出現 4 次的詞有 152 個；　　出現 20 次的詞有 8 個；

出現 5 次的詞有 123 個；　　出現 21 次的詞有 10 個；

出現 6 次的詞有 84 個；　　出現 22 次的詞有 7 個；

出現 7 次的詞有 59 個；　　出現 23 次的詞有 11 個；

出現 8 次的詞有 57 個；　　出現 24 次的詞有 7 個；

出現 9 次的詞有 38 個；　　出現 25 次的詞有 6 個；

出現 10 次的詞有 28 個；　　出現 26 次的詞有 4 個；

出現 11 次的詞有 26 個；　　出現 27 次的詞有 2 個；

出現 12 次的詞有 33 個；　　出現 28 次的詞有 5 個；

出現 13 次的詞有 20 個；　　出現 29 次的詞有 8 個；

出現 14 次的詞有 18 個；　　出現 30 次的詞有 3 個；

出現 15 次的詞有 12 個；　　出現 30 次以上的 119 個。

出現 16 次的詞有 17 個；

30 次以上的 119 個，覆蓋率 50％；5 次以上的 612 個，覆蓋率

80.34％。

根據上一節説的確定常用詞的標準，我們以覆蓋率 80.34％爲標準，把出現次數在 5 次以上的 612 個詞定爲西周早期至西周中期傳世文獻的常用詞，這部分詞只佔了該時期用詞總數的不到四分之一（23.3％）。

第 1 期傳世文獻常用詞表見本章附録二。

二 傳世文獻常用詞的特點

1. 虛詞的使用頻率非常高

排在《西周早期至中期傳世文獻常用詞表》前 12 位的大部分是虛詞。如果把代詞也看作虛詞的話，共 10 個，其中"不"的出現次數最多，有 420 次；其次是"之"，414 次；排在第三位的是"于"，396 次；排在第四位的是"其"，374 次。其餘的 6 個依次是："無/无"（300 次）、"惟"（258 次）、"爾"（228 次）、"我"（228 次）、"以"（194 次）、"乃"（170 次）。這 10 個虛詞的平均頻次達到 295.8 次，是該時期所有詞彙均頻的近 40 倍。這與同時期金文常用詞的情況大不一樣。

2. 常用詞中專名相對很少

612 個常用詞中專名只有以下 14 個[①]：周公、申伯、文王、武王、仲山甫、有夏、殷商、洛、韓侯、有周、徐方、公劉、后稷、有殷。這些專名成爲常用詞的情況不太一樣：（1）有的完全出自某部文獻中的某一篇作品，如："徐方"（7 次，全部出自《大雅·常武》），"申伯"（14 次，全部出自《大雅·崧高》），"韓侯"（8 次，全部出自《大雅·韓奕》），"仲山甫"（12 次，全部出自《大雅·烝民》），"公劉"（6 次，全部出自《大雅·公劉》）。（2）有的只見於某一部文獻，如"有夏""洛""有殷"見於《尚書》，"殷商""后稷"見於《詩經》。（3）見於多部文獻。如"文王""周公""武王""有周"同時見於《詩經》和《尚書》。

這三種情況對於我們認識常用詞問題有所啓發。完全出自一篇作品的常用詞，其常用的資格是值得懷疑的，即使看作常用詞，也只能算是某範

---

① 如果把《周易》中的爻名也看作專名，共有 26 個，如"初九""九二""六四""上六"。不過，這類單位算不算專名，目前我們還沒有很好的意見。

圍內的常用詞；有些詞的頻次雖然不是很高，但是它在文獻中的分佈很均勻，這説明它有著廣泛的使用面，其常用性應該高于前一種詞。

由此看來，一個詞常用不常用，除了跟它出現的次數多少有關外，還跟它在不同的文獻中的分佈有關：分佈越均勻，常用度就越高；分佈越集中，常用度就越低。[①] 本時期我們確定的常用詞在分佈上是有區別的，有些分佈非常集中，有些分佈比較均勻，分佈集中的常用度低於分佈均勻的。按理説，同是這個時期的常用詞，它們的常用度應該一致才行，爲什麼現在出現了有的高有的低這種情況？原來這跟語料的選擇有關，假如這個時期有足夠的、類型多樣的語料可供選擇，統計的結果可能就是另外一種情況。可見，語料的選擇對於常用詞的統計是至關重要的，要避免把一些分佈非常集中的詞當作常用詞，就必須在選擇語料時和統計的時候進行適當的人工干預。

3. 複音詞的比例很低

如果不算專名和《周易》爻名，常用詞中複音詞有 36 個（加上的話是 62 個），不到常用詞的 6%（加上專名和爻名之後佔 10%）。這個比例跟金文常用詞中的複音詞所佔的比例相比，明顯偏低。[②] 原因有二，一是傳世文獻中專名用得比較少。二是傳世文獻的内容要比青銅器銘文的内容豐富，因此傳世文獻的詞彙總量和常用詞的數量都有所增加，試比較以下幾個數字：

表 1　　　　　　　　　　　　　　　　　　　　　　　　　單位：個

	金文	傳世文獻
詞彙總量	1729	2634
常用詞的數量	537	613
常用詞中的專名	141	14

在傳世文獻詞彙數量增加而專名的數量卻在減少的情況下，複音詞所佔的比例必然會有較大幅度的下降。三是傳世文獻中複音詞的定型性程度提高

---

① 　常用詞内部常用度的區別見本書第六章第二節。
② 　金文常用詞中有複音詞 101 個，佔 390 個常用詞的 25.9%。

了。一些在金文中反復出現的複音組合在傳世文獻中或者未出現，或者因出現的次數太少而未能進入常用詞的範圍，如金文中常見而傳世文獻中未見的有："享孝""蔑曆""冊命"和"孫孫子子"；金文和傳世文獻都出現但傳世文獻中出現次數更少的有："朝夕"（只一見，出自《酒誥》）、"子子孫孫"（只一見，出自《梓材》）、"對揚"（只一見，出自《大雅·江漢》）、"眉壽"（三見，均出自《詩經》）、"奔走"（四見，出自《尚書》和《詩經》）。

4. 有些詞開始從字形上分化

我們以"受"和"授"爲例試作説明。

傳世文獻中，既有【授】也有【受】，【授】共 5 例，均作【給予】義解；【受】共 40 例，均用作【接受】義。用【授】的例子如：

(1) 七月流火，九月授衣。《豳風·七月》（共 2 次，用字完全相同）

(2) 或肆之筵，或授之几。《大雅·行葦》（共 2 次，用字略有不同）

(3) 言授之縶，以縶其馬。《周頌·有客》

用【受】的例子如：

(4) 文王惟卜用，克綏受茲命。《尚書·大誥》

(5) 天亦惟用勤毖我民，若有疾，予曷敢不于前文人攸受休畢！《尚書·大誥》

(6) 天乃大命文王殪戎殷，誕受厥命越厥邦厥民。《尚書·康誥》

(7) 故我至于今，克受殷之命。《尚書·酒誥》

(8) 惟王受命，無疆惟休，亦無疆惟恤。《尚書·召誥》

(9) 今王嗣受厥命，我亦惟茲二國命，嗣若功。《尚書·召誥》

(10) 我受天命，丕若有夏歷年，式勿替有殷歷年。欲王以小民受天永命。《尚書·召誥》

(11) 迪將其後，監我士、師、工，誕保文武受民，亂爲四輔。

《尚書·洛誥》

（12）受王嘉師，監于茲祥刑。《尚書·呂刑》

（13）可用汲，王明，並受其福。《周易·井》

（14）厥德不回，以受方國。《大雅·大明》

（15）既受帝祉，施于孫子。《大雅·皇矣》

（16）文王受命，有此武功。《大雅·文王有聲》

（17）宜民宜人，受禄于天。《大雅·假樂》

（18）韓侯受命，王親命之：纘戎祖考。《大雅·韓奕》

（19）昊天有成命，二后受之。《周頌·昊天有成命》

從傳世文獻的用例看，【授】、【受】是兩個詞，它們共同的義素是〔（物品、責任等）在空間上發生位移〕，不同的是【授】有〔移出〕義，【受】有〔移入〕義，二者在方向上正好相反。在金文中，既有作【給予】義講的"授"，也有作【得到】義講的"受"，這兩種意義按説也該用不同的字來記録，實際上，除了它們的書寫風格有差別外，所有的意義均寫作"受"。例如：

（20）即令，王受作冊尹書，俾冊命免。（8.4240）

（21）上帝司擾允保，受天子寬命、厚福、豐年。（16.10175）

（22）烈祖文考，式貯受牆薔齰福。（16.10175）

（23）用作文母楷妊寶設，無其日受貯。（8.4139）

（24）獻身在畢公家，受天子休。（8.4205）

（25）余其永邁年寶用，子子孫孫，其帥型受茲休。（8.4302）

（26）陟二公，不敢不綏休同，公克成綏吾考，以于顯顯受命。
（8.4330）

（27）烏虖，丕丕揚皇公受京宗懿釐。（8.4341）

（28）東臣羔裘，顏下皮二，眔受。（5.2831）

（29）盂，丕顯文王，受天有大命。（5.2837）

（30）雩我其遹省先王受民受疆土。（5.2837）

（31）昔在爾考公氏，克弼文王，肆文王受茲大命。（11.6014）

（32）上帝降懿德大屏，撫有上下，會受萬邦。（16.10175）

（33）百世孫孫子子受厥純魯，伯姜日受天子魯休。（5.2791）

以上共14例，字形無一例外。從"受"所表示的意思來看，前三例爲"給予"義，後十三例爲"得到"義。前者相當於傳世文獻中的"授"，後者相當於傳世文獻中的"受"。

傳世文獻中的"受"和"授"，從文字構成上説，是古今字，即先有"受"後有"授"。在只有"受"的時候，不管是〔移出〕義還是〔移入〕義，均用同一字表示，後來隨著詞彙的發展，語義需要細致分別，〔移出〕義的"受"和〔移入〕義的"受"成了兩個詞，於是人們在"受"字基礎上另加一"手（扌）"分擔"受"字其中的一義，這樣，表示〖給予〗義的/ṣou⁵¹/和表示〖得到〗義的/ṣou⁵¹/就成了兩個不同的詞，文字上也分別記作"授"和"受"以示區別。

5. 傳世文獻中常用詞的意義比金文豐富，用法也比金文複雜

爲説明這個問題，我們以"于"和"敢"的用法爲例。

金文中，"于"主要用於動詞和賓語之間，表示動作行爲所及（1—5例）和動作行爲發生的處所（6—10例）。如：

（1）用祗～乃考。（8.4165）

（2）汝毋敢不善～乃政。《虎簋蓋》

（3）公令繁伐～曩伯，曩伯蔑繁曆。（8.4146）

（4）王使小臣守使～夷。（8.4180）

（5）師雍父省道至～斁。（5.2721）

（6）王誥宗小子～京室。（11.6014）

（7）敏揚王休～尊段。（8.4261）

（8）忒率有司、師氏奔追攔戎～域林。（8.4322）

（9）王狩～視廩。（5.2695）

（10）恭王在周新宮，王射～射廬。（5.2784）

有的時候動詞帶上賓語之後，再用"于"引出旁及的對象。如：

（11）緐自乃祖考，有勛～周邦，佑闢四方。（8.4302）

（12）視于公氏，有勛～天。（11.6014）

（13）公告厥事～上。（8.4341）

（14）唯十又二月丁丑，寓獻佩～王，姰賜寓曼絲。（5.2718）

（15）唯王八月，息伯賜貝～姜，用作父乙寶尊彝。（10.5385）

從語法關係上看，（15）例與（11）—（14）例沒有區別；若從動詞與"于"後名詞的語義關係上看，前四例是與事，（15）例是施事。由此我們可以肯定，後世由"于"引出施事表示被動的句法格式——"動詞＋于＋名詞（施事）"就是由這種用法發展來的。

"于"也有用作助詞的時候。① 崔永東《兩周金文虛詞集釋》也認爲是"語中助詞，無義"，他舉的例子有以下（16）（17）兩例。② 如：

（16）唯周公～征伐東夷。（5.2739）

（17）唯九月既望庚寅，楷伯～遘王休。（8.4205）按，郭沫若云："'于遘王休'與《令簋》'于伐楚伯'同例，'于'乃句中語助。"見《兩周金文辭大繫圖錄》。上海書店出版社 1997 年版，第 45 頁。

（18）王令宜子會西方，～省唯返。（5.2694）

（16）（17）例"于"用在主謂之間，（18）例用在無主句動詞前面。這種用法的"于"在我們統計的範圍內只三見，就這三例來看，"于"常和"唯"組合起來使用，其作用就是舒緩語氣。

另外，"于"字還可以連接兩個並列成分。如：

---

① 郭錫良（1997）把這種用法的"于"看作動詞。陳初生把它看作語氣詞，見《金文常用字典》（2004）。

② 見第 22—23 頁。

(19) 其用夙夜享孝于厥文祖乙公～文妣日戊。(5.2789)

上例唐蘭（1976）和崔永東（1994）都釋爲連詞。這種用法的"于"很少見，如果把它看作一個獨立的詞類（連詞），從用例上就得不到支持。因爲，連詞作爲漢語中一類重要的語法單位，其使用具有廣泛性，像"于"這種出現次數很少的連詞很少見，我們沒有必要因爲它有過這樣的用法就爲它設立一個獨立的詞類。我們懷疑"于"的這一用法是其上述助詞用法（起舒緩語氣作用）的擴展。[1]

與金文中"于"的用法相比，第 1 期傳世文獻的用法要豐富得多，下面擇要説幾點金文中沒有的用法，以顯示傳世文獻中虛詞用法的複雜性。

先看用於動詞和賓語之間的"于"。

"于"後面可以接時間名詞，表示時間範圍。如：

(20) 自今至～後日，各共爾事。《尚書·盤庚》

(21) 欲至～萬年，惟王子子孫孫永保民。《尚書·梓材》

(22) 故我至～今，克受殷之命。《尚書·酒誥》

(23) 后稷肇祀，庶無罪悔，以迄～今。《大雅·生民》

(24) 至～八月有凶。《周易·臨》

也可以後接數詞，這種情況不多。如：

(25) 至～再，至～三。《尚書·多方》

還有一類是表示工具的，其作用相當於"以"。如：

---

① 此"于"字似亦可以理解爲承前省略動詞"享孝"，這樣的話，它跟前面提到的用法完全一樣，是介詞。傳世文獻中有類似用例：嗚呼，繼自今嗣王，則其無淫于觀、于逸、于游、于田，以萬民惟正之供。（《尚書·無逸》）下面一句中的"于"更像連詞：告汝德之説于罰之行。《尚書·康誥》。

(26) 五辭簡孚，正～五刑；五刑不簡，正～五罰；五罰不服，正～五過。《尚書·呂刑》

以上説的是"于"字用於動賓之間的情況。除此之外，"于"還可以脱離動詞而單獨與名詞結合，組成介詞結構作句子的與事，如：

(29) ～朕志，罔罪爾衆。《尚書·盤庚》

(30) 今我既羞告爾，～朕志若否，罔有弗欽。《尚書·盤庚》

(31) ～弟弗念天顯，乃弗克恭厥兄。《尚書·康誥》

(32) 勿恤其孚，～食有福。《周易·泰》

至於下面兩例中的"于"，有人直接把它解釋爲動詞：

(33) 惟三月，周公初～新邑洛用告商王士。《尚書·多士》

(34) 一之日～貉，取彼狐狸，爲公子裘。《豳風·七月》

(35) 明夷～飛，垂其翼。君子～行，三日不食。《周易·明夷》

"于"用作動詞的這種情況是屬於假借用法？還是受詩歌這種題材的影響引申出來的？還是屬於前人的一種解釋？目前我們還説不太清楚。但是不管怎麼説，這種用法的"于"相對于金文中的"于"算是比較特殊的。

以上所列只是西周早中期《詩經》中的一些例子，至於成篇靠後一些的詩中（見第二期文獻）還有不少。單就這部分用例就可以看出，"于"在傳世文獻中的用法比在金文中複雜不少。

下面我們再看"敢"。

"敢"在金文中的用法見上一節。本期傳世文獻中，"敢"共出現44次，多數用爲[敢于]義，個別的含有竟然的意思。例如：

(1) 丕乃～大言，汝有積德。《尚書·盤庚》

（2）古我先王，曁乃祖乃父胥及逸勤，予～動用非罰？《尚書·盤庚》

（3）敷賁，敷前人受命，茲不忘大功，予不～于閉。《尚書·大誥》

（4）肆予害～不越卯敉文王大命！《尚書·大誥》

（5）天惟喪殷，若穡夫，予害～不終朕畝！《尚書·大誥》

（6）克明德慎罰，不～侮鰥寡。《尚書·康誥》

（7）惟御事厥棐有恭，不～自暇自逸，矧曰其～崇飲。《尚書·酒誥》

（8）罔～湎于酒。《尚書·酒誥》

（9）王如弗～及，天基命定命。《尚書·洛誥》

（10）公不～不敬天之休，來相宅，其作周匹休。《尚書·洛誥》

（11）篤敘乃正父，罔不若予；不～廢乃命。《尚書·洛誥》

（12）予不～宿，則禋于文王、武王。《尚書·洛誥》

（13）肆爾多士，非我小國～弋殷命，惟天不畀，允罔，固亂弼我；我其～求位？《尚書·多士》

（14）朕不～有後，無我怨！《尚書·多士》

（15）今女下民，或～侮予。《豳風·鴟鴞》

（16）密人不恭，～距大邦，侵阮徂共。《大雅·皇矣》

（17）民之方殿屎，則莫我～葵。《大雅·板》

（18）敬天之渝，無～馳驅。《大雅·板》

（19）成王不～康，夙夜基命宥密。《周頌·昊天有成命》

"敢"的這種用法在金文中是很少見的，這種情況可以看作"敢"在傳世文獻中的發展。

通過對以上兩例的分析可以看出，同一個詞在傳世文獻中要比在金文中意義和用法顯得複雜一些、豐富一些。

三 傳世文獻常用詞和金文常用詞的異同比較

傳世文獻常用詞與金文常用詞有些是重合的，有些是各自單獨有的。

重合的部分有 168 個，分別佔出土文獻常用詞和金文常用詞的 40.1％和 27.5％。這部分詞如下：

肆、祖、自、宗、子、正²、之、至、中、茲、周、周公☆、與、曰、哉、在、則、詔、肇、征、朕、休¹、胥、一、衣、夷、宜、殷¹♯、尹、用、友¹、又、有、邑、以、彝、我、烏虖、無、五、武王☆、勿、西、下、先、先王、咸、享、小、心、新、小子、孝、四、四方、祀、夙夜、綏、孫、孫子、天、天子、田、土、亡、王、位、文¹、文王☆、上、射¹、身、師、十、矢、世、事、受、年¹、丕、丕顯、其、裘、人、曰、戎、三、汝、入、若、廟、民、命¹、母、穆穆、乃、迺、南、朋、九月、酒、厥、君、考、克¹、來、立、烈、令¹、率、馬、旅、拜手、邦、邦君、保¹、八月、百、賣、俾、辟、伯、不、車、臣、成¹、初、純、從、大¹、誕、德¹、鼎、東¹、對、多、二、伐、封、弗、服¹、福、父、復、告、敢¹、弓、公、功、宮、光、歸、國、侯、皇、懷、虎¹、稽首、即¹、既、家、見、疆、降、今、金、敬、作

以上這部分共有的常用詞，有些在傳世文獻中有不同的書寫形式變體，例如：

嗚呼/烏虖/於乎

> 嗚呼！今予告汝不易！《尚書·盤庚》
> 烏虖！允蠢，鰥寡哀哉！《尚書·大誥》
>
> 於乎皇考！永世克孝。《周頌·閔予小子》

祀/巳

> 困于酒食，朱紱方來，利用享祀，征凶，无咎。《周易·困》
> 巳事遄往，无咎。《周易·損》

丕顯/不顯

> 公稱丕顯德，以予小子揚文武烈。《尚書‧洛誥》
>
> 有周不顯，帝命不時。《大雅‧文王》

無/无

> 既取我子，無毀我室！《豳風‧鴟鴞》
>
> 君子終日乾乾，夕惕若厲，无咎。《周易‧乾》

屬於金文常用詞獨有的有 223 個：

酓、弍、拜、寶/保、北、貝、償、伯懋父☆、伯犀父☆、帛、逋☆、冊賜、冊命、鬯、辰、成周、赤、赤金、趞☆、出入、初吉、賜/錫、盧☆、大²☆、大保、大廟、大室、罘、旦、嫡、禘、丁丑、丁亥、丁卯、對揚、二月、廢、繁³☆、帶、俘、祓、付、匃、鎬♯、鎬京♯、戈、格伯☆、鬲、各/徦、客、更、庚申、庚午、庚寅、庚嬴☆、公大史☆、遘、官、官司、裸、簋、盂、衡、呼、壺、虎²☆、畫、既生霸、既死霸、既望、甲午、甲戌、靳、井伯☆、井侯☆、靜☆、競²☆、踽☆、秬鬯、康☆、貺/光、饋、勒、盨☆、利☆、厲☆、曆¹、兩、令²☆、六月、魯、鑾、鑾旂、鉹、麥☆、毛公☆、卯☆、眉壽、昧、門、免☆、蔑、蔑曆、敏、穆公☆、内史、逆、廿、叛、倗友、丕丕、皮、匹、品、僕、祈、旂¹、遣¹、遣仲☆、裘衛☆、趙曹☆、榮伯☆、卅、三月、賞、卲、捨、申²☆、沈子、省¹、聖¹、尸嗣、師遽☆、師氏、師雝父☆、十又二月、十又一月、十月、史、使、壽、戊、束、司/嗣、司空、司馬、司徒、四月、夙夕、孫孫子子、鑒、廷、同²☆、萬年/邁年、王臣☆、王姜☆、忘、聖²☆、唯、衛³☆、毋、吳☆、五月、戊辰、戊戌、戊寅、烏、享孝、嚮、饗、小臣、型、休²☆、玄、延、揚¹、乙亥、乙卯、邑人、益公☆、懿、殷²、殷³☆、雍、永/虞、永☆、用事、幽、友²☆、有嗣、卣、佑、于、余、盂²☆、雩、敬☆、御/馭、璋、正月、嗇²、朱、貯、鑄、追、追☆、墜、緇、子孫、子子孫、子子孫孫、宗室、宗周、祖考、祖考、尊、作冊、作冊尹、叔²、嗇、瘋☆、齋、舀☆、鼉上列金文中獨有的常用詞主要包括這樣幾類：

干支名，如：戊辰、戊寅、辛酉、乙巳、乙卯、乙亥、壬申、己丑、庚申

時間詞，如：初吉、既朢、既生霸、既死霸、二月、十又二月、十又一月

地名，如：斥♯、鎬♯、鎬京♯、豐♯、荆♯

人名，如：伯懋父☆、朢☆（師朢）、靜☆（小臣靜）、利☆（右史利）、穆公☆、牆☆（史牆）、趞曹☆

職官，如：師氏、小臣、作冊、司空、司馬、司徒、史、内史

賞賜品，如：璋、僕、盤、冪、鑾旂、醴、秬鬯、靳、盂、戈、芾、赤金

習用語，如：享孝、用事、眉壽、子子孫、子子孫孫、蔑曆

器名，如：簋、鬲、齋、煅、卣、盂、爵、鬲

單位詞，如：鋝、兩、鈞、匹、品

這幾類詞體現了金文内容上的一些特點——紀事、賞賜、冊封。紀事離不開時間、地點、人物，賞賜和冊封既離不開時間、地點、人物，也離不開人物的身份、賞賜物品及其數量；至於器名也大量出現，則跟金文這種文體的載體有關係。

屬於傳世文獻常用詞獨有的有 444 個：

伻、比、彼、畀、毖、賓、秉、剥[1]、播[1]、卜、長、常、朝[1]、忱、陳、城、承[1]、乘、崇、出、處、川、牀、辭、此、徂、道、得、登、迪、帝、典、甸、定、動、篤、度、兑[1]、遯、惡、遏、而、爾、發、罰、凡、反、方、非/匪、飛/肥、匪、棐、風、豐、奉、否、夫、敷、膚、孚[1]、孚[2]（"俘"）、斧、婦、覆、幹、高、誥、歌、革、格、艮、恭/共[1]、躬、共[1]、辜、古、鼓、故、顧、寡、觀、圭、鼅、害、旱、翰、好、號、何、和、曷[1]、亨、恆[2]、鴻、后、後、胡、户、涣、荒、黄、悔、惠、婚、火、或、貨、獲、穫、基、稽、及、吉、疾、棘、極、集、嘉、假、監、艱、簡、建、漸、將、郊、教/敦、嗟、節、解、介、戒、謹、進、京、經、井、景、競、咎、舊、居、具、絶、駿、開、坎、康、可、客、肯、孔、

寇、困、勞、樂、類、力、利、戾、屬、歷、良、鄰、臨、吝、靈、流、
龍、履、亂、洛、戀、妹、媚、蒙、迷、靡、苗、滅、明、鳴/明、莫²、
謀、牡、難、内、能、念、鳥、寧、牛、怒、女、虐、配、平、妻、齊、
豈、汔、棄、千、愆、遷、前、戕/壯、且、勤、清、慶、求、取、泉、
勸、羣/群、然、柔、如、濡、桑、喪、殺、山、商、尚/常、紹、涉、
赦、神、矧、甚、慎、升、生、聲、眚、尸、失、食、時、實、始、士、
式、室、是、視、適、首、黍、庶、水、順、説²（"脱"）、思、斯、死、
嗣、夙、雖、歲、所、愓/逿、殄、聽、庭、同、童、圖、萬、往、罔、
威、惟、爲、違、維、尾、未、畏、謂、聞、武、侮、兮、錫（"賜"）、
喜、遐、夏、鮮、顯、獻、相、笑、信、興、刑、行、凶、兄、羞、序、
叙、恤/卹/血、宣、訓、言、奄、燕、羊、陽、殺、伊、疑、儀、遺、
頤、已、矣、乂、亦、易¹、益、逸、義、億、劓、翼、淫、引、飲、庸、
墉、永、攸、憂、由、猶、猷、右、于/於、予、魚、虞、興、羽、雨、
玉、裕、遇、獄、譽、元、爰、原、遠、怨、月、越、閲、云、允、災/
灾、載、臧、造、曾、宅、瞻、章、哲、貞、震、烝、政、知、祗¹、執、
止、祉、趾、制、致、終、衆、主、屬、壯、酌、咨、資、縱/從、卒、
罪、醉、左、哀、安、白、中國、仲山甫☆、大命、大人、多方、多士、
福禄/萬禄、公劉☆、韓侯☆、昊天、后稷、濟濟、九二（爻名）、九三
（爻名）、九四（爻名）、九五（爻名）、君子、六二（爻名）、六三（爻
名）、六四（爻名）、六五（爻名）、明德、七月（夏历）、豈弟（"愷悌"）、
上帝、上九（爻名）、上六（爻名）、申伯☆、四國、天命、威儀、文武、
五刑、小民、小人、徐方、殷商、有夏、有殷、有周、予一人、御事、初
九（爻名）、初六（爻名）

　　一般情況下，不同常用詞表共有的詞常用性比較高，而屬於某個詞表
獨有的部分（如金文常用詞中表示器名和賞賜品的詞語）因爲缺乏普遍
性，所以常用性比較低。另外，傳世文獻常用詞中獨有的部分不應太多，
爲什麽數量會比金文中獨有的部分高出一倍呢？原因並不難解釋。第一，
共有的部分和獨有的部分共同構成傳世文獻的常用詞，這兩個數字此消彼
長，如果金文和傳世文獻共有的常用詞太少，傳世文獻中獨有的常用詞必

然很多。第二，傳世文獻常用詞的數量比較多。傳世文獻常用詞比較多的原因是這個時期的文獻數量少（統計的樣本小），文獻數量少就會造成詞的使用頻次拉不開檔次，這樣一來，以覆蓋率作標準必然會通過增加常用詞的數量才能維持各期覆蓋率的平衡（詳見下文）。

唐鈺明（1986）曾經指出：西周青銅器銘文"不但與周代實際口語距離較大，而且與周代的其他文體相比，也略偏于泥古和保守"，從總體上來看，"應該承認上古典籍資料比古文字資料是較爲接近口語的"。通過前面我們對西周早、中期常用詞的分析，可以看出常用詞主要集中在幾個語義比較典型的類聚中，這種情況印證了唐鈺明（1986）的斷言是不無道理的。

附録一　西周早期至西周中期金文常用詞表

表2

序號	詞目	頻次（次）	頻率	覆蓋率
001	王	353	0.038621	0.038621
002	用	337	0.036871	0.075492
003	寶/保	244	0.026696	0.102188
004	作	232	0.025383	0.127571
005	唯	198	0.021663	0.149234
006	于	165	0.018053	0.167287
007	賜	145	0.015864	0.183151
008	其	136	0.014880	0.198031
009	休[1]	128	0.014004	0.212035
010	尊	128	0.014004	0.226039
011	在	121	0.013239	0.239278
012	永/虞	118	0.012910	0.252188
013	彝	108	0.011816	0.264004
014	對揚	93	0.010175	0.274179
015	萬年/邁年	77	0.008425	0.282604
016	厥	76	0.008315	0.290919

续表

序號	詞目	頻次（次）	頻率	覆蓋率
017	文[1]	72	0.007877	0.298796
018	令[1]	65	0.007112	0.305908
019	考	64	0.007002	0.312910
020	貝	63	0.006893	0.319803
021	曰	63	0.006893	0.326696
022	敢[1]	60	0.006565	0.333260
023	天子	59	0.006455	0.339716
024	頶首	58	0.006346	0.346061
025	初吉	57	0.006236	0.352298
026	命[1]	55	0.006018	0.358315
027	拜	53	0.005799	0.364114
028	毀	53	0.005799	0.369912
029	子子孫孫	53	0.005799	0.375711
030	朕	50	0.005470	0.381182
031	汝	49	0.005361	0.386543
032	公	48	0.005252	0.391794
033	乃	46	0.005033	0.396827
034	各/徦/客	42	0.004595	0.401422
035	罘	38	0.004158	0.405580
036	宮	37	0.004048	0.409628
037	周	37	0.004048	0.413676
038	朋	36	0.003939	0.417615
039	呼	34	0.003720	0.421335
040	佑	33	0.003611	0.424945
041	金	33	0.003611	0.428556
042	鼎	32	0.003501	0.432057
043	事	31	0.003392	0.435449
044	大室	30	0.003282	0.438731
045	既生霸	30	0.003282	0.442013
046	田	30	0.003282	0.445295
047	年[1]	29	0.003173	0.448468

序號	詞目	頻次（次）	頻率	覆蓋率
048	入	27	0.002954	0.451422
049	丕顯	27	0.002954	0.454376
050	賞	27	0.002954	0.457330
051	即[1]	26	0.002845	0.460175
052	皇	26	0.002845	0.463020
053	人	25	0.002735	0.465755
054	祀	25	0.002735	0.468490
055	蒂	24	0.002626	0.471116
056	享	24	0.002626	0.473742
057	正月	24	0.002626	0.476368
058	司	24	0.002626	0.478993
059	從	23	0.002516	0.481510
060	使	23	0.002516	0.484026
061	祖考	23	0.002516	0.486543
062	福	22	0.002407	0.488950
063	馬	22	0.002407	0.491357
064	有	22	0.002407	0.493764
065	二	21	0.002298	0.496061
066	中	21	0.002298	0.498359
067	伐	21	0.002298	0.500656
068	饗	21	0.002298	0.502954
069	揚[1]	21	0.002298	0.505252
070	五	20	0.002188	0.507440
071	不	20	0.002188	0.509628
072	赤	20	0.002188	0.511816
073	一	20	0.002188	0.514004
074	廷	19	0.002079	0.516083
075	大[1]	19	0.002079	0.518162
076	克[1]	19	0.002079	0.520241
077	蔑	19	0.002079	0.522319
078	余	19	0.002079	0.524398

续表

序號	詞目	頻次（次）	頻率	覆蓋率
079	征	19	0.002079	0.526477
080	祖	19	0.002079	0.528556
081	立	18	0.001969	0.530525
082	多	18	0.001969	0.532495
083	十	18	0.001969	0.534464
084	自	18	0.001969	0.536433
085	冊命	17	0.001860	0.538293
086	弎☆	17	0.001860	0.540153
087	成周	17	0.001860	0.542013
088	東[1]	17	0.001860	0.543873
089	對	17	0.001860	0.545733
090	六月	17	0.001860	0.547593
091	迺	17	0.001860	0.549453
092	三	17	0.001860	0.551313
093	鼎	17	0.001860	0.553173
094	史	17	0.001860	0.555033
095	衡	16	0.001751	0.556783
096	九月	16	0.001751	0.558534
097	旅	16	0.001751	0.560284
098	受/授	16	0.001751	0.562035
099	亡	16	0.001751	0.563786
100	位	16	0.001751	0.565536
101	衝[3]☆	16	0.001751	0.567287
102	五月	16	0.001751	0.569037
103	小子	16	0.001751	0.570788
104	孝	16	0.001751	0.572538
105	曆[1]	16	0.001751	0.574289
106	衣	15	0.001641	0.575930
107	八月	15	0.001641	0.577571
108	辟	15	0.001641	0.579212
109	丁亥	15	0.001641	0.580853

续表

序號	詞目	頻次（次）	頻率	覆蓋率
110	既望	15	0.001641	0.582495
111	四月	15	0.001641	0.584136
112	夷	14	0.001532	0.585667
113	百	14	0.001532	0.587199
114	臣	14	0.001532	0.588731
115	孫孫子子	14	0.001532	0.590263
116	子	14	0.001532	0.591794
117	宗	14	0.001532	0.593326
118	瘋☆	14	0.001532	0.594858
119	北	13	0.001422	0.596280
120	內史	13	0.001422	0.597702
121	四	13	0.001422	0.599125
122	純	12	0.001313	0.600438
123	鑾旂	12	0.001313	0.601751
124	嚮	12	0.001313	0.603063
125	大保	12	0.001313	0.604376
126	二月	12	0.001313	0.605689
127	勹	12	0.001313	0.607002
128	魯	12	0.001313	0.608315
129	免☆	12	0.001313	0.609628
130	蔑曆	12	0.001313	0.610941
131	世	12	0.001313	0.612254
132	天	12	0.001313	0.613567
133	以	12	0.001313	0.614880
134	殷[1]	12	0.001313	0.616193
135	茲	12	0.001313	0.617505
136	宗周	12	0.001313	0.618818
137	先王	12	0.001313	0.620131
138	玄	11	0.001204	0.621335
139	用事	11	0.001204	0.622538
140	鎬京♯	11	0.001204	0.623742

序號	詞目	頻次（次）	頻率	覆蓋率
141	井伯☆	11	0.001204	0.624945
142	厲☆	11	0.001204	0.626149
143	烈	11	0.001204	0.627352
144	母	11	0.001204	0.628556
145	廿	11	0.001204	0.629759
146	夙夜	11	0.001204	0.630963
147	乙亥	11	0.001204	0.632166
148	朱	10	0.001094	0.633260
149	辰	10	0.001094	0.634354
150	德¹	10	0.001094	0.635449
151	丁卯	10	0.001094	0.636543
152	更	10	0.001094	0.637637
153	敬	10	0.001094	0.638731
154	勒	10	0.001094	0.639825
155	兩	10	0.001094	0.640919
156	身	10	0.001094	0.642013
157	師	10	0.001094	0.643107
158	十又一月	10	0.001094	0.644201
159	文王☆	10	0.001094	0.645295
160	咸	10	0.001094	0.646389
161	小臣	10	0.001094	0.647484
162	尹	10	0.001094	0.648578
163	盂²☆	10	0.001094	0.649672
164	至	10	0.001094	0.650766
165	子孫	10	0.001094	0.651860
166	三月	9	0.000985	0.652845
167	先	9	0.000985	0.653829
168	出入	9	0.000985	0.654814
169	父	9	0.000985	0.655799
170	見	9	0.000985	0.656783
171	匹	9	0.000985	0.657768

续表

序號	詞目	頻次（次）	頻率	覆蓋率
172	捨	9	0.000985	0.658753
173	省[1]	9	0.000985	0.659737
174	夙夕	9	0.000985	0.660722
175	我	9	0.000985	0.661707
176	無	9	0.000985	0.662691
177	新	9	0.000985	0.663676
178	肇	9	0.000985	0.664661
179	貯	9	0.000985	0.665646
180	子子孫	9	0.000985	0.666630
181	司馬	9	0.000985	0.667615
182	作冊	9	0.000985	0.668600
183	日	8	0.000875	0.669475
184	伯	8	0.000875	0.670350
185	車	8	0.000875	0.671225
186	俘	8	0.000875	0.672101
187	功	8	0.000875	0.672976
188	官	8	0.000875	0.673851
189	光	8	0.000875	0.674726
190	虎[2]☆	8	0.000875	0.675602
191	既	8	0.000875	0.676477
192	今	8	0.000875	0.677352
193	康☆	8	0.000875	0.678228
194	盠☆	8	0.000875	0.679103
195	眉壽	8	0.000875	0.679978
196	門	8	0.000875	0.680853
197	上	8	0.000875	0.681729
198	肆	8	0.000875	0.682604
199	鑒	8	0.000875	0.683479
200	烏虖	8	0.000875	0.684354
201	毋	8	0.000875	0.685230
202	武王☆	8	0.000875	0.686105

序號	詞目	頻次（次）	頻率	覆蓋率
203	享孝	8	0.000875	0.686980
204	友[1]	8	0.000875	0.687856
205	則	8	0.000875	0.688731
206	正[2]	8	0.000875	0.689606
207	責	7	0.000766	0.690372
208	庚寅	7	0.000766	0.691138
209	畫	7	0.000766	0.691904
210	丕	7	0.000766	0.692670
211	償	7	0.000766	0.693435
212	旦	7	0.000766	0.694201
213	弗	7	0.000766	0.694967
214	被	7	0.000766	0.695733
215	弓	7	0.000766	0.696499
216	裸	7	0.000766	0.697265
217	壺	7	0.000766	0.698031
218	疆	7	0.000766	0.698796
219	井侯☆	7	0.000766	0.699562
220	靜☆	7	0.000766	0.700328
221	眡/光	7	0.000766	0.701094
222	來	7	0.000766	0.701860
223	祈	7	0.000766	0.702626
224	若	7	0.000766	0.703392
225	卅	7	0.000766	0.704158
226	射[1]	7	0.000766	0.704923
227	四方	7	0.000766	0.705689
228	綏	7	0.000766	0.706455
229	孫子	7	0.000766	0.707221
230	烏	7	0.000766	0.707987
231	追	7	0.000766	0.708753
232	宗室	7	0.000766	0.709519
233	戈	6	0.000656	0.710175

续表

序號	詞目	頻次（次）	頻率	覆蓋率
234	益公☆	6	0.000656	0.710832
235	屑²	6	0.000656	0.711488
236	南	6	0.000656	0.712144
237	拜手	6	0.000656	0.712801
238	邦	6	0.000656	0.713457
239	成¹	6	0.000656	0.714114
240	初	6	0.000656	0.714770
241	盧☆	6	0.000656	0.715427
242	誕	6	0.000656	0.716083
243	庚午	6	0.000656	0.716740
244	國	6	0.000656	0.717396
245	侯	6	0.000656	0.718053
246	既死霸	6	0.000656	0.718709
247	酒	6	0.000656	0.719365
248	率	6	0.000656	0.720022
249	麥☆	6	0.000656	0.720678
250	穆公☆	6	0.000656	0.721335
251	穆穆	6	0.000656	0.721991
252	丕丕	6	0.000656	0.722648
253	旂¹	6	0.000656	0.723304
254	裘	6	0.000656	0.723961
255	戎	6	0.000656	0.724617
256	師氏	6	0.000656	0.725274
257	師雍父☆	6	0.000656	0.725930
258	十又二月	6	0.000656	0.726586
259	矢	6	0.000656	0.727243
260	土	6	0.000656	0.727899
261	吳☆	6	0.000656	0.728556
262	勿	6	0.000656	0.729212
263	乙卯	6	0.000656	0.729869
264	邑	6	0.000656	0.730525

续表

序號	詞目	頻次（次）	頻率	覆蓋率
265	雍	6	0.000656	0.731182
266	幽	6	0.000656	0.731838
267	卣	6	0.000656	0.732495
268	御/禦	6	0.000656	0.733151
269	璋	6	0.000656	0.733807
270	詔/召	6	0.000656	0.734464
271	鑄	6	0.000656	0.735120
272	墜	6	0.000656	0.735777
273	叔[2]	6	0.000656	0.736433
274	司徒	6	0.000656	0.737090
275	王臣☆	5	0.000547	0.737637
276	𠂤	5	0.000547	0.738184
277	俾	5	0.000547	0.738731
278	伯戀父☆	5	0.000547	0.739278
279	遄☆	5	0.000547	0.739825
280	趯☆	5	0.000547	0.740372
281	裼	5	0.000547	0.740919
282	丁丑	5	0.000547	0.741466
283	繁[3]☆	5	0.000547	0.742013
284	告	5	0.000547	0.742560
285	庚申	5	0.000547	0.743107
286	遘	5	0.000547	0.743654
287	虎[1]	5	0.000547	0.744201
288	甲午	5	0.000547	0.744748
289	甲戌	5	0.000547	0.745295
290	競[2]☆	5	0.000547	0.745842
291	利☆	5	0.000547	0.746389
292	民	5	0.000547	0.746937
293	敏	5	0.000547	0.747484
294	逆	5	0.000547	0.748031
295	叛	5	0.000547	0.748578

续表

序號	詞目	頻次（次）	頻率	覆蓋率
296	佣友	5	0.000547	0.749125
297	皮	5	0.000547	0.749672
298	品	5	0.000547	0.750219
299	裘衛☆	5	0.000547	0.750766
300	趞曹☆	5	0.000547	0.751313
301	榮伯☆	5	0.000547	0.751860
302	卲	5	0.000547	0.752407
303	沈子☆	5	0.000547	0.752954
304	十月	5	0.000547	0.753501
305	壽	5	0.000547	0.754048
306	戉	5	0.000547	0.754595
307	孫	5	0.000547	0.755142
308	王姜☆	5	0.000547	0.755689
309	塱²☆	5	0.000547	0.756236
310	戊戌	5	0.000547	0.756783
311	戊寅	5	0.000547	0.757330
312	心	5	0.000547	0.757877
313	型	5	0.000547	0.758425
314	胥	5	0.000547	0.758972
315	延	5	0.000547	0.759519
316	邑人	5	0.000547	0.760066
317	殷²	5	0.000547	0.760613
318	永☆	5	0.000547	0.761160
319	友²☆	5	0.000547	0.761707
320	有司	5	0.000547	0.762254
321	雩	5	0.000547	0.762801
322	敔☆	5	0.000547	0.763348
323	與	5	0.000547	0.763895
324	之	5	0.000547	0.764442
325	周公☆	5	0.000547	0.764989
326	緇	5	0.000547	0.765536

续表

序號	詞目	頻次（次）	頻率	覆蓋率
327	齋	5	0.000547	0.766083
328	邦君	4	0.000438	0.766521
329	保¹	4	0.000438	0.766958
330	伯犀父☆	4	0.000438	0.767396
331	帛	4	0.000438	0.767834
332	冊賜	4	0.000438	0.768271
333	鄙	4	0.000438	0.768709
334	赤金	4	0.000438	0.769147
335	大²☆	4	0.000438	0.769584
336	大廟	4	0.000438	0.770022
337	嫡	4	0.000438	0.770460
338	廢	4	0.000438	0.770897
339	封	4	0.000438	0.771335
340	服¹	4	0.000438	0.771772
341	付	4	0.000438	0.772210
342	復	4	0.000438	0.772648
343	鎬#	4	0.000438	0.773085
344	格伯☆	4	0.000438	0.773523
345	禹	4	0.000438	0.773961
346	庚嬴☆	4	0.000438	0.774398
347	公大史☆	4	0.000438	0.774836
348	官司	4	0.000438	0.775274
349	歸	4	0.000438	0.775711
350	盂	4	0.000438	0.776149
351	懷	4	0.000438	0.776586
352	家	4	0.000438	0.777024
353	降	4	0.000438	0.777462
354	靳	4	0.000438	0.777899
355	踊☆	4	0.000438	0.778337
356	秬鬯	4	0.000438	0.778775
357	君	4	0.000438	0.779212

续表

序號	詞目	頻次（次）	頻率	覆蓋率
358	饋	4	0.000438	0.779650
359	令²☆	4	0.000438	0.780088
360	鑾	4	0.000438	0.780525
361	鉾	4	0.000438	0.780963
362	毛公☆	4	0.000438	0.781400
363	卯☆	4	0.000438	0.781838
364	眛	4	0.000438	0.782276
365	廟	4	0.000438	0.782713
366	僕	4	0.000438	0.783151
367	遣¹	4	0.000438	0.783589
368	遣仲☆	4	0.000438	0.784026
369	申²☆	4	0.000438	0.784464
370	聖¹	4	0.000438	0.784902
371	尸司	4	0.00043	0.785339
372	師遽☆	4	0.000438	0.785777
373	束	4	0.000438	0.786214
374	同²☆	4	0.000438	0.786652
375	忘	4	0.000438	0.787090
376	戊辰	4	0.000438	0.787527
377	西	4	0.000438	0.787965
378	下	4	0.000438	0.788403
379	小	4	0.000438	0.788840
380	休²☆	4	0.000438	0.789278
381	宜	4	0.000438	0.789716
382	懿	4	0.000438	0.790153
383	殷³☆	4	0.000438	0.790591
384	又	4	0.000438	0.791028
385	哉	4	0.000438	0.791466
386	追☆	4	0.000438	0.791904
387	作冊尹	4	0.000438	0.792341
388	嗇	4	0.000438	0.792779

续表

序號	詞目	頻次（次）	頻率	覆蓋率
389	司空	4	0.000438	0.793217
390	啻☆	4	0.000438	0.793654

附録二　西周早期至中期傳世文獻常用詞表

表3

序號	詞目	頻次（次）	頻率	覆蓋率
001	不	420	0.021606	0.021606
002	之	414	0.021297	0.042903
003	于/於	396	0.020371	0.063275
004	其	374	0.019240	0.082515
005	有	338	0.017388	0.099902
006	無/无	300	0.015433	0.115335
007	惟	258	0.013272	0.128607
008	爾	228	0.011729	0.140336
009	我	228	0.011729	0.152065
010	王	212	0.010906	0.162971
011	以	194	0.009980	0.172951
012	乃	170	0.008745	0.181697
013	民	161	0.008282	0.189979
014	吉	158	0.008128	0.198107
015	曰	157	0.008077	0.206183
016	命	148	0.007614	0.213797
017	天	143	0.007356	0.221153
018	用	138	0.007099	0.228252
019	厥	133	0.006842	0.235094
020	大	121	0.006225	0.241319
021	利	121	0.006225	0.247544
022	維	115	0.005916	0.253460
023	予	114	0.005864	0.259324
024	貞	112	0.005762	0.265086

序號	詞目	頻次（次）	頻率	覆蓋率
025	人	111	0.005710	0.270796
026	在	107	0.005504	0.276300
027	咎	104	0.005350	0.281650
028	德	96	0.004939	0.286589
029	既	92	0.004733	0.291322
030	汝/女	91	0.004681	0.296003
031	如	87	0.004476	0.300478
032	亦	87	0.004476	0.304954
033	自	84	0.004321	0.309275
034	克	82	0.004218	0.313493
035	來	81	0.004167	0.317660
036	時	77	0.003961	0.321621
037	作	72	0.003704	0.325325
038	若	69	0.003550	0.328875
039	罔	65	0.003344	0.332219
040	往	64	0.003292	0.335511
041	凶	61	0.003138	0.338649
042	言	60	0.003087	0.341736
043	攸	60	0.003087	0.344822
044	今	59	0.003035	0.347857
045	殷	57	0.002932	0.350790
046	心	56	0.002881	0.353670
047	彼	54	0.002778	0.356448
048	文王	54	0.002778	0.359226
049	明	53	0.002726	0.361953
050	爲	53	0.002726	0.364679
051	越	50	0.002572	0.367251
052	則	50	0.002572	0.369824
053	君子	49	0.002521	0.372344
054	是	49	0.002521	0.374865
055	弗	48	0.002469	0.377334

续表

序號	詞目	頻次（次）	頻率	覆蓋率
056	敬	48	0.002469	0.379803
057	兹	48	0.002469	0.382273
058	非/匪	47	0.002418	0.384691
059	公	45	0.002315	0.387006
060	可	45	0.002315	0.389320
061	日	45	0.002315	0.391635
062	終	45	0.002315	0.393950
063	子	45	0.002315	0.396265
064	敢	44	0.002263	0.398529
065	亨	44	0.002263	0.400792
066	朕	44	0.002263	0.403056
067	勿	43	0.002212	0.405268
068	匪	42	0.002161	0.407428
069	降	42	0.002161	0.409589
070	永	41	0.002109	0.411698
071	載	41	0.002109	0.413807
072	告	40	0.002058	0.415865
073	悔	40	0.002058	0.417923
074	事	40	0.002058	0.419980
075	受	40	0.002058	0.422038
076	先	40	0.002058	0.424096
077	邦	39	0.002006	0.426102
078	或	39	0.002006	0.428108
079	多	38	0.001955	0.430063
080	罰	38	0.001955	0.432018
081	三	38	0.001955	0.433973
082	庶	38	0.001955	0.435928
083	四方	38	0.001955	0.437883
084	刑	38	0.001955	0.439837
085	實	37	0.001903	0.441741
086	周	37	0.001903	0.443644

续表

序號	詞目	頻次（次）	頻率	覆蓋率
087	小子	36	0.001852	0.445496
088	元	36	0.001852	0.447348
089	哉	36	0.001852	0.449200
090	百	35	0.001801	0.451001
091	何	35	0.001801	0.452801
092	及	35	0.001801	0.454602
093	斯	35	0.001801	0.456402
094	享/亨	35	0.001801	0.458203
095	止	35	0.001801	0.460003
096	保	34	0.001749	0.461752
097	嗚呼/烏虖/於乎	34	0.001749	0.463501
098	小	34	0.001749	0.465250
099	行	34	0.001749	0.466999
100	邑	34	0.001749	0.468748
101	至	34	0.001749	0.470497
102	初九	32	0.001646	0.472144
103	初六	32	0.001646	0.473790
104	得	32	0.001646	0.475436
105	孚[1]	32	0.001646	0.477082
106	九二	32	0.001646	0.478728
107	九三	32	0.001646	0.480375
108	九四	32	0.001646	0.482021
109	九五	32	0.001646	0.483667
110	酒	32	0.001646	0.485313
111	六二	32	0.001646	0.486959
112	六三	32	0.001646	0.488605
113	六四	32	0.001646	0.490252
114	六五	32	0.001646	0.491898
115	上九	32	0.001646	0.493544
116	上六	32	0.001646	0.495190
117	肆	32	0.001646	0.496836

续表

序號	詞目	頻次（次）	頻率	覆蓋率
118	求	31	0.001595	0.498431
119	下	31	0.001595	0.500026
120	服	30	0.001543	0.501569
121	後	30	0.001543	0.503112
122	見	30	0.001543	0.504656
123	成¹	29	0.001492	0.506147
124	此	29	0.001492	0.507639
125	國	29	0.001492	0.509131
126	厲	29	0.001492	0.510623
127	靡	29	0.001492	0.512115
128	上帝	29	0.001492	0.513607
129	生	29	0.001492	0.515099
130	矣	29	0.001492	0.516590
131	辟¹	28	0.001440	0.518031
132	歸	28	0.001440	0.519471
133	喪	28	0.001440	0.520912
134	休	28	0.001440	0.522352
135	征	28	0.001440	0.523792
136	式	27	0.001389	0.525181
137	思	27	0.001389	0.526570
138	念	26	0.001338	0.527908
139	師	26	0.001338	0.529245
140	亡	26	0.001338	0.530583
141	祖	26	0.001338	0.531920
142	出	25	0.001286	0.533206
143	帝	25	0.001286	0.534493
144	功	25	0.001286	0.535779
145	亂	25	0.001286	0.537065
146	年	25	0.001286	0.538351
147	知	25	0.001286	0.539637
148	俾	24	0.001235	0.540871

续表

序號	詞目	頻次（次）	頻率	覆蓋率
149	復	24	0.001235	0.542106
150	侯	24	0.001235	0.543341
151	寧	24	0.001235	0.544575
152	未	24	0.001235	0.545810
153	文	24	0.001235	0.547045
154	中	24	0.001235	0.548279
155	誕	23	0.001183	0.549462
156	迪	23	0.001183	0.550646
157	家	23	0.001183	0.551829
158	將	23	0.001183	0.553012
159	考	23	0.001183	0.554195
160	尚/常	23	0.001183	0.555378
161	祀/巳	23	0.001183	0.556562
162	聽	23	0.001183	0.557745
163	土	23	0.001183	0.558928
164	相	23	0.001183	0.560111
165	一	23	0.001183	0.561294
166	丕	22	0.001132	0.562426
167	封	22	0.001132	0.563558
168	父	22	0.001132	0.564690
169	康	22	0.001132	0.565821
170	能	22	0.001132	0.566953
171	食	22	0.001132	0.568085
172	聞	22	0.001132	0.569217
173	福/富	21	0.001080	0.570297
174	惠	21	0.001080	0.571377
175	疾	21	0.001080	0.572457
176	莫[2]	21	0.001080	0.573538
177	逎	21	0.001080	0.574618
178	上	21	0.001080	0.575698
179	士	21	0.001080	0.576779

序號	詞目	頻次（次）	頻率	覆蓋率
180	威	21	0.001080	0.577859
181	正	21	0.001080	0.578939
182	居	21	0.001080	0.580020
183	從	20	0.001029	0.581048
184	方	20	0.001029	0.582077
185	吝	20	0.001029	0.583106
186	馬	20	0.001029	0.584135
187	剢	20	0.001029	0.585164
188	胥	20	0.001029	0.586193
189	遠	20	0.001029	0.587222
190	罪	20	0.001029	0.588250
191	徂	19	0.000977	0.589228
192	東	19	0.000977	0.590205
193	觀	19	0.000977	0.591183
194	監	19	0.000977	0.592160
195	介	19	0.000977	0.593138
196	勤	19	0.000977	0.594115
197	所	19	0.000977	0.595092
198	同	19	0.000977	0.596070
199	畏	19	0.000977	0.597047
200	兮	19	0.000977	0.598025
201	烝	19	0.000977	0.599002
202	卜	18	0.000926	0.599928
203	伐	18	0.000926	0.600854
204	嘉	18	0.000926	0.601780
205	孔	18	0.000926	0.602706
206	旅	18	0.000926	0.603632
207	入	18	0.000926	0.604558
208	殺	18	0.000926	0.605484
209	新	18	0.000926	0.606410
210	恤/卹/血	18	0.000926	0.607336

续表

序號	詞目	頻次（次）	頻率	覆蓋率
211	燕	18	0.000926	0.608262
212	爰	18	0.000926	0.609188
213	而	17	0.000875	0.610062
214	古	17	0.000875	0.610937
215	牛	17	0.000875	0.611811
216	取	17	0.000875	0.612686
217	位	17	0.000875	0.613560
218	咸[1]	17	0.000875	0.614435
219	震	17	0.000875	0.615309
220	周公	17	0.000875	0.616184
221	女	16	0.000823	0.617007
222	川	16	0.000823	0.617830
223	醉	16	0.000823	0.618653
224	定	16	0.000823	0.619476
225	篤	16	0.000823	0.620299
226	飛/肥	16	0.000823	0.621122
227	皇	16	0.000823	0.621946
228	勞	16	0.000823	0.622769
229	率	16	0.000823	0.623592
230	涉	16	0.000823	0.624415
231	逸	16	0.000823	0.625238
232	由	16	0.000823	0.626061
233	宅	16	0.000823	0.626884
234	昭	16	0.000823	0.627707
235	哲	16	0.000823	0.628530
236	衆	16	0.000823	0.629353
237	咨	16	0.000823	0.630176
238	比	15	0.000772	0.630948
239	初	15	0.000772	0.631720
240	典	15	0.000772	0.632491
241	孚[2]	15	0.000772	0.633263

序號	詞目	頻次（次）	頻率	覆蓋率
242	后	15	0.000772	0.634035
243	豈弟	15	0.000772	0.634806
244	矢	15	0.000772	0.635578
245	世	15	0.000772	0.636350
246	室	15	0.000772	0.637121
247	庭	15	0.000772	0.637893
248	錫（賜）	15	0.000772	0.638665
249	丕顯/不顯	15	0.000772	0.639436
250	顯	14	0.000720	0.640156
251	承[1]	14	0.000720	0.640877
252	婦	14	0.000720	0.641597
253	懷	14	0.000720	0.642317
254	即	14	0.000720	0.643037
255	艱	14	0.000720	0.643757
256	疆	14	0.000720	0.644478
257	謀	14	0.000720	0.645198
258	申伯☆	14	0.000720	0.645918
259	身	14	0.000720	0.646638
260	尸	14	0.000720	0.647358
261	天命	14	0.000720	0.648079
262	田	14	0.000720	0.648799
263	圖	14	0.000720	0.649519
264	武	14	0.000720	0.650239
265	西	14	0.000720	0.650959
266	御事	14	0.000720	0.651680
267	執	14	0.000720	0.652400
268	臣	13	0.000669	0.653069
269	多士	13	0.000669	0.653737
270	二	13	0.000669	0.654406
271	豐	13	0.000669	0.655075
272	夫	13	0.000669	0.655744

续表

序號	詞目	頻次（次）	頻率	覆蓋率
273	昊天	13	0.000669	0.656412
274	曷¹	13	0.000669	0.657081
275	教/敎	13	0.000669	0.657750
276	君	13	0.000669	0.658419
277	臨	13	0.000669	0.659087
278	履	13	0.000669	0.659756
279	戎¹	13	0.000669	0.660425
280	嗣	13	0.000669	0.661094
281	綏	13	0.000669	0.661762
282	夏	13	0.000669	0.662431
283	易¹	13	0.000669	0.663100
284	飲	13	0.000669	0.663769
285	遇	13	0.000669	0.664437
286	允	13	0.000669	0.665106
287	恭/共	13	0.000669	0.665775
288	車	12	0.000617	0.666392
289	崇	12	0.000617	0.667010
290	大人	12	0.000617	0.667627
291	度	12	0.000617	0.668244
292	多方	12	0.000617	0.668862
293	高	12	0.000617	0.669479
294	誥	12	0.000617	0.670096
295	顧	12	0.000617	0.670714
296	光	12	0.000617	0.671331
297	和	12	0.000617	0.671948
298	舊	12	0.000617	0.672565
299	寇	12	0.000617	0.673183
300	烈	12	0.000617	0.673800
301	南	12	0.000617	0.674417
302	配	12	0.000617	0.675035
303	遷	12	0.000617	0.675652

序號	詞目	頻次（次）	頻率	覆蓋率
304	且	12	0.000617	0.676269
305	柔	12	0.000617	0.676887
306	神	12	0.000617	0.677504
307	四	12	0.000617	0.678121
308	四國	12	0.000617	0.678739
309	萬	12	0.000617	0.679356
310	武王☆	12	0.000617	0.679973
311	先王	12	0.000617	0.680591
312	小人	12	0.000617	0.681208
313	宜	12	0.000617	0.681825
314	乂	12	0.000617	0.682443
315	憂	12	0.000617	0.683060
316	友	12	0.000617	0.683677
317	又	12	0.000617	0.684294
318	雨	12	0.000617	0.684912
319	政	12	0.000617	0.685529
320	仲山甫☆	12	0.000617	0.686146
321	崇	11	0.000566	0.686712
322	播[1]	11	0.000566	0.687278
323	長	11	0.000566	0.687844
324	否	11	0.000566	0.688410
325	敷	11	0.000566	0.688976
326	革	11	0.000566	0.689542
327	黄	11	0.000566	0.690108
328	極	11	0.000566	0.690673
329	井	11	0.000566	0.691239
330	令	11	0.000566	0.691805
331	洛	11	0.000566	0.692371
332	鳴/明	11	0.000566	0.692937
333	虐	11	0.000566	0.693503
334	前	11	0.000566	0.694069

序號	詞目	頻次（次）	頻率	覆蓋率
335	視	11	0.000566	0.694634
336	天子	11	0.000566	0.695200
337	殄	11	0.000566	0.695766
338	孝	11	0.000566	0.696332
339	羊	11	0.000566	0.696898
340	已	11	0.000566	0.697464
341	猶	11	0.000566	0.698030
342	有夏	11	0.000566	0.698596
343	造	11	0.000566	0.699161
344	肇	11	0.000566	0.699727
345	主	11	0.000566	0.700293
346	宗	11	0.000566	0.700859
347	哀	10	0.000514	0.701374
348	道	10	0.000514	0.701888
349	反	10	0.000514	0.702402
350	好	10	0.000514	0.702917
351	恆[2]	10	0.000514	0.703431
352	獲	10	0.000514	0.703946
353	戾	10	0.000514	0.704460
354	朋[1]	10	0.000514	0.704975
355	山	10	0.000514	0.705489
356	商	10	0.000514	0.706003
357	十	10	0.000514	0.706518
358	適	10	0.000514	0.707032
359	雖	10	0.000514	0.707547
360	威儀	10	0.000514	0.708061
361	尾	10	0.000514	0.708576
362	興	10	0.000514	0.709090
363	衣	10	0.000514	0.709604
364	夷[1]	10	0.000514	0.710119
365	疑	10	0.000514	0.710633

序號	詞目	頻次（次）	頻率	覆蓋率
366	儀	10	0.000514	0.711148
367	彝	10	0.000514	0.711662
368	猷	10	0.000514	0.712177
369	右	10	0.000514	0.712691
370	魚	10	0.000514	0.713205
371	譽	10	0.000514	0.713720
372	怨	10	0.000514	0.714234
373	章	10	0.000514	0.714749
374	致	10	0.000514	0.715263
375	邦君	9	0.000463	0.715726
376	貫	9	0.000463	0.716189
377	畀	9	0.000463	0.716652
378	朝[1]	9	0.000463	0.717115
379	忱	9	0.000463	0.717578
380	乘	9	0.000463	0.718041
381	膚	9	0.000463	0.718504
382	格	9	0.000463	0.718967
383	躬	9	0.000463	0.719430
384	鼓	9	0.000463	0.719893
385	害	9	0.000463	0.720356
386	虎	9	0.000463	0.720819
387	荒	9	0.000463	0.721282
388	基	9	0.000463	0.721745
389	稽	9	0.000463	0.722208
390	稽首	9	0.000463	0.722671
391	假	9	0.000463	0.723134
392	困	9	0.000463	0.723597
393	樂	9	0.000463	0.724060
394	立	9	0.000463	0.724523
395	牡	9	0.000463	0.724986
396	清	9	0.000463	0.725449

续表

序號	詞目	頻次（次）	頻率	覆蓋率
397	慎	9	0.000463	0.725912
398	歲	9	0.000463	0.726375
399	童	9	0.000463	0.726838
400	叙	9	0.000463	0.727301
401	伊	9	0.000463	0.727764
402	剌	9	0.000463	0.728227
403	翼	9	0.000463	0.728690
404	殷商 ♯	9	0.000463	0.729153
405	引	9	0.000463	0.729616
406	予一人	9	0.000463	0.730079
407	月	9	0.000463	0.730542
408	瞻	9	0.000463	0.731005
409	祇[1]	9	0.000463	0.731468
410	屬	9	0.000463	0.731931
411	卒	9	0.000463	0.732394
412	然	9	0.000463	0.732857
413	共[1]	8	0.000412	0.733268
414	安	8	0.000412	0.733680
415	常	8	0.000412	0.734091
416	陳	8	0.000412	0.734503
417	登	8	0.000412	0.734914
418	勳	8	0.000412	0.735326
419	過	8	0.000412	0.735737
420	發	8	0.000412	0.736149
421	棐	8	0.000412	0.736561
422	風	8	0.000412	0.736972
423	奉	8	0.000412	0.737384
424	福禄/弗禄	8	0.000412	0.737795
425	覆	8	0.000412	0.738207
426	辜	8	0.000412	0.738618
427	圭	8	0.000412	0.739030

序號	詞目	頻次（次）	頻率	覆蓋率
428	韓侯☆	8	0.000412	0.739441
429	旱	8	0.000412	0.739853
430	號	8	0.000412	0.740264
431	鴻	8	0.000412	0.740676
432	簡	8	0.000412	0.741088
433	嗟	8	0.000412	0.741499
434	戒	8	0.000412	0.741911
435	金	8	0.000412	0.742322
436	京	8	0.000412	0.742734
437	經	8	0.000412	0.743145
438	力	8	0.000412	0.743557
439	歷	8	0.000412	0.743968
440	靈	8	0.000412	0.744380
441	流	8	0.000412	0.744791
442	龍	8	0.000412	0.745203
443	妹	8	0.000412	0.745614
444	滅	8	0.000412	0.746026
445	母	8	0.000412	0.746438
446	鳥	8	0.000412	0.746849
447	平	8	0.000412	0.747261
448	勸	8	0.000412	0.747672
449	羣/群	8	0.000412	0.748084
450	紹	8	0.000412	0.748495
451	赦	8	0.000412	0.748907
452	失	8	0.000412	0.749318
453	始	8	0.000412	0.749730
454	順	8	0.000412	0.750141
455	喜☆	8	0.000412	0.750553
456	退	8	0.000412	0.750965
457	序	8	0.000412	0.751376
458	宣	8	0.000412	0.751788

续表

序號	詞目	頻次（次）	頻率	覆蓋率
459	遺	8	0.000412	0.752199
460	義	8	0.000412	0.752611
461	淫	8	0.000412	0.753022
462	墉	8	0.000412	0.753434
463	有周	8	0.000412	0.753845
464	輿	8	0.000412	0.754257
465	與	8	0.000412	0.754668
466	裕	8	0.000412	0.755080
467	獄	8	0.000412	0.755492
468	原	8	0.000412	0.755903
469	中國	8	0.000412	0.756315
470	八月	7	0.000360	0.756675
471	拜手	7	0.000360	0.757035
472	秉	7	0.000360	0.757395
473	伯	7	0.000360	0.757755
474	城	7	0.000360	0.758115
475	處	7	0.000360	0.758475
476	純	7	0.000360	0.758835
477	大命	7	0.000360	0.759195
478	鼎	7	0.000360	0.759556
479	斧	7	0.000360	0.759916
480	艮	7	0.000360	0.760276
481	弓	7	0.000360	0.760636
482	宫	7	0.000360	0.760996
483	故	7	0.000360	0.761356
484	寡	7	0.000360	0.761716
485	翰	7	0.000360	0.762076
486	胡	7	0.000360	0.762436
487	户	7	0.000360	0.762796
488	涣	7	0.000360	0.763157
489	濟濟	7	0.000360	0.763517

序號	詞目	頻次（次）	頻率	覆蓋率
490	漸	7	0.000360	0.763877
491	節	7	0.000360	0.764237
492	謹	7	0.000360	0.764597
493	競	7	0.000360	0.764957
494	開	7	0.000360	0.765317
495	坎	7	0.000360	0.765677
496	客	7	0.000360	0.766037
497	良	7	0.000360	0.766397
498	蒙	7	0.000360	0.766758
499	苗	7	0.000360	0.767118
500	明德	7	0.000360	0.767478
501	怒	7	0.000360	0.767838
502	七月	7	0.000360	0.768198
503	齊	7	0.000360	0.768558
504	汔	7	0.000360	0.768918
505	千	7	0.000360	0.769278
506	濡	7	0.000360	0.769638
507	桑	7	0.000360	0.769998
508	射	7	0.000360	0.770359
509	升	7	0.000360	0.770719
510	水	7	0.000360	0.771079
511	死	7	0.000360	0.771439
512	謂	7	0.000360	0.771799
513	五	7	0.000360	0.772159
514	五刑	7	0.000360	0.772519
515	侮	7	0.000360	0.772879
516	獻	7	0.000360	0.773239
517	信	7	0.000360	0.773599
518	徐方	7	0.000360	0.773960
519	訓	7	0.000360	0.774320
520	頤	7	0.000360	0.774680

续表

序號	詞目	頻次（次）	頻率	覆蓋率
521	益	7	0.000360	0.775040
522	羽	7	0.000360	0.775400
523	災/灾	7	0.000360	0.775760
524	臧	7	0.000360	0.776120
525	趾	7	0.000360	0.776480
526	制	7	0.000360	0.776840
527	縱/從	7	0.000360	0.777200
528	左	7	0.000360	0.777561
529	白	6	0.000309	0.777869
530	伻	6	0.000309	0.778178
531	賓	6	0.000309	0.778487
532	剥¹	6	0.000309	0.778795
533	牀	6	0.000309	0.779104
534	甸	6	0.000309	0.779413
535	兑¹	6	0.000309	0.779721
536	對	6	0.000309	0.780030
537	避	6	0.000309	0.780338
538	惡	6	0.000309	0.780647
539	凡	6	0.000309	0.780956
540	幹	6	0.000309	0.781264
541	歌	6	0.000309	0.781573
542	公劉☆	6	0.000309	0.781882
543	龜	6	0.000309	0.782190
544	后稷☆	6	0.000309	0.782499
545	婚	6	0.000309	0.782808
546	火	6	0.000309	0.783116
547	貨	6	0.000309	0.783425
548	穫	6	0.000309	0.783734
549	棘	6	0.000309	0.784042
550	集	6	0.000309	0.784351
551	建	6	0.000309	0.784660

序號	詞目	頻次（次）	頻率	覆蓋率
552	郊	6	0.000309	0.784968
553	解	6	0.000309	0.785277
554	進	6	0.000309	0.785586
555	景	6	0.000309	0.785894
556	九月	6	0.000309	0.786203
557	具	6	0.000309	0.786512
558	絕	6	0.000309	0.786820
559	駿	6	0.000309	0.787129
560	肯	6	0.000309	0.787438
561	類	6	0.000309	0.787746
562	鄰	6	0.000309	0.788055
563	戀	6	0.000309	0.788364
564	媚	6	0.000309	0.788672
565	迷	6	0.000309	0.788981
566	廟	6	0.000309	0.789290
567	穆穆	6	0.000309	0.789598
568	難	6	0.000309	0.789907
569	內	6	0.000309	0.790216
570	妻	6	0.000309	0.790524
571	豈	6	0.000309	0.790833
572	棄	6	0.000309	0.791142
573	愆	6	0.000309	0.791450
574	戕/壯	6	0.000309	0.791759
575	慶	6	0.000309	0.792067
576	裘	6	0.000309	0.792376
577	泉	6	0.000309	0.792685
578	甚	6	0.000309	0.792993
579	聲	6	0.000309	0.793302
580	售	6	0.000309	0.793611
581	首	6	0.000309	0.793919
582	黍	6	0.000309	0.794228

续表

序號	詞目	頻次（次）	頻率	覆蓋率
583	説²（脱）	6	0.000309	0.794537
584	夙	6	0.000309	0.794845
585	夙夜	6	0.000309	0.795154
586	孫	6	0.000309	0.795463
587	孫子	6	0.000309	0.795771
588	惕/逖	6	0.000309	0.796080
589	達	6	0.000309	0.796389
590	文武	6	0.000309	0.796697
591	鮮	6	0.000309	0.797006
592	小民	6	0.000309	0.797315
593	笑	6	0.000309	0.797623
594	兄	6	0.000309	0.797932
595	羞	6	0.000309	0.798241
596	奄	6	0.000309	0.798549
597	陽	6	0.000309	0.798858
598	殷	6	0.000309	0.799167
599	億	6	0.000309	0.799475
600	尹	6	0.000309	0.799784
601	庸	6	0.000309	0.800093
602	有殷＃	6	0.000309	0.800401
603	虞	6	0.000309	0.800710
604	玉	6	0.000309	0.801019
605	閲	6	0.000309	0.801327
606	云	6	0.000309	0.801636
607	曾	6	0.000309	0.801945
608	祉	6	0.000309	0.802253
609	壯	6	0.000309	0.802562
610	酌	6	0.000309	0.802871
611	資	6	0.000309	0.803179
612	醉	6	0.000309	0.803488

第三章　西周中期至春秋末期常用詞及其特點

第一節　語料的文獻學分析

西周中期至春秋末期的傳世文獻有：《詩經》（部分）和《春秋經》。

1.《詩經》

《詩經》的情況我們在第三章第一節做了詳細介紹，這裏不再重復。下面主要介紹一下《春秋經》的成書年代。

2.《春秋經》

《春秋經》本名《春秋》。我們今天見到的《春秋經》是和《左氏傳》重疊在一起的，但是在晉以前，《春秋經》和《左氏傳》各自獨立，因爲杜預作《春秋左氏經傳集解》才把它們合在了一起。合在一起有不少好處，最明顯的就是可以省卻人們東翻西查的過程，給人們比照著閱讀提供了方便。不過，在拿它們作語料研究先秦漢語時，還是分開爲宜，因爲這"兩"部書的成書年代並不一樣，語言上也各有特點。

從內容上看，《春秋經》是春秋時期魯國史官的歷史記錄，始于魯隱公元年，終于魯哀公十四年，中間經歷十二公 242 年。《春秋經》的作者，傳統上或以爲孔子，如《孟子·滕文公下》云："世衰道微，邪説暴行有作。臣弑其君者有之，子弑其父者有之。孔子懼，作《春秋》。《春秋》，天子之事也。是故孔子曰：'知我者，其惟《春秋》乎！罪我者，其惟《春秋》乎！'"《孟子》中的説法今天相信的人已經不多。^① 不過，

---

① 參見夏傳才（2006）。

即使我們認爲《春秋經》並非孔子所作，這對於我們使用《春秋經》的語料並無太大影響，因爲我們關心的不是哪部文獻由哪位先賢著作的，而是該文獻大致產生於何時。根據《春秋經》和《左氏傳》的先後關係以及《春秋經》在語言上呈現出來的特點，我們完全可以斷定，《春秋經》比較接近於西周漢語，把它定爲春秋末期以前的語料使用是沒有任何問題的。

第二節　西周中期至春秋末期的詞彙總況

西周中期至春秋末期（以下稱"第 2 期"）傳世文獻的總字量爲 37735 字次，用字 2692 個，用詞 3912 個，總詞彙量爲 31165 詞次，平均每個詞出現 7.97 次。其中，單音詞 2517 個，佔 64.3%；複音詞 1395 個，佔 35.7%。

這些詞的分佈情況如下：

出現 1 次的 1807 個；　　　　　出現 12 次的 24 個；

出現 2 次的 609 個；　　　　　出現 13 次的 27 個；

出現 3 次的 333 個；　　　　　出現 14 次的 30 個；

出現 4 次的 222 個；　　　　　出現 15 次的 17 個；

出現 5 次的 134 個；　　　　　出現 16 次的 16 個；

出現 6 次的 118 個；　　　　　出現 17 次的 14 個；

出現 7 次的 81 個；　　　　　出現 18 次的 18 個；

出現 8 次的 73 個；　　　　　出現 19 次的 18 個；

出現 9 次的 49 個；　　　　　出現 20 次的 5 個；

出現 10 次的 33 個；　　　　　出現 20 次以上的 240 個。

出現 11 次的 44 個；

其中，頻次在 474 次以上的有 5 個詞，覆蓋率爲 9.97%；頻次在 245 次以上的有 15 個詞，覆蓋率爲 20.03%；頻次在 153 次以上的有 31 個詞，覆蓋率爲 30.47%；頻次在 87 次以上的有 57 個詞，覆蓋率爲 40.24%；頻次在 48 次以上的有 104 個詞，覆蓋率爲 50.05%；頻次在 26 次以上的有

191 個詞，覆蓋率爲 60.19％；頻次在 13 次以上的有 358 個詞，覆蓋率爲 70.05％；頻次在 6 次以上的有 689 個詞，覆蓋率爲 79.82％。下面是本時期文獻中詞的覆蓋率與詞彙數量的關係表：

表 1

序號	覆蓋率分段	詞的數量（個）	詞彙纍計數量（個）
一	0—9.97％	5	5
二	9.97％—20.03％	10	15
三	20.03％—30.47％	16	31
四	30.47％—40.24％	26	57
五	40.24％—50.05％	47	104
六	50.05％—60.19％	87	191
七	60.19％—70.05％	167	358
八	70.05％—80.01％	341	699
九	80.01％—90％	767	1466
十	90％—100％	2446	3912

依據第三章第二節所説的確定常用詞的標準以及本時期詞的頻次及覆蓋率情況，我們把覆蓋率達到 79.82％、頻次在 6 次以上（大於 6 次）的詞確定爲本時期的常用詞（常用詞表見本章附録）。

本時期的常用詞共 689 個，佔該時期詞彙量（31165 詞）的 17.6％，也就是説，不到本時期詞彙量 1/5 的詞卻佔了該時期文獻中所有用詞的近 4/5。這個比例關係説明，這 689 個詞在當時的使用率是非常高的。

出現次數最多的是“之”，達到了 851 次。

第三節　西周中期至春秋末期常用詞的特點

1. 常用詞的專書性質十分明顯

下面 81 個詞都是本時期的常用詞（頻次爲 7），從它們在文獻中的分佈情況看，僅見於《詩經》的 58 個，僅見於《春秋經》的 9 個，同時見於《詩經》和《春秋經》的只有 14 個。我們用表格的形式把這些詞列在下面：（第三欄括號中的數字指在《詩經》中出現的次數）

表 2

只見於《詩經》的 58 個	只見於《春秋經》的 9 個	同時見於兩部文獻的 14 個
敖、悲、并/並、讒、昌、馳、吹、帶、顛、裁、魴、否、覆、蓋、茍、廣、虎¹、荒、江¹、敬、狂、茂、難、騤、杞¹、啓、泣、千、寢、羣、射 1、設、氏、堂、條、投、徒、違、遐、鮮、蕭¹、恤、陽¹、楊、殽¹、猗、翼、英、由、淵、願、旐、祖、福禄、赫赫、女子、威儀、征夫	叛、貞☆（楚公子）、丙午、公孫歸父☆、己未、季孫斯☆、叔孫得臣☆、孫良夫☆、乙酉	畀（6）、冰（3）、嘗（6）、盗（2）、地¹（2）、潰（4）、澰（3）、麟（6）、麥（5）、苗（6）、棄（6）、牲（1）、退（6）、屋（6）

作爲一個時期的常用詞，按理説應該在該時期的文獻中均匀分佈才是，可是這個時期的常用詞好多不是這樣，尤其是常用詞中頻次低的部分。表 2 左、中兩欄明顯地反映出該期常用詞的專書特點，至於第三欄中的這些常用詞，如果從其在《詩經》中出現的次數來看，絕大多數也呈現出專書使用上的傾向。

造成這種情況的原因，一是本時期文獻數量少（只有兩部文獻）；二是這些文獻的字數都不多（《詩經》20411 字次，《春秋經》16730 字次）；三是這兩部文獻内容上和語言上都具有明顯區別於後世文獻的特點，例如《詩經》作爲韻文，一詠三嘆的特點決定了它必然要大量使用某些特殊的虛詞（如語氣詞“兮”和被某些學者稱作詞頭詞尾的“遹”“曰”“于”等），重復使用一些並不常用的詞語（如“騤”“旐”“裁”）；而《春秋經》作爲敍事性的、真實的歷史記録，是離不開時間、地點和人物的，這樣一來，大量的時間詞語、人名和地名往往就有了比較高的使用頻率。

2. 與第 1 期傳世文獻常用詞共同的成分多

與“金文常用詞和第 1 期傳世文獻常用詞”相比，“第 2 期傳世文獻常用詞和第 1 期傳世文獻常用詞”兩者之間重合的比較多。

如果我們把金文常用詞、第 1 期傳世文獻常用詞和第 2 期傳世文獻常用詞分別看作三個圓，它們彼此相交，形成如下關係（見圖 1）：

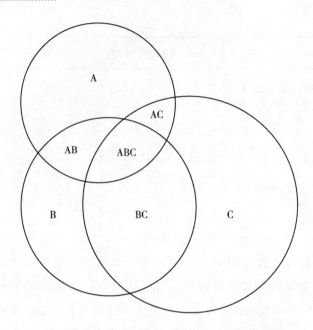

圖 1　金文常用詞、第 1 期常用詞和第 2 期常用詞關係圖

　　其中，圖 A 代表金文 390 個常用詞，圓 B 代表第 1 期傳世文獻 612 個
常用詞，圓 C 代表第 2 期傳世文獻 689 個常用詞；"ABC"爲三部分常用
詞共有的部分；"AB＋ABC"爲金文常用詞和第 1 期傳世文獻常用詞共有
的，"AC＋ABC"爲金文常用詞和第 2 期傳世文獻常用詞共有的，"BC＋
ABC"爲第 1 期常用詞和第 2 期傳世文獻常用詞共有的。三部分常用詞共
有的情況是：

　　金文與第一期傳世文獻共有的常用詞：AB＋ABC＝171 個

　　金文與第二期傳世文獻共有的常用詞：AC＋ABC＝146 個

　　第一期傳世文獻與第二期傳世文獻共有的常用詞：BC＋ABC＝325 個

　　很明顯，兩期傳世文獻之間共有的常用詞（325 個）要比金文和傳世
文獻之間共有的常用詞（分別是 171 個、146 個）多不少；另外，就金文
常用詞和傳世文獻常用詞之間的關係來看，同期（金文和第 1 期）共有的
常用詞（171 個）要比非同期（金文和第 2 期）共有的常用詞（146 個）
多。這種現象説明：第一，傳世文獻之間的常用詞具有傳承性；第二，同
期的共有常用詞要比非同期的共有常用詞共同的多，這體現了常用詞發展

的時代性。

第 2 期文獻與第 1 期文獻重合的 325 個常用詞是：

郊[1]、安、八月、白、百、邦、保、彼、俾、畀、賓、秉、伯、卜、不[1]、長、朝[1]、車、成[1]、城、乘、出、初、處、此、從、徂、大、道、得、德、定[1]、東、多、而、爾、二、發[1]、伐、反、方、飛、匪、風、否、夫、弗、服、福、福祿、父、婦、復、覆、敢、高、告、歌、弓、公、躬、鼓、故、顧、觀、歸、國、害、好、昊天、何、侯、後、胡[1]、虎[1]、懷、荒、皇[1]、黃[1]、惠、或、獲、及、吉、疾、棘[1]、極[1]、集、既、家、嘉[1]、見、降、將、教、嗟、介、今、敬、酒、居[1]、具、君、君子、可、克[1]、肯、孔、來、勞、樂、戾、良、臨、令、流、履[1]、率、亂、馬、靡、苗、滅、民、明、鳴、命、莫、謀、母、牡、乃、南、難、能、年[1]、念、寧[1]、牛、怒、女、平、七月、妻、其、豈、棄、千、遷、且、清[1]、求、裘、取、泉、羣、然、人、日、戎[1]、如、汝/女、入、若、三、桑、喪、殺、山[1]、上、尚、射[1]、涉、神、慎、生、聲、師、十、食、時、實、矢、士、式、事、室、是、視、適、首[1]、受、黍、庶、水、思、斯[1]、死、四、祀、夙夜、雖、歲、孫、所、天、天子、田、庭、同、土、萬[1]、亡、王、往、罔、威儀、爲、違、維、未、畏、謂、聞、我、無、五、武、勿、兮、西、喜[1]、遐、下、夏、先、鮮、獻、相、享、小、孝、笑、心、新、信、興、行、兄、胥、恤、言、燕[1]、羊、陽[1]、殹[1]、一、伊、衣、夷[1]、宜、儀、已、以、矣、亦、翼、飲、永、用、攸、憂、由、猶、友[1]、有[1]、又、右、于/於、予、魚、羽、雨、與、玉、遇[1]、元[1]、爰、原[1]、遠、曰、月、云、允、災/烖、哉、載、在、臧[1]、則、瞻、震、征、烝、正、之、知、執、止[1]、至、中、終、周[1]、酌、子、自、卒、祖、罪、醉、左、作、賜/錫、曷、哀

3. 詞位的書寫形式變體明顯比第 1 期傳世文獻少

第 2 期傳世文獻的常用詞數量要比第 1 期的多，但是第 2 期常用詞中有書寫形式變體的要比第 1 期少。第 1 期常用詞中有書寫形式變體的有如下 21 個：

飛/肥、福/富、福祿/苪祿、教/敫、鳴/明、羣/群、汝/女、尚/常、

祀/已、享/亨、恤/卹/血、無/无、于/於、災/灾、非/匪、恭/共[1]、丕顯/
不顯、戎/戕、愓/逷、嗚呼/烏虖/於乎、縱/從

第 2 期只有以下 8 個：

(1) 賜/錫

> 秋七月，天子使召伯來賜公命。《春秋經·成 8》
> 天王使毛伯來錫公命。《春秋經·文 1》

(2) 于/於

> 秋七月庚午，宋公、齊侯、衞侯盟于瓦屋。《春秋經·隱 8》
> 冬十有二月，齊侯、鄭伯盟於石門。《春秋經·隱 3》

(3) 災/裁

> 甲子，新宮災。三日哭。《春秋經·成 3》
> 溥斯害矣，職兄斯弘，不裁我躬？《大雅·召旻》

(4) 并/並

> 并驅從兩肩兮，揖我謂我儇兮。《齊風·還》
> 既見君子，並坐鼓瑟。《秦風·車鄰》

(5) 歎/嘆

> 每有良朋，況也詠歎。《小雅·常棣》
> 我思肥泉，茲之永嘆。《邶風·泉水》

(6) 衞/衛

> 夏，齊侯、衞侯胥命于蒲。《春秋經·桓 3》
> 齊侯之子，衛侯之妻，東宮之妹。《衛風·碩人》

(7) 游/遊

> 就其淺矣，泳之游之。《邶風·谷風》
> 駕言出遊，以寫我憂。《邶風·泉水》

(8) 鐘/鍾

> 鐘鼓既設，一朝饗之。《小雅·彤弓》
> 鍾鼓既設，舉醻逸逸。《小雅·賓之初筵》

4. 個別常用詞在書寫形式上開始發生變化

與上一期某些詞的書寫形式相比，本時期有些詞的書寫形式開始發生變化。例如，表示〖賞賜〗義的【賜】，今天一律寫作"賜"，先秦後期一般也寫作"賜"，但在戰國以前或作"易"或作"錫"，寫作"賜"的只有 1 次。具體情況如下：

金文常用詞中共出現 145 次，均用"易"。例如：

王姜<u>易</u>不壽裘，對揚王休，用作寶。(7.4060)
辛未，王在管次，<u>易</u>右史利金，(8.4131)
公<u>易</u>蝕宗彝一肆，<u>易</u>鼎二，<u>易</u>貝五朋，蝕對揚公休。(8.4159)

第 1 期傳世文獻出現 15 次，其中《尚書》1 次，《周易》3 次，《詩經·大雅》10 次，《詩經·周頌》1 次，均用"錫"。例如：

太保乃以庶邦冢君出取幣，乃復入<u>錫</u>周公。《尚書·召誥》
或<u>錫</u>之鞶帶，終朝三褫之。《周易·訟》
孝子不匱，永<u>錫</u>爾類。《大雅·既醉》
我圖爾居，莫如南土。<u>錫</u>爾介圭，以作爾寶。《大雅·崧高》

第 2 期傳世文獻共出現 11 次，1 次用"賜"，見於《春秋經》；10 次用"錫"，既見於《詩經》（8 次），又見於《春秋經》（2 次）。用"賜"的 1 例是：

秋七月，天子使召伯來<u>賜</u>公命。《春秋經·成 8》

用"錫"的如：

既見君子，<u>錫</u>我百朋。《小雅·菁菁者莪》
君子來朝，何<u>錫</u>予之？雖無予之，路車乘馬。《小雅·采菽》

> 天**錫**公純嘏，眉壽保魯。《魯頌·閟宮》
>
> 王使榮叔來**錫**桓公命。《春秋經·莊1》
>
> 天王使毛伯來**錫**公命。《春秋經·文1》

【賜】的書寫形式的變化在先秦大致經歷了三個階段：易→錫→賜。本時期是開始由古字形向今字形轉變的時期，這種現象發生在《春秋經》當中，到後來的《左氏傳》中基本上就只用"賜"了。①

5. 複合數詞與西周早中期的用法基本相同

複合數詞的用法與金文中和西周早中期傳世文獻中的用法基本相同，均在整數和零數之間加"又"（或"有"）。如"十又一""二十有七"。爲了便於説明問題，我們舉些具體的例子，先看金文中的用法：

> 唯**十又二**月初吉，王在周。（8.4240）
>
> 唯王**十又四**祀，**十又一**月丁卯，王在畢烝。（8.4208）
>
> 虘其萬年永寶用。唯**十又二**年。（8.4252）
>
> 俘戎兵盾、矛、戈、弓、箙、矢、裨胄，凡**百又卅又五**款，捊俘人**百又十又四**人。（8.4322）
>
> 賜汝邦［司］四伯，人鬲自馭至于庶人，**六百又五十又九**夫，賜夷［司］王臣**十又三**伯，人鬲**千又五十**夫。（5.2837）

在金文當中，無論是百位數和十位數之間，還是十位數和個位數之間，都用"又"，無一例外。

在傳世文獻中，複合數詞之間的"又"改用"有"，這種情況最早見於與以上金文同時代的西周早中期的傳世文獻，下面這一例是當時唯一的一例：

> 王命周公後，作冊逸誥，在**十有二**月。《尚書·洛誥》

---

① 第3期文獻共99例，用"錫"的只有如下1例，帶有引經性質："王使毛伯衛來錫公命"《左傳·文1》。

"有"和"又"的關係，根據唐鈺明（1992），"有"是從甲金文中的"又"分化出來的。由此可見，二者只是字形不同，用法完全一樣。

到了本時期，用"有"的時候就多起來了。例如：

> 冬十有二月，祭伯來。《春秋經·隱 1》
> 冬十有一月壬辰，公薨。《春秋經·隱 11》
> 十有五年春二月，天王使家父來求車。《春秋經·桓 15》
> 二十有三年春，公至自齊。《春秋經·莊公 23》

這樣的例子很多，不勝枚舉。從出處看，用"有"的都出自《春秋經》，《詩經》中沒有。這大概跟文體有關，《春秋經》是散文格式，而《詩經》是韻文格式，韻文的四言句式限制了這類複合數詞的使用。

《春秋經》中也有什麼都不用的，但很少見，只有以下兩例：

> 十六年春王正月。晉人滅赤狄甲氏及留吁。《春秋經·宣 16》
> 冬十一月己酉，楚子麇卒。《春秋經·昭》

這種情況到底是由於後來的文獻整理造成的，還是當時就已經存在這樣的用法，我們現在還說不太清楚。

整數和零數之間加"有"的用法，到了春秋末期之後，就開始逐漸減少了。爲了説明問題，這裏不妨把後期這種少有的用法也列舉出來。春秋末期以後，保留這種用法的有兩種情況，一是"有"用於十位數和個位數之間，只有兩例，分別見於《論語》和《左氏傳》中，而且均爲"十有五"：

> 昔武王克商，光有天下，其兄弟之國者十有五人。《左傳·昭 28》
> 吾十有五而志於學，三十而立……《論語·爲政》

另一種情況是，"有"用於百位數和十位數之間，這種用法稍多，有以下幾例：

> 衞之遺民男女七百有三十人，益之以共、滕之民爲五千人。（左傳·閔2）
>
> 士文伯曰："然則二萬六千六百有六旬也。"（左傳·襄30）
>
> 臣生之歲，正月甲子朔，四百有四十五甲子矣，其季於今三之一也。（左傳·襄30）

但是百位數和十位數之間也有不用的時候，例如：

> 囚華元，獲樂呂，及甲車四百六十乘，俘二百五十人，馘百。《左傳·宣2》
>
> 到了戰國中期以後，"有"或用在億位數和萬位數之間，如"凡四極之內，東西五億有九萬七千里，南北亦五億有九萬七千里"。（《呂氏春秋·有始》）或用在十位數和個位數之間，如"舜相堯二十有八載，非人之所能爲也，天也。"（《孟子·萬章上》）"孔子行年五十有一而不聞道，乃南之沛見老聃。"（《莊子·天運》）

十位數和個位數之間的"有"，更多的時候是不用，例如本時期的文獻中，"十二"出現了 12 次，"十有二"出現了 2 次；"十九"出現了 9 次，"十有九"出現了 1 次；"十七"出現了 5 次，"十有七"出現了 1 次。像前面所舉的幾例用"有"的複合數詞，都有相應的不用"有"的例子。[1]

由以上的分析可以看出，本時期複合數詞的使用跟它之前的文獻中的用法比較接近，這種用法發生變化的時期是在春秋之後。當然，到了戰國時期，這種用法也並沒有突然消失，從用與不用兩可、而且不用的情況更佔上風的情況來推斷，稱數法在戰國時期開始發生變化。

順便説明一下，在切分詞的過程中，我們本不打算把複合數詞當作詞

---

[1] 對於這種現象，是否可以這樣解釋：戰國中期以後，不用"有"是正常的，用"有"屬於返古現象，或是爲了滿足韻律上的需要。

來處理，因爲其中有些數詞很長，如"四百有四十五""二萬六千六百有六"，這部分詞從詞的長度上和心理上都難以被人們認可和接受。但是後來我們發現，先秦的稱數法很有特點，而且不同時期的數詞也有不同的特點，其用法上的變化體現了漢語詞彙拉鋸式發展的特點，如果把它們拆開的話，這個特點就很難被發現，更何況數詞別管指稱數量大小，本來就是一個整體。斟酌再三，最後我們還是把複合的數詞都當作詞來處理。

關於這個時期漢語的發展情況，周祖謨（1979/2001）指出："從西周到春秋時代（公元前 12 世紀至前 5 世紀），漢族的文化由黃河流域普及到長江流域。隨著文化的發展和社會的前進，漢語也就不斷豐富起來。當時雖然有許多諸侯國家方言不同，但經過一定時間的分歧，隨著政治、經濟、商業、交通各方面的發展，自然日趨接近，並且逐漸融合，以形成區域之間的共同語。"通過對本時期常用詞的研究，我們發現，這個時期可靠的文獻資料雖然比較匱乏，但是，無論詞彙總量還是常用詞的數量，確實都比前一個時期有所發展。

附錄　西周中期至春秋末期常用詞表

表3

序號	詞目	頻度（次）	頻率	覆蓋率
001	之	851	0.027306	0.027306
002	于/於	633	0.020311	0.047618
003	人	616	0.019766	0.067383
004	我	520	0.016685	0.084069
005	不[1]	487	0.015627	0.099695
006	其	474	0.015209	0.114905
007	有[1]	438	0.014054	0.128959
008	公	342	0.010974	0.139933
009	如	323	0.010364	0.150297
010	兮	302	0.009690	0.159987
011	伐	255	0.008182	0.168169
012	齊[2]#	252	0.008086	0.176255

续表

序號	詞目	頻度（次）	頻率	覆蓋率
013	夏	251	0.008054	0.184309
014	彼	249	0.007990	0.192299
015	年[1]	248	0.007958	0.200257
016	春	245	0.007861	0.208118
017	秋	245	0.007861	0.215979
018	冬	244	0.007829	0.223809
019	以	231	0.007412	0.231221
020	師	227	0.007284	0.238505
021	晉[1]	216	0.006931	0.245436
022	會	215	0.006899	0.252334
023	來	206	0.006610	0.258944
024	無	203	0.006514	0.265458
025	王	191	0.006129	0.271587
026	卒	189	0.006064	0.277651
027	宋♯	178	0.005712	0.283363
028	矣	178	0.005712	0.289074
029	自	169	0.005423	0.294497
030	子	162	0.005198	0.299695
031	君子	156	0.005006	0.304701
032	既	153	0.004909	0.309610
033	鄭[1]♯	152	0.004877	0.314487
034	言	146	0.004685	0.319172
035	維	144	0.004621	0.323793
036	歸	136	0.004364	0.328157
037	衛/衞♯	136	0.004364	0.332520
038	至	131	0.0042	
039	在	125	0.004011	0.340735
040	爾	124	0.003979	0.344714
041	心	124	0.003979	0.348692
042	葬	124	0.003979	0.352671
043	齊侯☆	123	0.003947	0.356618

续表

序號	詞目	頻度（次）	頻率	覆蓋率
044	及	120	0.003850	0.360468
045	帥	120	0.003850	0.364319
046	楚2#	118	0.003786	0.368105
047	何	115	0.003690	0.371795
048	盟	110	0.003530	0.375325
049	正月1	107	0.003433	0.378758
050	日	99	0.003177	0.381935
051	宋公☆	95	0.003048	0.384983
052	出	93	0.002984	0.387967
053	大	93	0.002984	0.390951
054	是	91	0.002920	0.393871
055	衛侯☆	90	0.002888	0.396759
056	公子	89	0.002856	0.399615
057	陳2#	88	0.002824	0.402439
058	止1	87	0.002792	0.405230
059	奔	86	0.002760	0.407990
060	晉侯☆	86	0.002760	0.410749
061	食	86	0.002760	0.413509
062	也	85	0.002727	0.416236
063	思	84	0.002695	0.418931
064	爲	81	0.002599	0.421531
065	鄭伯☆	81	0.002599	0.424130
066	且	75	0.002407	0.426536
067	憂	74	0.002374	0.428911
068	載	74	0.002374	0.431285
069	使	73	0.002342	0.433627
070	行	73	0.002342	0.435970
071	樂	72	0.002310	0.438280
072	七月	72	0.002310	0.440590
073	與	69	0.002214	0.442804
074	殺	67	0.002150	0.444954

序號	詞目	頻度（次）	頻率	覆蓋率
075	人	66	0.002118	0.447072
076	匪	65	0.002086	0.449158
077	郑♯	64	0.002054	0.451211
078	可	63	0.002021	0.453233
079	侵	63	0.002021	0.455254
080	曹伯☆	62	0.001989	0.457244
081	朝1	62	0.001989	0.459233
082	見	62	0.001989	0.461223
083	莫	62	0.001989	0.463212
084	四月	62	0.001989	0.465201
085	予	62	0.001989	0.467191
086	八月	61	0.001957	0.469148
087	六月	60	0.001925	0.471073
088	十有二月	60	0.001925	0.472999
089	十月	60	0.001925	0.474924
090	者	58	0.001861	0.476785
091	此	57	0.001829	0.478614
092	斯1	57	0.001829	0.480443
093	大夫	56	0.001797	0.482240
094	謂	56	0.001797	0.484037
095	五月	54	0.001733	0.485769
096	亦	54	0.001733	0.487502
097	則	53	0.001701	0.489203
098	曹♯	52	0.001669	0.490871
099	三月	52	0.001669	0.492540
100	而	51	0.001636	0.494176
101	胡1	51	0.001636	0.495813
102	采	50	0.001604	0.497417
103	或	49	0.001572	0.498989
104	孔	49	0.001572	0.500562
105	從	48	0.001540	0.502102

续表

序號	詞目	頻度（次）	頻率	覆蓋率
106	車	47	0.001508	0.503610
107	陳侯☆	47	0.001508	0.505118
108	酒	47	0.001508	0.506626
109	莒♯	47	0.001508	0.508134
110	君	47	0.001508	0.509642
111	豈	47	0.001508	0.511150
112	四	47	0.001508	0.512658
113	圍1	47	0.001508	0.514167
114	雨	47	0.001508	0.515675
115	執	47	0.001508	0.517183
116	天	46	0.001476	0.518659
117	曰	46	0.001476	0.520135
118	邾子☆	45	0.001444	0.521579
119	將	44	0.001412	0.522991
120	誰	44	0.001412	0.524402
121	水	44	0.001412	0.525814
122	二月	43	0.001380	0.527194
123	乎	43	0.001380	0.528574
124	同	43	0.001380	0.529953
125	蔡♯	42	0.001348	0.531301
126	楚子☆	42	0.001348	0.532649
127	南	42	0.001348	0.533996
128	女	42	0.001348	0.535344
129	靡	41	0.001316	0.536660
130	馬	40	0.001283	0.537943
131	美	40	0.001283	0.539227
132	聘	40	0.001283	0.540510
133	三	40	0.001283	0.541794
134	哉	40	0.001283	0.543077
135	鼓	39	0.001251	0.544329
136	居1	39	0.001251	0.545580

序號	詞目	頻度（次）	頻率	覆蓋率
137	所	39	0.001251	0.546831
138	知	39	0.001251	0.548083
139	城	38	0.001219	0.549302
140	好	38	0.001219	0.550521
141	吳1♯	38	0.001219	0.551741
142	衣	38	0.001219	0.552960
143	云	38	0.001219	0.554179
144	民	37	0.001187	0.555367
145	取	37	0.001187	0.556554
146	山1	37	0.001187	0.557741
147	中	37	0.001187	0.558928
148	事	36	0.001155	0.560083
149	滅	35	0.001123	0.561206
150	實	35	0.001123	0.562330
151	田	35	0.001123	0.563453
152	月	35	0.001123	0.564576
153	懷	34	0.001091	0.565667
154	女	33	0.001091	0.566758
155	方	33	0.001059	0.567816
156	牡	33	0.001059	0.568875
157	乃	33	0.001059	0.569934
158	朔1	33	0.001059	0.570993
159	伊	33	0.001059	0.572052
160	用	33	0.001059	0.573111
161	百	31	0.000995	0.574106
162	飛	31	0.000995	0.575100
163	夫人	31	0.000995	0.576095
164	莒子☆	31	0.000995	0.577090
165	求	31	0.000995	0.578084
166	生	31	0.000995	0.579079
167	十有一月	31	0.000995	0.580074

续表

序號	詞目	頻度（次）	頻率	覆蓋率
168	今	30	0.000963	0.581036
169	兄弟	30	0.000963	0.581999
170	許2#	30	0.000963	0.582962
171	飲	30	0.000963	0.583924
172	遠	30	0.000963	0.584887
173	室	29	0.000931	0.585817
174	滕子☆	29	0.000931	0.586748
175	只	29	0.000931	0.587678
176	北	28	0.000898	0.588577
177	俾	28	0.000898	0.589475
178	薄1	28	0.000898	0.590374
179	狄2#	28	0.000898	0.591272
180	東	28	0.000898	0.592171
181	杞伯☆	28	0.000898	0.593069
182	秦#	28	0.000898	0.593968
183	士	28	0.000898	0.594866
184	世子	28	0.000898	0.595764
185	式	28	0.000898	0.596663
186	遂1	28	0.000898	0.597561
187	道	27	0.000866	0.598428
188	多	27	0.000866	0.599294
189	弗	27	0.000866	0.600160
190	六1	27	0.000866	0.601027
191	一	27	0.000866	0.601893
192	救	26	0.000834	0.602727
193	天王	26	0.000834	0.603562
194	未	26	0.000834	0.604396
195	宜	26	0.000834	0.605230
196	作	26	0.000834	0.606064
197	嘉1	25	0.000802	0.606867
198	下	25	0.000802	0.607669

续表

序號	詞目	頻度（次）	頻率	覆蓋率
199	焉	25	0.000802	0.608471
200	邦	24	0.000770	0.609241
201	鄙	24	0.000770	0.610011
202	蔡侯☆	24	0.000770	0.610781
203	乘	24	0.000770	0.611551
204	二	24	0.000770	0.612322
205	河1	24	0.000770	0.613092
206	姜氏☆	24	0.000770	0.613862
207	良	24	0.000770	0.614632
208	能	24	0.000770	0.615402
209	弑	24	0.000770	0.616172
210	五	24	0.000770	0.616942
211	西	24	0.000770	0.617712
212	許男☆	24	0.000770	0.618482
213	野	24	0.000770	0.619252
214	魚	24	0.000770	0.620022
215	服	23	0.000738	0.620760
216	復	23	0.000738	0.621498
217	敢	23	0.000738	0.622236
218	曷	23	0.000738	0.622974
219	勞	23	0.000738	0.623712
220	桑	23	0.000738	0.624451
221	叔	23	0.000738	0.625189
222	猶	23	0.000738	0.625927
223	爰	23	0.000738	0.626665
224	瞻	23	0.000738	0.627403
225	戰	23	0.000738	0.628141
226	德	22	0.000706	0.628846
227	獨	22	0.000706	0.629552
228	鳴	22	0.000706	0.630258
229	雩	22	0.000706	0.630964

续表

序號	詞目	頻度（次）	頻率	覆蓋率
230	福	21	0.000674	0.631638
231	父母	21	0.000674	0.632312
232	麋	21	0.000674	0.632986
233	郊1	21	0.000674	0.633660
234	亂	21	0.000674	0.634333
235	命	21	0.000674	0.635007
236	念	21	0.000674	0.635681
237	寧1	21	0.000674	0.636355
238	死	21	0.000674	0.637029
239	終	21	0.000674	0.637703
240	醉	21	0.000674	0.638376
241	後	20	0.000642	0.639018
242	寐	20	0.000642	0.639660
243	遂3☆	20	0.000642	0.640302
244	永	20	0.000642	0.640943
245	左	20	0.000642	0.641585
246	哀	19	0.000610	0.642195
247	白	19	0.000610	0.642804
248	賓	19	0.000610	0.643414
249	成1	19	0.000610	0.644024
250	風	19	0.000610	0.644633
251	還	19	0.000610	0.645243
252	降	19	0.000610	0.645853
253	流	19	0.000610	0.646462
254	逝	19	0.000610	0.647072
255	淑	19	0.000610	0.647682
256	黍	19	0.000610	0.648291
257	他	19	0.000610	0.648901
258	隰	19	0.000610	0.649511
259	相	19	0.000610	0.650120
260	小邾子☆	19	0.000610	0.650730

续表

序號	詞目	頻度（次）	頻率	覆蓋率
261	薛伯☆	19	0.000610	0.651340
262	葉1	19	0.000610	0.651949
263	諸侯	19	0.000610	0.652559
264	敗	18	0.000578	0.653137
265	處	18	0.000578	0.653714
266	弟	18	0.000578	0.654292
267	集	18	0.000578	0.654869
268	克1	18	0.000578	0.655447
269	謀	18	0.000578	0.656024
270	母	18	0.000578	0.656602
271	木	18	0.000578	0.657180
272	七	18	0.000578	0.657757
273	然	18	0.000578	0.658335
274	適	18	0.000578	0.658912
275	雖	18	0.000578	0.659490
276	畏	18	0.000578	0.660067
277	已	18	0.000578	0.660645
278	又	18	0.000578	0.661223
279	臧1	18	0.000578	0.661800
280	旨	18	0.000578	0.662378
281	周1	18	0.000578	0.662955
282	伯	17	0.000545	0.663501
283	國	17	0.000545	0.664046
284	侯	17	0.000545	0.664592
285	棘1	17	0.000545	0.665137
286	兩	17	0.000545	0.665683
287	牛	17	0.000545	0.666228
288	裳	17	0.000545	0.666774
289	上	17	0.000545	0.667319
290	舍	17	0.000545	0.667865
291	碩	17	0.000545	0.668410

续表

序號	詞目	頻度（次）	頻率	覆蓋率
292	揚	17	0.000545	0.668956
293	悠悠	17	0.000545	0.669501
294	右	17	0.000545	0.670047
295	諸1	17	0.000545	0.670592
296	敗績	16	0.000513	0.671105
297	次	16	0.000513	0.671619
298	告	16	0.000513	0.672132
299	穀1	16	0.000513	0.672646
300	黃1	16	0.000513	0.673159
301	季孫行父☆	16	0.000513	0.673672
302	稷1	16	0.000513	0.674186
303	梁1	16	0.000513	0.674699
304	露1	16	0.000513	0.675213
305	佩	16	0.000513	0.675726
306	泉	16	0.000513	0.676239
307	尚	16	0.000513	0.676753
308	歲	16	0.000513	0.677266
309	薪	16	0.000513	0.677780
310	信	16	0.000513	0.678293
311	夜	16	0.000513	0.678806
312	報	15	0.000481	0.679288
313	崩	15	0.000481	0.679769
314	得	15	0.000481	0.680250
315	定1	15	0.000481	0.680732
316	婦	15	0.000481	0.681213
317	華1	15	0.000481	0.681694
318	邉	15	0.000481	0.682176
319	駕	15	0.000481	0.682657
320	期	15	0.000481	0.683138
321	遷	15	0.000481	0.683619
322	傷	15	0.000481	0.684101

序號	詞目	頻度（次）	頻率	覆蓋率
323	受	15	0.000481	0.684582
324	叔孫豹☆	15	0.000481	0.685063
325	望	15	0.000481	0.685545
326	瘩	15	0.000481	0.686026
327	儀	15	0.000481	0.686507
328	元1	15	0.000481	0.686989
329	卜	14	0.000449	0.687438
330	草	14	0.000449	0.687887
331	弓	14	0.000449	0.688336
332	谷	14	0.000449	0.688785
333	昊天	14	0.000449	0.689235
334	皇1	14	0.000449	0.689684
335	黃鳥	14	0.000449	0.690133
336	獲	14	0.000449	0.690582
337	極1	14	0.000449	0.691032
338	家	14	0.000449	0.691481
339	介	14	0.000449	0.691930
340	京師	14	0.000449	0.692379
341	具	14	0.000449	0.692828
342	門	14	0.000449	0.693278
343	壬午	14	0.000449	0.693727
344	戎1	14	0.000449	0.694176
345	喪	14	0.000449	0.694625
346	十	14	0.000449	0.695075
347	矢	14	0.000449	0.695524
348	送	14	0.000449	0.695973
349	萬1	14	0.000449	0.696422
350	往	14	0.000449	0.696871
351	勿	14	0.000449	0.697321
352	夕	14	0.000449	0.697770
353	燕1	14	0.000449	0.698219

续表

序號	詞目	頻度（次）	頻率	覆蓋率
354	游/遊	14	0.000449	0.698668
355	玉	14	0.000449	0.699118
356	鄆♯	14	0.000449	0.699567
357	災/裁	14	0.000449	0.700016
358	征	14	0.000449	0.700465
359	八	13	0.000417	0.700882
360	保	13	0.000417	0.701300
361	發1	13	0.000417	0.701717
362	父	13	0.000417	0.702134
363	季孫宿☆	13	0.000417	0.702551
364	九	13	0.000417	0.702968
365	肯	13	0.000417	0.703385
366	率	13	0.000417	0.703802
367	逆	13	0.000417	0.704219
368	平	13	0.000417	0.704637
369	淇	13	0.000417	0.705054
370	驅	13	0.000417	0.705471
371	瑟	13	0.000417	0.705888
372	視	13	0.000417	0.706305
373	手	13	0.000417	0.706722
374	束	13	0.000417	0.707139
375	説	13	0.000417	0.707557
376	絲	13	0.000417	0.707974
377	微	13	0.000417	0.708391
378	胥	13	0.000417	0.708808
379	盈	13	0.000417	0.709225
380	遇1	13	0.000417	0.709642
381	烝	13	0.000417	0.710059
382	中心	13	0.000417	0.710476
383	鐘/鍾	13	0.000417	0.710894
384	仲孫何忌☆	13	0.000417	0.711311

序號	詞目	頻度（次）	頻率	覆蓋率
385	罪	13	0.000417	0.711728
386	安	12	0.000385	0.712113
387	鹽	12	0.000385	0.712498
388	觀	12	0.000385	0.712883
389	癸亥	12	0.000385	0.713268
390	癸酉	12	0.000385	0.713653
391	令	12	0.000385	0.714038
392	邁	12	0.000385	0.714423
393	畝	12	0.000385	0.714808
394	彎	12	0.000385	0.715193
395	杞2#	12	0.000385	0.715578
396	神	12	0.000385	0.715963
397	聲	12	0.000385	0.716348
398	首1	12	0.000385	0.716734
399	叔弓	12	0.000385	0.717119
400	鼠	12	0.000385	0.717504
401	素	12	0.000385	0.717889
402	滕1#	12	0.000385	0.718274
403	亡	12	0.000385	0.718659
404	獻	12	0.000385	0.719044
405	興	12	0.000385	0.719429
406	兄	12	0.000385	0.719814
407	雪	12	0.000385	0.720199
408	乙亥	12	0.000385	0.720584
409	陟	12	0.000385	0.720969
410	苞	11	0.000353	0.721322
411	楚1	11	0.000353	0.721675
412	賜/錫	11	0.000353	0.722028
413	丁未	11	0.000353	0.722381
414	反	11	0.000353	0.722734
415	夫	11	0.000353	0.723087

续表

序號	詞目	頻度（次）	頻率	覆蓋率
416	庚辰	11	0.000353	0.723440
417	顧	11	0.000353	0.723793
418	華元☆	11	0.000353	0.724146
419	惠	11	0.000353	0.724499
420	嗟	11	0.000353	0.724852
421	老	11	0.000353	0.725205
422	履1	11	0.000353	0.725558
423	納	11	0.000353	0.725910
424	泮	11	0.000353	0.726263
425	清1	11	0.000353	0.726616
426	十有一	11	0.000353	0.726969
427	石	11	0.000353	0.727322
428	狩	11	0.000353	0.727675
429	孫林父☆	11	0.000353	0.728028
430	天子	11	0.000353	0.728381
431	庭	11	0.000353	0.728734
432	兔	11	0.000353	0.729087
433	忘	11	0.000353	0.729440
434	薇	11	0.000353	0.729793
435	戊辰	11	0.000353	0.730146
436	昔	11	0.000353	0.730499
437	笑	11	0.000353	0.730852
438	偕	11	0.000353	0.731205
439	辛巳	11	0.000353	0.731558
440	新	11	0.000353	0.731911
441	徐2♯	11	0.000353	0.732264
442	薛♯	11	0.000353	0.732617
443	羊	11	0.000353	0.732970
444	攸	11	0.000353	0.733323
445	友1	11	0.000353	0.733676
446	于嗟	11	0.000353	0.734029

续表

序號	詞目	頻度（次）	頻率	覆蓋率
447	羽	11	0.000353	0.734382
448	御—2	11	0.000353	0.734734
449	召伯☆	11	0.000353	0.735087
450	趙鞅☆	11	0.000353	0.735440
451	螽	11	0.000353	0.735793
452	仲孫蔑☆	11	0.000353	0.736146
453	舟	11	0.000353	0.736499
454	東方	10	0.000321	0.736820
455	方叔☆	10	0.000321	0.737141
456	歌	10	0.000321	0.737462
457	故	10	0.000321	0.737783
458	癸巳	10	0.000321	0.738104
459	害	10	0.000321	0.738425
460	黄2#	10	0.000321	0.738745
461	吉	10	0.000321	0.739066
462	己丑	10	0.000321	0.739387
463	林1	10	0.000321	0.739708
464	魯	10	0.000321	0.740029
465	绿	10	0.000321	0.740350
466	妻	10	0.000321	0.740671
467	戚2#	10	0.000321	0.740991
468	丘	10	0.000321	0.741312
469	壬申	10	0.000321	0.741633
470	戎2#	10	0.000321	0.741954
471	施	10	0.000321	0.742275
472	十有二	10	0.000321	0.742596
473	十有三	10	0.000321	0.742917
474	十有四	10	0.000321	0.743238
475	十有五	10	0.000321	0.743558
476	時	10	0.000321	0.743879
477	庶	10	0.000321	0.744200

续表

序號	詞目	頻度（次）	頻率	覆蓋率
478	夙夜	10	0.000321	0.744521
479	蕭蕭	10	0.000321	0.744842
480	孫	10	0.000321	0.745163
481	武	10	0.000321	0.745484
482	息	10	0.000321	0.745805
483	玁狁	10	0.000321	0.746125
484	洎	10	0.000321	0.746446
485	夷1	10	0.000321	0.746767
486	築	10	0.000321	0.747088
487	必	9	0.000289	0.747377
488	駜	9	0.000289	0.747666
489	采采	9	0.000289	0.747954
490	長	9	0.000289	0.748243
491	成2♯	9	0.000289	0.748532
492	徂	9	0.000289	0.748821
493	德音	9	0.000289	0.749110
494	丁巳	9	0.000289	0.749398
495	都	9	0.000289	0.749687
496	防2♯	9	0.000289	0.749976
497	干	9	0.000289	0.750265
498	葛1	9	0.000289	0.750554
499	公孫敖☆	9	0.000289	0.750842
500	覯	9	0.000289	0.751131
501	光2☆	9	0.000289	0.751420
502	狐	9	0.000289	0.751709
503	疾	9	0.000289	0.751997
504	己亥	9	0.000289	0.752286
505	己巳	9	0.000289	0.752575
506	忌	9	0.000289	0.752864
507	交	9	0.000289	0.753153
508	教	9	0.000289	0.753441

续表

序號	詞目	頻度（次）	頻率	覆蓋率
509	戾	9	0.000289	0.753730
510	明	9	0.000289	0.754019
511	齊子☆	9	0.000289	0.754308
512	乾侯♯	9	0.000289	0.754597
513	秦伯☆	9	0.000289	0.754885
514	琴	9	0.000289	0.755174
515	裘	9	0.000289	0.755463
516	慎	9	0.000289	0.755752
517	樹	9	0.000289	0.756040
518	碩人	9	0.000289	0.756329
519	歎/嘆	9	0.000289	0.756618
520	外	9	0.000289	0.756907
521	罔	9	0.000289	0.757196
522	舞	9	0.000289	0.757484
523	喜 1	9	0.000289	0.757773
524	小君	9	0.000289	0.758062
525	辛卯	9	0.000289	0.758351
526	辛酉	9	0.000289	0.758639
527	星	9	0.000289	0.758928
528	邢♯	9	0.000289	0.759217
529	異	9	0.000289	0.759506
530	曾孫	9	0.000289	0.759795
531	鄫♯	9	0.000289	0.760083
532	旃	9	0.000289	0.760372
533	振振	9	0.000289	0.760661
534	震	9	0.000289	0.760950
535	酌	9	0.000289	0.761239
536	阿	8	0.000257	0.761495
537	弁	8	0.000257	0.761752
538	丙戌	8	0.000257	0.762009
539	秉	8	0.000257	0.762265

续表

序號	詞目	頻度（次）	頻率	覆蓋率
540	粲	8	0.000257	0.762522
541	蒼天	8	0.000257	0.762779
542	初	8	0.000257	0.763035
543	丁丑	8	0.000257	0.763292
544	阜	8	0.000257	0.763549
545	改	8	0.000257	0.763806
546	羔	8	0.000257	0.764062
547	高	8	0.000257	0.764319
548	庚寅	8	0.000257	0.764576
549	躬	8	0.000257	0.764832
550	穀2♯	8	0.000257	0.765089
551	扈♯	8	0.000257	0.765346
552	淮夷	8	0.000257	0.765602
553	飢	8	0.000257	0.765859
554	雞	8	0.000257	0.766116
555	即位	8	0.000257	0.766373
556	甲午	8	0.000257	0.766629
557	甲戌	8	0.000257	0.766886
558	甲子	8	0.000257	0.767143
559	角	8	0.000257	0.767399
560	錦	8	0.000257	0.767656
561	駒	8	0.000257	0.767913
562	離	8	0.000257	0.768169
563	禮	8	0.000257	0.768426
564	聊	8	0.000257	0.768683
565	臨	8	0.000257	0.768940
566	零	8	0.000257	0.769196
567	魯侯☆	8	0.000257	0.769453
568	鸞	8	0.000257	0.769710
569	梅	8	0.000257	0.769966
570	南山1	8	0.000257	0.770223

续表

序號	詞目	頻度（次）	頻率	覆蓋率
571	怒	8	0.000257	0.770480
572	旂	8	0.000257	0.770736
573	瓊	8	0.000257	0.770993
574	去	8	0.000257	0.771250
575	若	8	0.000257	0.771506
576	涉	8	0.000257	0.771763
577	十有八	8	0.000257	0.772020
578	十有六	8	0.000257	0.772277
579	十有七	8	0.000257	0.772533
580	壽1	8	0.000257	0.772790
581	叔孫僑如☆	8	0.000257	0.773047
582	叔孫州仇☆	8	0.000257	0.773303
583	戍	8	0.000257	0.773560
584	祀	8	0.000257	0.773817
585	俟	8	0.000257	0.774073
586	土	8	0.000257	0.774330
587	宛1	8	0.000257	0.774587
588	萬年	8	0.000257	0.774844
589	聞	8	0.000257	0.775100
590	吴子☆	8	0.000257	0.775357
591	戊申	8	0.000257	0.775614
592	先	8	0.000257	0.775870
593	享	8	0.000257	0.776127
594	小	8	0.000257	0.776384
595	小邾＃	8	0.000257	0.776640
596	孝	8	0.000257	0.776897
597	辛丑	8	0.000257	0.777154
598	辛亥	8	0.000257	0.777411
599	役	8	0.000257	0.777667
600	音	8	0.000257	0.777924
601	原1	8	0.000257	0.778181

续表

序號	詞目	頻度（次）	頻率	覆蓋率
602	允	8	0.000257	0.778437
603	譖	8	0.000257	0.778694
604	正	8	0.000257	0.778951
605	職	8	0.000257	0.779207
606	雉	8	0.000257	0.779464
607	重	8	0.000257	0.779721
608	朱1	8	0.000257	0.779978
609	敖	7	0.000225	0.780202
610	悲	7	0.000225	0.780427
611	畀	7	0.000225	0.780651
612	冰	7	0.000225	0.780876
613	丙午	7	0.000225	0.781101
614	并/並	7	0.000225	0.781325
615	讒	7	0.000225	0.781550
616	昌	7	0.000225	0.781774
617	嘗	7	0.000225	0.781999
618	馳	7	0.000225	0.782224
619	吹	7	0.000225	0.782448
620	帶	7	0.000225	0.782673
621	盜	7	0.000225	0.782897
622	地1	7	0.000225	0.783122
623	顛	7	0.000225	0.783347
624	莪	7	0.000225	0.783571
625	魴	7	0.000225	0.783796
626	否	7	0.000225	0.784021
627	福祿	7	0.000225	0.784245
628	覆	7	0.000225	0.784470
629	蓋	7	0.000225	0.784694
630	公孫歸父☆	7	0.000225	0.784919
631	苟	7	0.000225	0.785144
632	廣	7	0.000225	0.785368

序號	詞目	頻度（次）	頻率	覆蓋率
633	赫赫	7	0.000225	0.785593
634	虎1	7	0.000225	0.785817
635	荒	7	0.000225	0.786042
636	己未	7	0.000225	0.786267
637	季孫斯☆	7	0.000225	0.786491
638	江1	7	0.000225	0.786716
639	敬	7	0.000225	0.786940
640	狂	7	0.000225	0.787165
641	潰	7	0.000225	0.787390
642	淪	7	0.000225	0.787614
643	麟	7	0.000225	0.787839
644	麥	7	0.000225	0.788064
645	茂	7	0.000225	0.788288
646	苗	7	0.000225	0.788513
647	難	7	0.000225	0.788737
648	女子	7	0.000225	0.788962
649	叛	7	0.000225	0.789187
650	騏	7	0.000225	0.789411
651	杞1	7	0.000225	0.789636
652	啓	7	0.000225	0.789860
653	泣	7	0.000225	0.790085
654	棄	7	0.000225	0.790310
655	千	7	0.000225	0.790534
656	寢	7	0.000225	0.790759
657	羣	7	0.000225	0.790983
658	射1	7	0.000225	0.791208
659	設	7	0.000225	0.791433
660	牲	7	0.000225	0.791657
661	氏	7	0.000225	0.791882
662	叔孫得臣☆	7	0.000225	0.792107
663	孫良夫☆	7	0.000225	0.792331

续表

序號	詞目	頻度（次）	頻率	覆蓋率
664	堂	7	0.000225	0.792556
665	條	7	0.000225	0.792780
666	投	7	0.000225	0.793005
667	徒	7	0.000225	0.793230
668	退	7	0.000225	0.793454
669	威儀	7	0.000225	0.793679
670	違	7	0.000225	0.793903
671	屋	7	0.000225	0.794128
672	遏	7	0.000225	0.794353
673	鮮	7	0.000225	0.794577
674	蕭1	7	0.000225	0.794802
675	恤	7	0.000225	0.795026
676	陽1	7	0.000225	0.795251
677	楊	7	0.000225	0.795476
678	殺1	7	0.000225	0.795700
679	猗	7	0.000225	0.795925
680	乙酉	7	0.000225	0.796150
681	翼	7	0.000225	0.796374
682	英	7	0.000225	0.796599
683	由	7	0.000225	0.796823
684	淵	7	0.000225	0.797048
685	願	7	0.000225	0.797273
686	旐	7	0.000225	0.797497
687	貞☆	7	0.000225	0.797722
688	征夫	7	0.000225	0.797946
689	祖	7	0.000225	0.798171

第四章　春秋末期至戰國中期常用詞及其特點

第一節　語料的文獻學分析

這個時期比較可靠的文獻有《論語》、《春秋左氏傳》和《商君書》。

1.《論語》

《論語》，全書二十篇，四百九十二章，共計 35370 字。

關於《論語》的作者和成書年代，《漢書·藝文志》最早有記載："《論語》者，孔子應答弟子時人及弟子相與言，而接聞于夫子之語也。當時弟子各有所記，夫子既卒，門人相與輯而論纂，故謂之《論語》。"此後，人們對《論語》的作者到底是孔子的弟子，還是孔子的弟子曾子的弟子們，曾經展開過爭論。現在比較流行的意見是，《論語》的作者不是一人，其中既有孔子的弟子，又有曾參的弟子。① 至於《論語》的成書時間，人們的意見倒比較一致，認爲成于春秋末年至戰國初年。如楊伯峻先生指出："我們説《論語》的著筆當開始於春秋末期，而編輯成書則在戰國初期，大概是接近于歷史事實的。"② 此後，劉建國（2004：190）也主張"作于春秋末年到戰國初年，是孔子弟子和再傳弟子合編的"，曹道衡、劉躍進（2005）亦謂"大抵此書雖多記孔子言行而有時涉及'七十子'的弟子，則成書當在孔子身後，有可能成于戰國初"。同意這一意見的還有徐洪興（1992）和夏傳才（2006）。

---

① 《論語譯註·導言》，中華書局 1980 年版。

② 同上。

2.《春秋左氏傳》

《春秋左氏傳》又名《左氏春秋》，今人多簡稱爲《左氏傳》或《左傳》。

關於《左傳》的作者，概括起來有三种意見：第一，認爲是魯國太史左丘明。這以司馬遷、班固等爲代表。司馬遷説："魯君子左丘明懼弟子人人異端，各安其意，失其真，故因孔子史記具論其語，成《左氏春秋》。"① 班固亦云："孔子因魯史記而作《春秋》，而左丘明論輯其事以爲之傳。"② 第二，認爲是左丘明先作的，只是沒作完，後來又經過他人的增補才完成。這種觀點以張心澂（1988）爲代表，他説："古時的史官多是世襲的，左丘明作這部《左氏春秋》，爲孔子《春秋》的輔佐。他沒有做完就死了，他的後人繼續做，所以所記的事有很晚。"第三，認爲是劉歆僞造的，以劉逢祿的《左氏春秋考證》和康有爲的《新學僞經攷》爲代表。對於劉逢祿和康有爲的意見，楊伯峻有過評論，我們不妨摘録如下：

> 康有爲接受劉逢祿《左氏春秋考證》的論點，更加穿鑿附會，因此指《左傳》等書爲僞經。他寫了《新學僞經攷》《孔子改制攷》等書。這些書在當時政治上起的作用，自然應該另行論定。至於在學朮上，卻毫無是處。章炳麟作《春秋左傳讀敘録》，一條一條地駁斥劉逢祿，讀者無妨把這兩部書大致翻看一遍。至於康有爲的書，既不必看，更不值得駁斥。（《春秋左傳譯註·前言》）

夏傳才（2006）也認爲："清代劉逢祿《左氏春秋考證》和康有爲《新學僞經攷》，又斷言《左傳》爲劉歆僞作，但頗多臆斷之詞，今人從此説者甚少。"看來，劉歆僞造説缺乏足夠的事實作根據。

如果第三種意見不成立的話，剩下的兩種意見別管是哪一種，對我們的研究來説都不算問題。因爲不管《左傳》是左丘明獨撰的還是後來又經過他人的補充，都沒有否認《左傳》成於秦以前。至於《左傳》完成的具體時間，據楊伯峻《春秋左傳注·前言·左傳成書年代》考證，該書大致

---

① 《史記·十二諸侯年表》。

② 《漢書·司馬遷傳讚》。

完成於"公元前403年魏斯爲侯之後，周安王十三年（公元前389年）以前"，王和（2003）認爲"《左傳》的成書年代應在公元前375至公元前360年之間"，這個時間雖然比楊伯峻說的稍晚了些，不過也相差不多，這倒更能證明《左傳》當成於戰國中期前後。這一結論對於我們研究來講，已經足夠，因爲我們不關心它具體成於哪一年，只要知道它成於某個時期就行了，成書年代上相差幾十年，不會改變語料的語言性質。

作爲先秦的語料，《左傳》對於漢語史研究是很重要的，這是因爲，《左傳》"大致保持了上古漢語詞彙的歷史原貌"，它作爲"經書的特殊地位，使得此書在語言文字上的改動不會很大"，（毛遠明，1999）因此成爲人們研究當時漢語詞彙面貌的相當理想的語言材料。

3.《商君書》

《商君書》，又名《商君》或《商子》，原題商鞅撰。

今本《商君書》存目26篇，有目無書（第十六篇和第二十一篇）的兩篇，這樣，今本實際只有24篇。

《商君書》也有真僞問題，《商君書》的真僞主要集中在作者是否商鞅上。最早懷疑《商君書》作者的是宋人黃震，他在《黃氏日抄》中說："或疑鞅亦法吏之有才者，其書不應煩亂若此，真僞殆未可知。"後來胡適（1997）根據《商君書》的内容斷定"《商君書》是假書"，而且他認爲"商君是一個實行的政治家，沒有法理學的書"。不過，也有人認爲《商君書》是真書，呂思勉（1995）說："今《商君書》精義雖不逮管、韓之多，然要爲古書，非僞撰。"同意此說的還有曹道衡、劉躍進（2005）和劉建國（2004），曹道衡和劉躍進（2005）指出："現在所能肯定的是今本《商君書》雖屬先秦古書，卻並非一人一時所作。"

《商君書》的作者雖然說不清楚，但其產生年代比較肯定。據蔣禮鴻《商君書錐指·敍》（中華書局1986年版）稱，"其書必漢以前人所造，非後之淺陋者所能僞爲"。李定生（1992：65）亦謂《商君書》"是先秦廣爲流行的法家著作"。高亨（1974）認爲，《商君書》"各篇並非作于一人，也非寫于一時，可以說它是商君遺著與其他法家遺著的合編"。而且"《商君書》在戰國時代已有傳本"。綜合以上各家意見，我們可以肯定，《商君書》成於戰國時代。

　　最後還需要説明的是，春秋以後的先秦文獻常常徵引《詩》《書》《易》的内容，如《論語·學而篇》：子貢曰："《詩》云：'如切如磋，如琢如磨。'其斯之謂與?"子貢所謂的《詩》是指《詩經》中《衛風·淇奥》。《淇奥》一詩，是歌頌周武王的作品，大概作於西周前期，這在時間上比《論語》早了五六百年。《論語》和《淇奥》在今天看來，雖然都是先秦的作品，但畢竟不屬于同一時代的文獻，因此爲保證語料的純潔，我們在使用後來的文獻作爲語料時，需要把其中引早期文獻的内容剔除出去。

　　下面是本期文獻中需要剔除的内容：

一　《論語》中的引文

1.《論語》引《詩經》的内容：

　　　　如切如磋，如琢如磨。（學而）
　　　　相維辟公，天子穆穆。（八佾）
　　　　戰戰兢兢，如臨深淵，如履薄冰。（泰伯）
　　　　不忮不求，何用不臧?（子罕）
　　　　誠不以富，亦祇以異。（顏淵）

2.《論語》引《尚書》的内容：

　　　　孝乎惟孝，友于兄弟，施於有政。（爲政）
　　　　高宗諒陰，三年不言。（憲問）

二　《左傳》中的引文

1.《左傳》引《詩經》的内容：

　　　　孝子不匱，永錫爾類。（隱1）

殷受命咸宜，百禄是荷。《商頌》（隱 3）

自求多福。（桓 1）

君子屢盟，亂是用長。（桓 12）

本枝百世。（莊 6）

翹翹車乘，招我以弓。豈不欲往？畏我友朋。（莊 22）

鳳皇于飛，和鳴鏘鏘。有嬀之後，將育于姜。五世其昌，並于正卿。八世之後，莫之與京。（莊 22）

豈不懷歸？畏此簡書。（閔 1）

懷德惟寧，宗子惟城。（僖 5）

不識不知，順帝之則。（僖 9）

不僭不賊，鮮不爲則。（僖 9）

白圭之玷，尚可磨也；斯言之玷，不可爲也。（僖 9）

人之無良。（僖 9）

愷悌君子，神所勞矣。（僖 12）

下民之孽，匪降自天。僔沓背憎，職競由人。（僖 15）

刑于寡妻，至于兄弟，以御于家邦。（僖 19）

豈不夙夜，謂行多露。（僖 20）

協比其鄰，昏姻孔云。（僖 22）

戰戰兢兢，如臨深淵，如履薄冰。（僖 22）

敬之敬之！天惟顯思，命不易哉！（僖 22）

常棣之華，鄂不KK，凡今之人，莫如兄弟。（僖 22）

彼己之子，不稱其服。（僖 24）

自詒伊慼。（僖 24）

地平天成。（僖 24）

兄弟鬩于牆，外禦其侮。（僖 24）

惠此中國，以綏四方。（僖 28）

采葑采菲，無以下體。（僖 33）

大風有隧，貪人敗類。聽言則對，誦言如醉。匪用其良，覆俾我悖。（文 1）

君子如怒，亂庶遄沮。（文 2）

王赫斯怒，爰整其旅。（文 2）

毋念爾祖，聿修厥德。（文 2）

春秋匪解，享祀不忒，皇皇后帝，皇祖后稷。《魯頌》（文 2）

問我諸姑，遂及伯姊。（文 2）

于以采蘩，于沼、于沚。于以用之？公侯之事。（文 3）

夙夜匪解，以事一人。（文 3）

詒厥孫謀，以燕翼子。（文 3）

畏天之威，于時保之。（文 4）

惟彼二國，其政不獲；惟此四國，爰究爰度。（文 4）

人之云亡，邦國殄瘁。（文 6）

剛亦不吐，柔亦不茹。（文 10）

毋縱詭隨，以謹罔極。（文 10）

胡不相畏？不畏于天。（文 15）

畏天之威，于時保之。《周頌》（文 15）

靡不有初，鮮克有終。（宣 2）

袞職有闕，惟仲山甫補之。（宣 2）

我之懷矣，自詒伊慼。（宣 2）

民之多辟，無自立辟。（宣 9）

文王既勤止。（宣 11）

元戎十乘，以啓先行。（宣 12）

載戢干戈，載櫜弓矢。我求懿德，肆于時夏，允王保之。《頌》
（宣 12）

耆定爾功。《頌·武》（宣 12）

鋪時繹思，我徂維求定。《頌·武》（宣 12）

綏萬邦，屢豐年。《頌·武》（宣 12）

亂離瘼矣，爰其適歸。（宣 12）

陳錫哉周。（宣 15）

戰戰兢兢，如臨深淵，如履薄冰。（宣 16）

君子如怒，亂庶遄沮。君子如祉，亂庶遄已。（宣17）

孝子不匱，永錫爾類。（成2）

我疆我理，南東其畝。（成2）

盡東其畝。（成2）

布政優優，百祿是遒。（成2）

濟濟多士，文王以寧。（成2）

不解于位，民之攸墍。（成2）

敬之敬之！天惟顯思，命不易哉！（成4）

不弔昊天，亂靡有定。（成7）

女也不爽，士貳其行。士也罔極，二三其德。（成8）

猶之未遠，是用大簡。（成8）

愷悌君子，遐不作人？（成8）

雖有絲、麻，無棄菅、蒯；雖有姬、姜，無棄蕉萃；凡百君子，莫不代匱。（成9）

赳赳武夫，公侯干城。（成12）

赳赳武夫，公侯腹心。（成12）

兕觥其觩，旨酒思柔。彼交匪傲，萬福來求。（成14）

立我烝民，莫匪爾極。（成16）

其惟哲人，告之話言，順德之行。（襄2）

爲酒爲醴，烝畀祖妣，以洽百禮，降福孔偕。（襄2）

惟其有之，是以似之。（襄3）

周道挺挺，我心扃扃。講事不令，集人來定。（襄5）

豈不夙夜，謂行多露。（襄7）

弗躬弗親，庶民弗信。（襄7）

靖共爾位，好是正直。神之聽之，介爾景福。（襄7）

退食自公，委蛇委蛇。（襄7）

俟河之清，人壽幾何？兆云詢多，職競作羅。《周詩》（襄8）

謀夫孔多，是用不集。發言盈庭，誰敢執其咎？如匪行邁謀，是用不得于道。（襄8）

有力如虎。（襄 10）

樂只君子，殿天子之邦。樂只君子，福祿攸同。便蕃左右，亦是帥從。（襄 11）

儀刑文王，萬邦作孚。（襄 13）

大夫不均，我從事獨賢。（襄 13）

不弔昊天，亂靡有定。（襄 13）

行歸于周，萬民所望。（襄 14）

嗟我懷人，寘彼周行。（襄 15）

優哉游哉，聊以卒歲。（襄 21）

有覺德行，四國順之。（襄 21）

惠我無疆，子孫保之。（襄 21）

慎爾侯度，用戒不虞。（襄 22）

樂只君子，邦家之基。（襄 24）

夙夜匪解，以事一人。（襄 25）

我躬不說，遑恤我後。（襄 25）

彼日而食，于何不臧。（襄 25）

不僭不濫，不敢怠皇。命于下國，封建厥福。《商頌》（襄公 26）

人之云亡，邦國殄瘁。（襄 26）

彼己之子，邦之司直。（襄 27）

何以恤我，我其收之。（襄 27）

王事靡盬，不遑啓處。（襄 29）

協比其鄰，昏姻孔云。（襄 29）

君子屢盟，亂是用長。（襄 29）

文王陟降，在帝左右。（襄 30）

淑慎爾止，無載爾偽。（襄 30）

辭之輯矣，民之協矣；辭之繹矣，民之莫矣。（襄 31）

誰能執熱，逝不以濯。（襄 31）

靡不有初，鮮克有終。（襄 31）

敬慎威儀，惟民之則。（襄 31）

威儀棣棣，不可選也。（襄 31）

朋友攸攝，攝以威儀。《周詩》（襄 31）

不識不知，順帝之則。（襄 31）

不僭不賊，鮮不爲則。（昭 1）

赫赫宗周，褒姒滅之。（昭 1）

無競唯人。（昭 1）

不侮鰥寡，不畏彊禦。（昭 1）

敬慎威儀，以近有德。（昭 2）

君子如祉，亂庶遄已。（昭 3）

人而無禮，胡不遄死。（昭 3）

禮義不愆，何恤於人言？（昭 4）

有覺德行，四國順之。（昭 5）

儀式刑文王之德，日靖四方。（昭 6）

儀刑文王，萬邦作孚。（昭 6）

宗子維城，毋俾城壞，毋獨斯畏。（昭 6）

爾之教矣，民胥效矣。（昭 6）

普天之下，莫非王土；率土之濱，莫非王臣。（昭 7）

鶺鴒在原，兄弟急難。（昭 7）

死喪之威，兄弟孔懷。（昭 7）

君子是則是效。（昭 7）

或燕燕居息，或憔悴事國。（昭 7）

哀哉不能言，匪舌是出，唯躬是瘁。哿矣能言，巧言如流，俾躬處休（昭 7）

經始勿亟，庶民子來。（昭 9）

陳錫載周。（昭 10）

德音孔昭，視民不佻。（昭 10）

不自我先，不自我後。（昭 10）

祈招之愔愔，式昭德音。思我王度，式如玉，式如金。形民之力，而無醉飽之心。（昭 12）

元戎十乘，以先啓行。（昭 13）

樂只君子，邦家之基。（昭 13）

宗周既滅，靡所止戾。正大夫離居，莫知我勩。（昭 16）

亦有和羹，既戒既平。鬷嘏無言，時靡有爭。（昭 20）

德音不瑕。（昭 20）

民亦勞止，汔可小康；惠此中國，以綏四方。（昭 20）

毋從詭隨，以謹無良；式遏寇虐，慘不畏明。（昭 20）

柔遠能邇，以定我王。（昭 20）

不競不絿，不剛不柔，布政優優，百禄是遒。（昭 20）

不解于位，民之攸墍。（昭 21）

無念爾祖，聿修厥德。（昭 23）

缾之罄矣，惟罍之恥。（昭 24）

誰生厲階，至今爲梗。（昭 24）

人之云亡，心之憂矣。（昭 25）

惟此文王，小心翼翼。昭事上帝，聿懷多福。厥德不回，以受方
國。（昭 26）

我無所監，夏后及商。用亂之故，民卒流亡。（昭 26）

雖無德與女，式歌且舞。（昭 26）

民之多辟，無自立辟。（昭 28）

惟此文王，帝度其心。莫其德音，其德克明。克明克類，克長克
君。王此大國，克順克比。比于文王，其德靡悔。既受帝祉，施于孫
子。（昭 28）

永言配命，自求多福。（昭 28）

敬天之怒，不敢戲豫；敬天之渝，不敢馳驅。（昭 32）

高岸爲谷，深谷爲陵。（昭 32）

柔亦不茹，剛亦不吐。不侮矜寡，不畏彊禦。（定 4）

蔽芾甘棠，勿翦勿伐，召伯所茇。（定 9）

人而無禮，胡不遄死？（定 10）

爰始爰謀，爰契我龜。（哀 2）

不解于位，民之攸墍。（哀 5）

不僭不濫，不敢怠皇，命以多福。《商頌》（哀 5）

無競惟人，四方其順之。（哀 26）

2.《左傳》引《尚書》的内容：

惡之易也，如火之燎于原，不可鄉邇，其猶可撲滅？（隱 6）

皋陶邁種德，德，乃降。《夏書》（莊 8）

惡之易也，如火之燎于原，不可鄉邇，其猶可撲滅。《商書》（莊 14）

皇天無親，惟德是輔。《周書》（僖 5）

黍稷非馨，明德惟馨。《周書》（僖 5）

民不易物，惟德繄物。《周書》（僖 5）

乃大明，服。《周書》（僖 23）

賦納以言，明試以功，車服以庸。《夏書》（僖 27）

父不慈，子不祗，兄不友，弟不共，不相及也。《康誥》（僖 33）

沈漸剛克，高明柔克。《商書》（文 5）

戒之用休，董之用威，勸之以九歌，勿使壞。《夏書》（文 7）

毁則爲賊，掩賊爲藏。竊賄爲盜，盜器爲姦。主藏之名，賴姦之用，爲大凶德，有常，無赦。在九刑不忘。《誓命》（文 18）

慎徽五典，五典克從……納于百揆，百揆時序……賓于四門，四門穆穆。《虞書》（文 18）

殪戎殷。《周書》（宣 6）

庸庸祗祗。《周書》（宣 15）

明德慎罰。《周書》（成 2）

三人占，從二人。《商書》（成 6）

不敢侮鰥寡。《周書》（成 6）

惟命不于常。《周書》（成 16）

怨豈在明？不見是圖。《夏書》（成 16）

無偏無黨，王道蕩蕩。《商書》（襄 3）

成允成功。《夏書》（襄 5）

居安思危。（襄 11）

一人有慶，兆民賴之，其寧惟永。（襄 13）

遒人以木鐸徇於路，官師相規，工執藝事以諫。《夏書》（襄 14）

聖有謨勳，明徵定保。（襄 21）

念茲在茲，釋茲在茲，名言茲在茲，允出茲在茲，惟帝念功。《夏書》（襄 21）

念茲在茲。《夏書》（襄 23）

慎始而敬終，終以不困。（襄 25）

與其殺不辜，寧失不經。（襄 26）

亂者取之，亡者侮之。推亡、固存，國之利也。《仲虺之志》（襄 30）

民之所欲，天必從之。《大誓》（襄 31）

大國畏其力，小國懷其德。《周書》（襄 31）

民之所欲，天必從之。《大誓》（昭 1）

聖作則。（昭 6）

惠不惠，茂不茂。《周書》（昭 8）

欲敗度，縱敗禮。（昭 10）

昏、墨、賊，殺。《夏書》（昭 14）

辰不集于房，瞽奏鼓，嗇夫馳，庶人走。《夏書》（昭 17）

紂有億兆夷人，亦有離德；余有亂臣十人，同心同德。《大誓》（昭 20）

惟彼陶唐，帥彼天常，有此冀方。今失其行，亂其紀綱，乃滅而亡。《夏書》（哀 6）

允出茲在茲。《夏書》（哀 6）

其有顛越不共，則劓殄無遺育，無俾易種于茲邑。《盤庚之誥》（哀 11）

官占唯能蔽志，昆命于元龜。《夏書》（哀 18）

3.《左傳》引其他書的内容：

允當則歸。《軍志》（僖 28）

知難而退。《軍志》（僖 28）

有德不可敵。《軍志》（僖 28）

敵惠敵怨，不在後嗣，忠之道也。《前志》（文 6）

畏首畏尾，身其餘幾？《古人言》（文 17）

鹿死不擇音。《古人言》（文 17）

則以觀德，德以處事，事以度功，功以食民。《周禮》（文 18）

先人有奪人之心。《軍志》（宣 12）

非我族類，其心必異。《史佚之志》（成 4）

楚師輕窕，固壘而待之，三日必退。退而擊之，必獲勝焉。《欒
書》（成 16）

有窮后羿。《夏訓》（襄 4）

多行無禮，必自及也。《志》（襄 4）

勇則害上，不登於明堂。《周志》（襄 25）

言以足志，文以足言。《志》（襄 25）

安定國家，必大焉先。《鄭書》（襄 30）

能敬無災。《志》（昭 3）

敬逆來者，天所福也。《志》（昭 3）

昧旦丕顯，後世猶怠。《讒鼎》（昭 3）

克己復禮，仁也。《古志》（昭 12）

先人有奪人之心，後人有待其衰。《軍志》（昭 21）

鸜之鵒之，公出辱之。鸜鵒之羽，公在外野，往饋之馬。鸜鵒跦
跦，公在乾侯，徵褰與襦。鸜鵒之巢，遠哉遙遙，裯父喪勞，宋父以
驕。鸜鵒鸜鵒，往歌來哭。《童謠》（昭 25）

惡直醜正，實蕃有徒。《鄭書》（昭 28）

聖人不煩卜筮。《志》（哀 18）

師出以律，否臧凶。《易》（宣 12）

隨，元、亨、利、貞，無咎。《易》（襄 9）

迷復，凶。《易》（襄 28）

觀國之光，利用賓于王。……觀國之光，利用賓于王。……利用賓于王。《易》（莊 22）

士刲羊，亦無衁也；女承筐，亦無貺也。《易》（僖 15）

公用享于天子。《易》（僖 25）

爲子祀。……明夷于飛。……垂其翼。……君子于行。……三日不食。……有攸往。主人有言。……其名曰牛。其爲子後乎。《易》（昭 5）

元亨。……利建侯。《易》（昭 7）

潛龍勿用。……見龍在田。……飛龍在天。……亢龍有悔。……見羣龍無首，吉。……龍戰于野。《易》（昭 29）

困于石，據于蒺藜，入于其宮，不見其妻，凶。《易》（襄 25）

南國蹙，射其元王，中厥目。《易》繇辭（成 16）

最後需要説明，剔除以上內容以後，《論語》和《左傳》的用字量和用詞量跟剔除之前的統計相比，要少一些。這就是爲什麼本書的統計數字與前人的統計數字不一樣的原因。

第二節　春秋末期至戰國中期的詞彙總況

春秋末期至戰國中期（以下稱“第 3 期”）傳世文獻的總字量爲212046 字次（不含引文，下同），用字 3503 個，有詞 10119 個，總詞彙量爲 185090 詞次，平均每個詞出現 18.3 次。

這些詞的分佈情況如下：

出現 1 次的 4367 個。

出現 2 次的 1678 個；

出現 3 次的 878 個；

出現 4 次的 550 個；

出現 5 次的 363 個；

出現 6 次的 240 個；

出現 7 次的 195 個；

出現 8 次的 175 個；

出現 9 次的 123 個；

出現 10 次的 104 個；

出現 11 次的 89 個；

出現 12 次的 70 個；

出現 13 次的 59 個；

出現 14 次的 66 個；

出現 15 次的 55 個；

出現 16 次的 42 個；

出現 17 次的 43 個；

出現 18 次的 31 個；

出現 19 次的 33 個；

出現 20 次的 39 個；

出現 21 次的 39 個；

出現 22 次的 27 個；

出現 23 次的 31 個；

出現 24 次的 33 個；

出現 25 次的 27 個；

出現 26 次的 13 個；

出現 27 次的 22 個；

出現 28 次的 24 個；

出現 29 次的 17 個；

出現 30 次的 14 個；

出現 31 次的 7 個；

出現 32 次的 15 個；

出現 33 次的 12 個；

出現 34 次的 10 個；

出現 35 次的 7 個；

出現 36 次的 12 個；

出現 37 次的 7 個；

出現 38 次的 13 個；

出現 39 次的 12 個；

出現 40 次的 8 個；

出現 41 次的 11 個；

出現 42 次的 13 個；

出現 43 次的 7 個；

出現 44 次的 3 個；

出現 45 次的 4 個；

出現 46 次的 11 個；

出現 47 次的 6 個；

出現 48 次的 5 個；

出現 49 次的 7 個；

出現 50 次的 7 個；

出現 51 次的 11 個；

出現 52 次的 3 個；

出現 53 次的 7 個；

出現 54 次的 6 個；

出現 55 次的 10 個；

出現 56 次的 5 個；

出現 57 次的 8 個；

出現 58 次的 5 個；

出現 59 次的 7 個；

出現 60 次的 4 個；

出現 60 次以上的 428 個。

其中，頻次在 347 次以上的有 89 個詞，覆蓋率爲 50.12％；頻次在

194 次以上的有 160 個詞，覆蓋率爲 60.03％；頻次在 96 次以上的有 297 個詞，覆蓋率爲 70.08％；頻次在 37 次以上的有 601 個詞，覆蓋率爲 80.04％。下面是本時期文獻中詞的覆蓋率與詞彙數量的關係表：

表 1   第 3 期文獻詞的覆蓋率與詞彙數量的關係

序號	覆蓋率分段	詞的數量（個）	詞彙纍計數量（個）
一	0—9.56％	3	3
二	9.56％—20.78％	6	9
三	20.78％—30.23％	14	23
四	30.23％—40.06％	24	47
五	40.06％—50.12％	42	89
六	50.12％—60.03％	71	160
七	60.03％—70.03％	136	296
八	70.03％—80.02％	304	600
九	80.02％—90％	1082	1682
十	90％—100％	8437	10119

由表 1 可以看出，頻次最高的前 89 個詞佔了文獻全部用詞（185090 詞次）的一半多（50.12％），而其餘的 10030 個詞佔該時期文獻的一半不到。這些數字再一次證明，我們依據詞的頻次和覆蓋率來確定文獻中的常用詞是靠得住的。

根據本時期詞的頻次及覆蓋率，我們確定前 601 個詞爲本時期的常用詞，這些詞的頻次均在 37 次以上（不含 37 次），平均頻次爲 246.5 次，這 601 個常用詞佔該時期全部詞彙（10119 個）的 5.9％，在該時期的文獻中覆蓋率卻達到了 80.04％。

本時期的常用詞表見本章附錄。

第三節　春秋末期至戰國中期常用詞的特點

1. 複音詞所佔比例小，而且專名佔了複音詞的三分之一

601 個常用詞中共出現 65 個複音詞，這些複音詞大致有以下幾類：

十一個月份名稱：正月、三月、四月、五月、六月、七月、八月、九

月、十月、十一月、十二月。

指人的專名：子産☆、孔子☆、叔向☆、子貢☆、子路☆、趙孟[4]☆、子大叔☆、仲尼☆、吳子☆、宣子[1]☆、季孫☆。

由專名和一般詞語構成的：季氏[2]、齊侯、晉侯、衛侯、鄭伯、秦伯、周公、宋公、楚子、秦國、晉國。

語法詞：至於／至于、無乃、可以、於是／于是、以爲、而已。

一般詞語：先王、天下、天子、大子、王子、公子、王室、即位、寡君、寡人、敝邑、吾子、大夫、令尹、司馬／司武、執事、社稷、諸侯、聖人、君子、小人、夫人、夫子、國人、法令、中軍。

專名部分，月份名稱中只有"二月"沒有進入常用詞的範圍，不過從出現的次數看，"二月"出現 36 次，差 2 次不夠常用詞的資格。

從理論上講，大量專名進入常用詞是不正常的，但是之所以會出現這種現象，跟文獻的體裁和內容有關，這一點我們在第二章講金文常用詞特點的時候已經說過，本時期常用詞的情況進一步證實了前面我們的說法。本期文獻中的《左傳》是一部編年體記事性質的散文著作，體裁上的這一特點決定了它必然要大量使用人名、地名和時間名詞，也正是由於這個原因，上面列舉的一些專名和一些本來使用範圍很窄的詞就成了常用詞。爲了進一步說明常用詞的這一特點，我們看一下它們在本期三部文獻中的分佈情況：

表 2　　　　　　　　　　　　　　　　　　　　　　單位：次

常用詞	在不同文獻中出現的次數			次數（總計）
	《論語》	《商君書》	《左傳》	
正月	0	0	42	42
三月	0	0	57	57
四月	0	0	57	57
五月	0	0	57	57
六月	0	0	67	67
七月	0	0	50	50
子産☆	3	0	155	158
孔子☆	69	0	10	79
叔向☆	0	0	99	99

续表

常用詞	在不同文獻中出現的次數			次數（總計）
	《論語》	《商君書》	《左傳》	
子貢☆	44	0	6	50
子路☆	48	0	4	52
趙孟⁴☆	0	0	55	55
天下	23	59	28	110
天子	1	4	54	59
大子	0	0	170	170
王子	0	0	63	63
寡君	0	0	185	185
吾子	0	0	79	79
社稷	2	2	88	92
諸侯	5	13	509	527
聖人	4	36	11	51
君子	107	5	167	277
小人	24	6	40	70
國人	0	0	82	82
法令	0	38	0	38
中軍	0	0	48	48

　　表中所舉的例子是隨意選取的，有些沒有舉到的常用詞比表中的某些常用詞分佈更不均勻，如"敝邑""即位"。

　　表中的 26 個常用詞同時出現在三部文獻中的有 7 個，出現在兩部文獻中的有 4 個，其餘 15 個只出現在某一部文獻中，其中只出現在《商君書》中的只有"法令"（而且只出現在《定分》一篇中），只出現在《左傳》中的有 14 個，只出現在《論語》中的沒有；即使在三部文獻或兩部文獻中同時出現的詞，其頻次也是不均衡的。這種現象説明了先秦文獻中的某些常用詞帶有專書性質。①

　　2. 單音節常用詞具有書寫形式變體的很多

　　這種情況與前一個階段相比大不相同。本期單音節常用詞中有書寫形

---

① 參見第三章第三節。

式變體的共 44 個：

於/于、爲/僞、無/亡、故/姑、欲/慾、三/參、謂/爲、彊/强、强、衆/眾、往/迂、棄/弃、德/悳、叛/畔、反/返、已/以、納/内、享/饗/亨、御/禦、姦/奸、賜/錫、狄/翟、由/繇、聞/間、悅/説、禦/御、願/愿、授/受、恭/共、背/北、列/劉、寧/寧、盜/盗、游/遊、避/辟、境/竟、咎/皋、娶/取、羣/群、儺/讙、弔/吊、撫/拊、率/帥、又/有、啓/啟

試舉幾例並作説明如下：

（1）爲/僞

　　　　我僞逃楚，可以紓憂。《左傳・成 16》

《群經平議・春秋左傳二》俞樾按：“爲、僞古通用。”又，《讀書雜誌・戰國策第一・秦》“蘇代僞爲齊王曰”王念孫按：“僞，與爲古同字。”此處之“僞”即當作“爲”。

（2）故/姑

　　　　堅稽首曰：“拜命之辱。抑君賜不終，姑又使其刑臣禮於士。”《左傳・襄 17》
　　　　楊伯峻《春秋左傳注》：“姑借爲故，故意。”

（3）欲/慾

　　　　子曰：“棖也慾，焉得剛。”《論語・公冶長》

魏何晏集解引孔安國曰：“慾，多情慾也，本作欲。”欲，《説文・欠部》“貪欲也”。“多情慾”與“貪欲”均表示心裏的需求，二義明顯相關，當屬於一個詞的不同義位變體，而詞形上分別寫作“欲”和“慾”。

（4）境/竟

　　五民者，不生於境內，則草必墾矣。《商君書·墾令》

　　金一兩生於竟內，粟十二石死於竟外。《商君書·去彊》

　　後一例中的"竟"與前一例中的"境"屬同一詞的不同書寫形式變體，這是一般人都知道的，無需我們多説。

　　造成這些詞有不同的書寫形式變體的原因，有通假字方面的，有異體字方面的，還有古今字方面的。根據上文我們對古今字的解釋（見第一章第二節），由古今字造成的同一詞位的不同書寫形式變體跟詞彙的發展有密切關係，而由通假字和異體字造成的書寫形式變體主要屬於用字的問題。

　　3. 常用詞佔該時期全部詞彙的比例小

　　該時期文獻中共有詞 10119 個，其中常用詞有 601 個，佔該時期全部詞彙的 5.9%。

　　如果沒有比較，只看這組數字似乎説明不了什麼，如果我們把它跟前兩期傳世文獻常用詞所佔的比例加以比較，則很容易發現一些問題。

表3

分期	詞彙數量（個）	常用詞數量（個）	常用詞所佔比例（%）
第 1 期	2634	612	23.2
第 2 期	3912	689	17.6
第 3 期	10119	601	5.9

　　第一，漢語的詞彙量隨著時代的前進是逐漸增多的。例如，第一期文獻中只有兩千六百多個，到了第二期文獻，就增加了一千三百個，達到三千九百多個，等到了第三期文獻，則突破了一萬個。這説明，詞彙的發展是累增式的，時代越靠後，詞彙的總量越多。第二，不管不同時期詞彙總量如何變化，各個時期常用詞的數量基本上是穩定的，大致維持在六百多個。第三，正因爲各個時期常用詞的數量比較穩定，而不同時期的詞彙量又隨著時代的發展而不斷增加，因此，不同時期常用詞所佔的比重越來越低：第一期有23.2%，差不多接近四分之一；到第二期就降到17.6%，常用詞僅佔全部詞彙的六分之一左右；等到第三期，常用詞只佔全部詞彙的5.9%。

　　爲什麼詞彙的數量隨著時代的發展不斷增多，而常用詞在詞彙中所佔的比例在逐步下降呢？除了上面我們提到的各個時期常用詞的數量是穩固的而詞彙總量不斷增加這個原因之外，肯定還有其他因素在其中起制衡作用。

通過分析，我們發現，詞的頻次對於常用詞的確定有很大影響。在以覆蓋率爲標準確定常用詞的時候，在覆蓋率不變的情況下，頻次相差越小，取值的範圍就越大；頻次相差越大，取值的範圍就越小。第 3 期文獻詞彙量很大而常用詞所佔的比例很小，主要是因爲詞的頻次相差太大。試比較以下幾個數據。

表 4　　　　　　　　　　　　　　　　　　　　　　　　　　　單位：次

分期	最高頻	最低頻	均頻	常用詞最低頻	常用詞均頻
第 1 期	420	1	7.4	6	25.5
第 2 期	851	1	8	7	36.1
第 3 期	8457	1	18.3	38	246.5

頻次相差最小的是第 1 期，是 420 倍；其次是第 2 期，是 851 倍；再次是第 3 期，是 8457 倍。按照上面説的頻差與常用詞取值範圍的規律，第 1 期常用詞取值範圍最大，第 3 期常用詞的取值範圍最小，所以第 1 期常用詞佔全部詞彙的比例最大，第 3 期常用詞佔全部詞彙的比例最小。最高頻（亦即常用詞最高頻）與常用詞最低頻之差跟常用詞取值範圍的關係也是一個道理。

4. 常用詞內部使用頻次相差很大

本期 601 個常用詞，共出現 148147 次，平均頻次爲 246.5 次；出現次數最多的前 10 個詞是：之、不、曰、也、而[1]、以、於/于、其、爲/僞、有，平均頻次爲 4019.7 次；出現次數最少的最後 10 個是：察、否、撫/拊、館、盍、繼、介、木、新、宰，平均頻次爲 38 次。出現次數最多的前 10 個跟出現次數最少的後 10 個平均頻次相差 105.8 倍，這説明在常用詞的內部各常用詞的常用性也是不一樣的。

第 4 期文獻也有類似的情況，具體原因我們將在下一章討論。

5. 專名也有不少

例如：宋[3]＃、齊[2]＃、陳[2]＃、衛[2]＃、鄭[2]＃、蔡[2]＃、莒[3]＃、曹[1]＃、

許²＃、戎²＃、越²＃、邾＃、《詩》、吳＃、晉¹＃、楚³＃、周¹＃、陳＃

子產☆、叔向☆、季孫☆、孔子☆、季氏²☆、趙孟 4☆、周公☆、子路☆、子貢☆、子大叔☆、仲尼☆、宣子¹☆

單音節的除了一個爲書名（《詩》）外，其餘的都是諸侯國國名。這種情況李波（2006：39）在統計《史記》字頻的時候也遇到過，在《史記》中出現 1000 次以上的 115 個字中，有很多國名用字：秦、齊、楚、趙、漢、魏、晉、周、韓，這些字"乍看令人頗感意外"，但是他認爲字的頻次和内容密切相關："在《五帝本紀》中，最高頻段的字包括'舜、帝、堯'，在《夏本紀》中，最高頻段的字包括'帝、禹'，在《殷本紀》中，最高頻段的字包括'帝、湯'等等，而在《李將軍列傳》中，'廣、將、騎'出現在最高頻段字頻中，在《匈奴列傳》的最高頻段字群中，自然包含有'匈、奴、單、于'這些字。從每一卷中使用頻次非常高的字群裏，可以很清楚地看到這些單卷文獻内容的重點。"（2006：32）字的頻次和内容的關係如此，詞的頻次跟内容的關係應該更爲密切。與李波（2006）觀察到的現象稍有不同的是，我們是以一個時期的幾部文獻爲對象進行統計的，因此高頻率跟内容的相關度多少受一些影響，詞的頻次跟内容聯係緊密的往往是常用詞中頻次靠後的一些詞，如在上述專名中，"齊²＃"的頻次最高，爲 600 次；其次是"宋³＃"，423 次；其他的幾個依次是："衛²＃"，364 次；"吳＃"，281 次；"陳²＃"，250 次。以上幾個詞的頻次都高於平均頻次，其他的都低於平均頻次，如："蔡"145 次，"莒"101 次，"邾"93 次，"曹¹"77 次，"許²"73 次，"越²"61 次。

多音節的都是人名（見上面），人名的頻次更低，最高的是"子產"（158 次），也低於平均頻次。

看來，別管是字頻還是詞頻，最能体現所出文獻的内容的，都不是使用頻次最高的那一部分，而是頻次稍低的那一部分。這一規律對於人們利用詞的頻次確定文獻中關鍵詞的研究是有啓發性的。

附錄 春秋末期至戰國中期常用詞表

表 5

序號	詞目	頻次（次）	頻率	覆蓋率
001	之	8457	0.045691	0.045691
002	不	4630	0.025015	0.070706
003	曰	4605	0.024880	0.095586
004	也	4601	0.024858	0.120444
005	而[1]	3974	0.021471	0.141915
006	以	3759	0.020309	0.162224
007	於/于	3397	0.018353	0.180577
008	其	3117	0.016840	0.197417
009	爲/僞	1934	0.010449	0.207866
010	有	1723	0.009309	0.217175
011	人	1706	0.009217	0.226393
012	君	1418	0.007661	0.234054
013	使	1368	0.007391	0.241445
014	無/亡	1340	0.007240	0.248684
015	者	1312	0.007088	0.255773
016	子	1245	0.006726	0.262499
017	晉[1]	1156	0.006246	0.268745
018	則	1140	0.006159	0.274904
019	矣	1068	0.005770	0.280674
020	將	1065	0.005754	0.286428
021	焉	999	0.005397	0.291826
022	故/姑	972	0.005251	0.297077
023	與[1]	970	0.005241	0.302318
024	公	962	0.005197	0.307515
025	民	942	0.005089	0.312605
026	師	907	0.004900	0.317505
027	可	896	0.004841	0.322346
028	楚[3]	859	0.004641	0.326987

序號	詞目	頻次（次）	頻率	覆蓋率
029	如	849	0.004587	0.331574
030	何	837	0.004522	0.336096
031	是	829	0.004479	0.340575
032	國	825	0.004457	0.345032
033	乎	823	0.004446	0.349479
034	必	803	0.004338	0.353817
035	及	765	0.004133	0.357950
036	能	737	0.003982	0.361932
037	我	711	0.003841	0.365773
038	王	709	0.003831	0.369604
039	所	706	0.003814	0.373418
040	謂/爲	680	0.003674	0.377092
041	鄭²♯	663	0.003582	0.380674
042	吾	655	0.003539	0.384213
043	命	625	0.003377	0.387590
044	伐	619	0.003344	0.390934
045	從	612	0.003306	0.394241
046	齊²♯	600	0.003242	0.397482
047	禮	595	0.003215	0.400697
048	事	588	0.003177	0.403874
049	請	575	0.003107	0.406980
050	言	575	0.003107	0.410087
051	若	543	0.002934	0.413021
052	知	541	0.002923	0.415944
053	死	531	0.002869	0.418812
054	大	528	0.002853	0.421665
055	諸侯	527	0.002847	0.424512
056	在	525	0.002836	0.427349
057	出	515	0.002782	0.430131
058	歸	491	0.002653	0.432784
059	臣	471	0.002545	0.435329

续表

序號	詞目	頻次（次）	頻率	覆蓋率
060	殺	470	0.002539	0.437868
061	盟	468	0.002528	0.440397
062	行	467	0.002523	0.442920
063	入	461	0.002491	0.445410
064	告	453	0.002447	0.447858
065	乃	445	0.002404	0.450262
066	聞	433	0.002339	0.452601
067	欲/慾	429	0.002318	0.454919
068	見	425	0.002296	0.457215
069	宋³♯	423	0.002285	0.459501
070	敢	420	0.002269	0.461770
071	對	413	0.002231	0.464001
072	亦	410	0.002215	0.466216
073	年	407	0.002199	0.468415
074	得	403	0.002177	0.470593
075	又/有	402	0.002172	0.472765
076	諸	401	0.002167	0.474931
077	立	399	0.002156	0.477087
078	皆	398	0.002150	0.479237
079	自	398	0.002150	0.481387
080	遂	395	0.002134	0.483522
081	三/參	380	0.002053	0.485575
082	弗	377	0.002037	0.487611
083	先	370	0.001999	0.489610
084	衛²♯	364	0.001967	0.491577
085	今	363	0.001961	0.493538
086	非	361	0.001950	0.495489
087	來	356	0.001923	0.497412
088	且	354	0.001913	0.499325
089	公子	348	0.001880	0.501205
090	用	347	0.001875	0.503080

序號	詞目	頻次（次）	頻率	覆蓋率
091	未	346	0.001869	0.504949
092	大夫	343	0.001853	0.506802
093	此	337	0.001821	0.508623
094	德/惠	336	0.001815	0.510438
095	一	330	0.001783	0.512221
096	問	328	0.001772	0.513993
097	生	317	0.001713	0.515706
098	後	316	0.001707	0.517413
099	奔	315	0.001702	0.519115
100	會	314	0.001696	0.520811
101	取	313	0.001691	0.522503
102	戰	313	0.001691	0.524194
103	亂	312	0.001686	0.525879
104	二	310	0.001675	0.527554
105	罪	309	0.001669	0.529224
106	夫	306	0.001653	0.530877
107	道	301	0.001626	0.532503
108	亡	289	0.001561	0.534065
109	卒	285	0.001540	0.535604
110	吳＃	281	0.001518	0.537122
111	至	279	0.001507	0.538630
112	君子	277	0.001497	0.540126
113	敗	276	0.001491	0.541618
114	治	274	0.001480	0.543098
115	成	265	0.001432	0.544530
116	夏	265	0.001432	0.545961
117	晉侯	264	0.001426	0.547388
118	上	262	0.001416	0.548803
119	難	260	0.001405	0.550208
120	求	259	0.001399	0.551607
121	惡	256	0.001383	0.552990

续表

序號	詞目	頻次（次）	頻率	覆蓋率
122	復	256	0.001383	0.554374
123	秋	255	0.001378	0.555751
124	政	255	0.001378	0.557129
125	信[1]	252	0.001361	0.558490
126	陳[2]#	250	0.001351	0.559841
127	春	250	0.001351	0.561192
128	日	248	0.001340	0.562532
129	多	247	0.001334	0.563866
130	書	247	0.001334	0.565201
131	秦國	241	0.001302	0.566503
132	朝	239	0.001291	0.567794
133	冬	239	0.001291	0.569085
134	猶	235	0.001270	0.570355
135	食	234	0.001264	0.571619
136	辭	233	0.001259	0.572878
137	懼	232	0.001253	0.574132
138	天	227	0.001226	0.575358
139	相	227	0.001226	0.576584
140	善	223	0.001205	0.577789
141	過	221	0.001194	0.578983
142	好	219	0.001183	0.580166
143	率/帥	219	0.001183	0.581350
144	失	219	0.001183	0.582533
145	兵	218	0.001178	0.583711
146	利	217	0.001172	0.584883
147	彊/强/強	216	0.001167	0.586050
148	刑	212	0.001145	0.587195
149	衆/眾	210	0.001135	0.588330
150	力	208	0.001124	0.589454
151	下	208	0.001124	0.590578
152	齊侯☆	206	0.001113	0.591691

序號	詞目	頻次（次）	頻率	覆蓋率
153	雖	204	0.001102	0.592793
154	主	203	0.001097	0.593889
155	執	202	0.001091	0.594981
156	還	200	0.001081	0.596061
157	魯	198	0.001070	0.597131
158	法	198	0.001070	0.598201
159	謀	197	0.001064	0.599265
160	獲	195	0.001054	0.600319
161	門	194	0.001048	0.601367
162	可以	188	0.001016	0.602383
163	許	186	0.001005	0.603388
164	寡君	185	0.001000	0.604387
165	女	185	0.001000	0.605387
166	去	185	0.001000	0.606386
167	實	183	0.000989	0.607375
168	城	181	0.000978	0.608353
169	周[1]	180	0.000972	0.609325
170	疾	180	0.000972	0.610298
171	受	180	0.000972	0.611270
172	重	180	0.000972	0.612243
173	克	178	0.000962	0.613204
174	止	177	0.000956	0.614161
175	作	173	0.000935	0.615095
176	乘	172	0.000929	0.616025
177	大子	170	0.000918	0.616943
178	既	170	0.000918	0.617862
179	小	169	0.000913	0.618775
180	守	168	0.000908	0.619682
181	然	167	0.000902	0.620585
182	楚子	165	0.000891	0.621476
183	救	164	0.000886	0.622362

续表

序號	詞目	頻次（次）	頻率	覆蓋率
184	棄/弃	164	0.000886	0.623248
185	唯	163	0.000881	0.624129
186	哉	163	0.000881	0.625009
187	鄭伯☆	162	0.000875	0.625885
188	盡	161	0.000870	0.626755
189	明	161	0.000870	0.627624
190	余	161	0.000870	0.628494
191	樂	160	0.000864	0.629359
192	子產☆	158	0.000854	0.630212
193	聽	158	0.000854	0.631066
194	同	158	0.000854	0.631920
195	仁	157	0.000848	0.632768
196	外	156	0.000843	0.633611
197	官	155	0.000837	0.634448
198	親	155	0.000837	0.635286
199	免	154	0.000832	0.636118
200	討	154	0.000832	0.636950
201	《詩》	153	0.000827	0.637776
202	服	153	0.000827	0.638603
203	名	153	0.000827	0.639429
204	田	152	0.000821	0.640251
205	待	150	0.000810	0.641061
206	喪	150	0.000810	0.641872
207	賞	149	0.000805	0.642677
208	怒	148	0.000800	0.643476
209	令	146	0.000789	0.644265
210	逆	146	0.000789	0.645054
211	義	146	0.000789	0.645843
212	蔡[2]#	145	0.000783	0.646626
213	反/返	145	0.000783	0.647409
214	已/以	145	0.000783	0.648193

续表

序號	詞目	頻次（次）	頻率	覆蓋率
215	侵	144	0.000778	0.648971
216	心	144	0.000778	0.649749
217	誰	143	0.000773	0.650521
218	退	142	0.000767	0.651289
219	圍	142	0.000767	0.652056
220	居	140	0.000756	0.652812
221	莫	140	0.000756	0.653569
222	足	139	0.000751	0.654320
223	私	138	0.000746	0.655065
224	車	137	0.000740	0.655805
225	農	137	0.000740	0.656545
226	召	137	0.000740	0.657286
227	地	135	0.000729	0.658015
228	葬	134	0.000724	0.658739
229	致	134	0.000724	0.659463
230	患	132	0.000713	0.660176
231	功	131	0.000708	0.660884
232	納/內	131	0.000708	0.661592
233	中	131	0.000708	0.662299
234	世	130	0.000702	0.663002
235	五	130	0.000702	0.663704
236	數	129	0.000697	0.664401
237	聘	128	0.000692	0.665093
238	舍	128	0.000692	0.665784
239	志	128	0.000692	0.666476
240	弱	127	0.000686	0.667162
241	役	127	0.000686	0.667848
242	初	126	0.000681	0.668529
243	邑	126	0.000681	0.669210
244	勝	124	0.000670	0.669880
245	往/迬	124	0.000670	0.670549

续表

序號	詞目	頻次（次）	頻率	覆蓋率
246	始	121	0.000654	0.671203
247	易	121	0.000654	0.671857
248	攻	120	0.000648	0.672505
249	軍	120	0.000648	0.673154
250	時[1]	120	0.000648	0.673802
251	舉	118	0.000638	0.674439
252	叛/畔	118	0.000638	0.675077
253	怨	118	0.000638	0.675715
254	長	117	0.000632	0.676347
255	或	117	0.000632	0.676979
256	己	116	0.000627	0.677605
257	愛	115	0.000621	0.678227
258	備	114	0.000616	0.678843
259	滅	114	0.000616	0.679459
260	憂	113	0.000611	0.680069
261	學	112	0.000605	0.680674
262	馬	111	0.000600	0.681274
263	御/禦	111	0.000600	0.681874
264	天下	110	0.000594	0.682468
265	敵	110	0.000594	0.683062
266	弟	110	0.000594	0.683657
267	士	110	0.000594	0.684251
268	適[1]	110	0.000594	0.684845
269	固	109	0.000589	0.685434
270	羣/群	107	0.000578	0.686012
271	安	106	0.000573	0.686585
272	次	106	0.000573	0.687158
273	廢	106	0.000573	0.687730
274	賦	106	0.000573	0.688303
275	禍	106	0.000573	0.688876
276	內	106	0.000573	0.689448

序號	詞目	頻次（次）	頻率	覆蓋率
277	衛侯☆	105	0.000567	0.690016
278	令尹	104	0.000562	0.690578
279	富	103	0.000556	0.691134
280	辱	103	0.000556	0.691691
281	報	102	0.000551	0.692242
282	父	102	0.000551	0.692793
283	濟	102	0.000551	0.693344
284	遠	102	0.000551	0.693895
285	莒³♯	101	0.000546	0.694441
286	司馬/司武	101	0.000546	0.694986
287	因	101	0.000546	0.695532
288	叔向☆	99	0.000535	0.696067
289	賜/錫	99	0.000535	0.696602
290	害	99	0.000535	0.697137
291	敬	99	0.000535	0.697671
292	右	99	0.000535	0.698206
293	至於/至于	98	0.000529	0.698736
294	位	98	0.000529	0.699265
295	卜	97	0.000524	0.699789
296	姦/奸	97	0.000524	0.700313
297	獻	97	0.000524	0.700837
298	爾	96	0.000519	0.701356
299	圖	96	0.000519	0.701875
300	享/饗/亨	96	0.000519	0.702393
301	平	95	0.000513	0.702907
302	物	95	0.000513	0.703420
303	逐	95	0.000513	0.703933
304	狄/翟	94	0.000508	0.704441
305	邾♯	93	0.000502	0.704944
306	社稷	92	0.000497	0.705441
307	寵	92	0.000497	0.705938

序號	詞目	頻次（次）	頻率	覆蓋率
308	加	92	0.000497	0.706435
309	聞/間	92	0.000497	0.706932
310	夫人	91	0.000492	0.707423
311	寡人	91	0.000492	0.707915
312	奉	91	0.000492	0.708407
313	甲	91	0.000492	0.708898
314	甚	91	0.000492	0.709390
315	忘	91	0.000492	0.709882
316	遇	91	0.000492	0.710373
317	終	91	0.000492	0.710865
318	敝邑	90	0.000486	0.711351
319	族	90	0.000486	0.711837
320	貳	89	0.000481	0.712318
321	卿	89	0.000481	0.712799
322	務	89	0.000481	0.713280
323	興	89	0.000481	0.713761
324	當	88	0.000475	0.714236
325	東	88	0.000475	0.714712
326	豈	88	0.000475	0.715187
327	射	88	0.000475	0.715663
328	勞	87	0.000470	0.716133
329	四	87	0.000470	0.716603
330	勇	87	0.000470	0.717073
331	季孫☆	86	0.000465	0.717537
332	違	86	0.000465	0.718002
333	拜	85	0.000459	0.718461
334	逃	85	0.000459	0.718921
335	夫子	84	0.000454	0.719374
336	處	84	0.000454	0.719828
337	久	84	0.000454	0.720282
338	身	84	0.000454	0.720736

序號	詞目	頻次（次）	頻率	覆蓋率
339	正	84	0.000454	0.721190
340	苟	83	0.000448	0.721638
341	遷	83	0.000448	0.722087
342	少	83	0.000448	0.722535
343	淫	83	0.000448	0.722983
344	國人	82	0.000443	0.723426
345	和	82	0.000443	0.723869
346	進	82	0.000443	0.724312
347	分	81	0.000438	0.724750
348	凡	80	0.000432	0.725182
349	觀	80	0.000432	0.725615
350	戎[1]	80	0.000432	0.726047
351	十	80	0.000432	0.726479
352	修	80	0.000432	0.726911
353	孔子☆	79	0.000427	0.727338
354	吾子	79	0.000427	0.727765
355	老	79	0.000427	0.728192
356	美	79	0.000427	0.728619
357	益	79	0.000427	0.729045
358	異	79	0.000427	0.729472
359	忠	79	0.000427	0.729899
360	於是/于是	78	0.000421	0.730320
361	稱	78	0.000421	0.730742
362	貴	78	0.000421	0.731163
363	爭	78	0.000421	0.731585
364	曹[1]♯	77	0.000416	0.732001
365	定	77	0.000416	0.732417
366	惠	77	0.000416	0.732833
367	爵	77	0.000416	0.733249
368	望	77	0.000416	0.733665
369	任	76	0.000411	0.734075

续表

序號	詞目	頻次（次）	頻率	覆蓋率
370	室	76	0.000411	0.734486
371	斯	76	0.000411	0.734897
372	畏	76	0.000411	0.735307
373	由/繇	76	0.000411	0.735718
374	母	75	0.000405	0.736123
375	思	75	0.000405	0.736528
376	兄	75	0.000405	0.736933
377	壹	75	0.000405	0.737339
378	速	74	0.000400	0.737738
379	制	74	0.000400	0.738138
380	許²♯	73	0.000394	0.738533
381	家	73	0.000394	0.738927
382	神	73	0.000394	0.739321
383	祀	73	0.000394	0.739716
384	飲	73	0.000394	0.740110
385	病	72	0.000389	0.740499
386	悅/説	72	0.000389	0.740888
387	合	71	0.000384	0.741272
388	舊	71	0.000384	0.741655
389	威	71	0.000384	0.742039
390	昔	71	0.000384	0.742423
391	小人	70	0.000378	0.742801
392	教	70	0.000378	0.743179
393	賂	70	0.000378	0.743557
394	屬	70	0.000378	0.743935
395	登	69	0.000373	0.744308
396	改	69	0.000373	0.744681
397	視	69	0.000373	0.745054
398	火	68	0.000367	0.745421
399	酒	68	0.000367	0.745789
400	況	68	0.000367	0.746156

续表

序號	詞目	頻次（次）	頻率	覆蓋率
401	妻	68	0.000367	0.746523
402	賢	68	0.000367	0.746891
403	願/愿	68	0.000367	0.747258
404	六月	67	0.000362	0.747620
405	古	66	0.000357	0.747977
406	六	66	0.000357	0.748333
407	常	65	0.000351	0.748684
408	輕	65	0.000351	0.749036
409	送	65	0.000351	0.749387
410	歲	65	0.000351	0.749738
411	河	64	0.000346	0.750084
412	王子	64	0.000346	0.750430
413	百	64	0.000346	0.750775
414	封	64	0.000346	0.751121
415	降	64	0.000346	0.751467
416	徒	64	0.000346	0.751813
417	玉	64	0.000346	0.752158
418	季氏²☆	63	0.000340	0.752499
419	而已	62	0.000335	0.752834
420	語	62	0.000335	0.753169
421	佐	62	0.000335	0.753504
422	先王	61	0.000330	0.753833
423	越²♯	61	0.000330	0.754163
424	本	61	0.000330	0.754492
425	宮	61	0.000330	0.754822
426	吉	61	0.000330	0.755152
427	諫	61	0.000330	0.755481
428	囚	61	0.000330	0.755811
429	避/辟	60	0.000324	0.756135
430	方	60	0.000324	0.756459
431	吏	60	0.000324	0.756783

续表

序號	詞目	頻次（次）	頻率	覆蓋率
432	弑	60	0.000324	0.757107
433	八月	59	0.000319	0.757426
434	即位	59	0.000319	0.757745
435	天子	59	0.000319	0.758064
436	鄙	59	0.000319	0.758382
437	戮	59	0.000319	0.758701
438	施	59	0.000319	0.759020
439	授/受	59	0.000319	0.759339
440	北	58	0.000313	0.759652
441	恭/共	58	0.000313	0.759965
442	南	58	0.000313	0.760279
443	禦/御	58	0.000313	0.760592
444	左	58	0.000313	0.760906
445	九月	57	0.000308	0.761213
446	四月	57	0.000308	0.761521
447	五月	57	0.000308	0.761829
448	姑	57	0.000308	0.762137
449	兩	57	0.000308	0.762445
450	七	57	0.000308	0.762753
451	水	57	0.000308	0.763061
452	土	57	0.000308	0.763369
453	十月	56	0.000303	0.763672
454	以爲	56	0.000303	0.763974
455	彼	56	0.000303	0.764277
456	禁	56	0.000303	0.764579
457	西	56	0.000303	0.764882
458	秦伯	55	0.000297	0.765179
459	趙孟⁴☆	55	0.000297	0.765476
460	周公☆	55	0.000297	0.765773
461	恥	55	0.000297	0.766071
462	度	55	0.000297	0.766368

序號	詞目	頻次（次）	頻率	覆蓋率
463	鼓	55	0.000297	0.766665
464	啓/啟	55	0.000297	0.766962
465	勿	55	0.000297	0.767259
466	云	55	0.000297	0.767556
467	質	55	0.000297	0.767853
468	背/北	54	0.000292	0.768145
469	幣	54	0.000292	0.768437
470	各	54	0.000292	0.768729
471	通	54	0.000292	0.769020
472	文	54	0.000292	0.769312
473	災	54	0.000292	0.769604
474	十二月	53	0.000286	0.769890
475	十一月	53	0.000286	0.770177
476	保	53	0.000286	0.770463
477	犯	53	0.000286	0.770749
478	境/竟	53	0.000286	0.771036
479	讓	53	0.000286	0.771322
480	傷	53	0.000286	0.771608
481	三月	52	0.000281	0.771889
482	子路☆	52	0.000281	0.772170
483	危	52	0.000281	0.772451
484	聖人	51	0.000276	0.772727
485	宋公☆	51	0.000276	0.773002
486	厚	51	0.000276	0.773278
487	郊	51	0.000276	0.773553
488	貧	51	0.000276	0.773829
489	千	51	0.000276	0.774104
490	恃	51	0.000276	0.774380
491	他	51	0.000276	0.774656
492	恤	51	0.000276	0.774931
493	夜	51	0.000276	0.775207

续表

序號	詞目	頻次（次）	頻率	覆蓋率
494	尊	51	0.000276	0.775482
495	七月	50	0.000270	0.775752
496	無乃	50	0.000270	0.776022
497	子貢☆	50	0.000270	0.776293
498	卑	50	0.000270	0.776563
499	賤	50	0.000270	0.776833
500	禄	50	0.000270	0.777103
501	山	50	0.000270	0.777373
502	晉國	49	0.000265	0.777638
503	陳	49	0.000265	0.777903
504	盜/盗	49	0.000265	0.778167
505	毀	49	0.000265	0.778432
506	器	49	0.000265	0.778697
507	月	49	0.000265	0.778962
508	徵	49	0.000265	0.779226
509	中軍	48	0.000259	0.779486
510	奪	48	0.000259	0.779745
511	近	48	0.000259	0.780004
512	慎	48	0.000259	0.780264
513	順	48	0.000259	0.780523
514	斷	47	0.000254	0.780777
515	絶	47	0.000254	0.781031
516	臨	47	0.000254	0.781285
517	勤	47	0.000254	0.781539
518	貪	47	0.000254	0.781793
519	姓	47	0.000254	0.782047
520	邦	46	0.000249	0.782295
521	嘗	46	0.000249	0.782544
522	福	46	0.000249	0.782792
523	擊	46	0.000249	0.783041
524	祭	46	0.000249	0.783289

序號	詞目	頻次（次）	頻率	覆蓋率
525	良	46	0.000249	0.783538
526	尸	46	0.000249	0.783786
527	削	46	0.000249	0.784035
528	章	46	0.000249	0.784283
529	直	46	0.000249	0.784532
530	助	46	0.000249	0.784780
531	節	45	0.000243	0.785024
532	客	45	0.000243	0.785267
533	示	45	0.000243	0.785510
534	專	45	0.000243	0.785753
535	辟	44	0.000238	0.785991
536	縣	44	0.000238	0.786228
537	衣	44	0.000238	0.786466
538	草	43	0.000232	0.786698
539	歌	43	0.000232	0.786931
540	九	43	0.000232	0.787163
541	寧/寜	43	0.000232	0.787395
542	埶	43	0.000232	0.787628
543	予	43	0.000232	0.787860
544	昭	43	0.000232	0.788092
545	戎[2]	42	0.000227	0.788319
546	王室	42	0.000227	0.788546
547	正月	42	0.000227	0.788773
548	執事	42	0.000227	0.789000
549	讎/讐	42	0.000227	0.789227
550	除	42	0.000227	0.789454
551	孤	42	0.000227	0.789681
552	哭	42	0.000227	0.789908
553	里	42	0.000227	0.790135
554	男	42	0.000227	0.790361
555	娶/取	42	0.000227	0.790588

续表

序號	詞目	頻次（次）	頻率	覆蓋率
556	粟	42	0.000227	0.790815
557	實	42	0.000227	0.791042
558	子大叔☆	41	0.000222	0.791264
559	黨	41	0.000222	0.791485
560	動	41	0.000222	0.791707
561	焚	41	0.000222	0.791928
562	悔	41	0.000222	0.792150
563	即	41	0.000222	0.792371
564	列/劉	41	0.000222	0.792593
565	孝	41	0.000222	0.792814
566	宜	41	0.000222	0.793036
567	追	41	0.000222	0.793257
568	宗	41	0.000222	0.793479
569	仲尼☆	40	0.000216	0.793695
570	弔/吊	40	0.000216	0.793911
571	寡	40	0.000216	0.794127
572	懷	40	0.000216	0.794343
573	夢	40	0.000216	0.794559
574	睦	40	0.000216	0.794776
575	餘	40	0.000216	0.794992
576	再	40	0.000216	0.795208
577	吳子	39	0.000211	0.795418
578	宣子[1]	39	0.000211	0.795629
579	八	39	0.000211	0.795840
580	承	39	0.000211	0.796051
581	咎/皋	39	0.000211	0.796261
582	具	39	0.000211	0.796472
583	前	39	0.000211	0.796683
584	勸	39	0.000211	0.796893
585	戍	39	0.000211	0.797104
586	説	39	0.000211	0.797315

序號	詞目	頻次（次）	頻率	覆蓋率
587	喜	39	0.000211	0.797526
588	游/遊	39	0.000211	0.797736
589	法令	38	0.000205	0.797942
590	變	38	0.000205	0.798147
591	賓	38	0.000205	0.798352
592	察	38	0.000205	0.798557
593	否	38	0.000205	0.798763
594	撫/拊	38	0.000205	0.798968
595	館	38	0.000205	0.799173
596	盍	38	0.000205	0.799379
597	繼	38	0.000205	0.799584
598	介	38	0.000205	0.799789
599	木	38	0.000205	0.799995
600	新	38	0.000205	0.800200
601	宰	38	0.000205	0.800405

第五章　戰國中期至秦代常用詞及其特點

第一節　語料的文獻學分析

戰國中期至秦代的文獻資料比較多，根據已有的研究成果來看，比較可靠的有《孟子》、《莊子》和《呂氏春秋》。

1.《孟子》

《孟子》，原題戰國孟軻著，共七章十四卷，總計 35462 字。

關於《孟子》的作者，歷來有三种意見。第一，認爲是孟子和他的弟子共同記述的。司馬遷《史記・孟子荀卿列傳》："……（孟子）退而與萬章之徒，序《詩》《書》，述仲尼之意，作《孟子》七篇。"第二，認爲是孟子自撰的，如東漢趙岐在《孟子題辭》中説："此書，孟子之所作也，故總謂之《孟子》，其篇目則各自有其名。……於是退而論集所與高弟子公孫丑、萬章之徒難疑答問，又自撰其法度之言，著書七篇，二百六十一章，三万四千六百八十五字。"第三，認爲是孟子的弟子們記述的，這一意見以韓愈、晁公武爲代表。如晁公武云："韓愈以此書爲弟子所會集，與岐之言不同。今攷其書，載孟子所見諸侯，皆稱謚，如齊宣王、梁惠王、梁襄王、滕定公、滕文公、魯平公是也。夫死然後有謚，軻無恙時所見諸侯，不應即稱謚。且惠王元年至平公之卒，凡七十七年，軻始見惠王，目之曰叟，必已老矣，決不見平公之卒也。後人追爲之明矣，則岐之言非也。"

以上三種意見中，今人多取司馬遷的説法，即認爲《孟子》一書主要由孟子自撰，而有公孫丑、萬章之徒參與。① 當然，別管是孟子自撰，還是和其弟子共撰，抑或是由其弟子記述的，這部書的成書年代是比較確定的，成於孟子在世後期或剛去世後不久。根據孟子的生卒年代（約公元前385—前304年），我們把《孟子》一書的成書年代定在東周末期之前是沒有問題的。

2.《莊子》

《莊子》，原題戰國莊周撰，由内篇、外篇和雜篇三部分組成，共計三十三篇，63681字。

據《漢書·藝文志》，《莊子》原本五十二篇，至魏晉時亡佚十九篇。今本三十三篇即爲晉郭象的注本。

《莊子》是一部真僞爭議頗大的文獻，其中爭議最大的地方主要集中在部分篇章是否莊周所作上。這個問題比較複雜，跟我們的研究也沒有直接關係，我們不准備展開討論。下面對學術界通行的意見略作介紹。

徐洪興（1992）"莊子"條指出："一般認爲，《内篇》七篇思想連貫，文風一致，當屬莊子本人的作品。至於《外篇》、《雜篇》則比較冗雜，有的可能是莊子後學所作，有的可能是後人發揮《内篇》思想而作，有的可能是其他學派的著作屢入。"

曹道衡、劉躍進（2005：229）説："根據歷來學者的看法，大抵認爲'内篇'七篇：《逍遙游》、《齊物論》、《養生主》、《人間世》、《德充符》、《大宗師》和《應帝王》爲莊周自作；至於'外篇'和'雜篇'中，可能也有莊周自作的篇章，但亦雜有門人後學的手筆。"另外，他們在介紹《呂氏春秋》一書的内容時指出，《呂氏春秋》大量地徵引了《莊子》的内容，"不光有出自《内篇》中的《逍遙游》、《養生主》，亦有出於《山木》、《達生》、《田子方》、《讓王》諸篇，説明《莊子》的'外、雜篇'出現時代亦應在戰國末以前"。（曹道衡、劉躍進，2005：281）

王發國（1986）通過比較《呂氏春秋》和《韓非子》等書與《莊子》的相同之處，認爲《莊子》"不管是'内篇'、'外篇'還是'雜篇'，其編

---

① 詳見劉建國（2004：320）。

寫年代都應在《呂氏春秋》、《韓非子》之前"。

綜合以上學者的意見，鑒于目前否認莊周爲《莊子》作者的學者並沒有明確提出《莊子》爲漢以後的作品，我們可以把《莊子》作爲研究戰國後期漢語的語料。當然，若求穩妥的話，也可以只用《内篇》。

《莊子》在語言上尤其是用詞上是很有特點的，既使用了大量的方言詞語，[①] 又有很多明顯的造詞現象（如寓名和一些哲學名詞），它是研究先秦漢語詞彙問題很有特色的一部文獻。

3.《呂氏春秋》

《呂氏春秋》又名《呂覽》，是秦呂不韋集門下"智略士"而作的。全書包括十二紀、八覽、六論三部分，總計二十六卷一百六十篇，用字100585個。

《呂氏春秋》是先秦少有的成書年代比較可靠的文獻之一。關於《呂氏春秋》的成書年代，前人也有幾種不同的意見，不過這些意見僅僅相差幾年。例如，劉慕方（1999）認爲《呂氏春秋》是分兩次寫成，"其十二紀成書于秦始皇八年，即公元前239年；而八覽、（六）論則成書于呂不韋被免職去河南前夕，即公元前236年前後。"李家驤（1995）指出，此書當是一次性完成的，具體時間是在公元前241年，即秦始皇六年（申年）。修建軍（1999）亦同意此說。是成於公元前241年還是公元前236年，相差不過五年，這五年當中，漢語不會有太大的變化，不會影響到語料的歸屬問題，關於這個問題，張雙棣（1989：4）有詳細的論述，試轉引如下：

《呂氏春秋》成書年代確定無疑，這在先秦典籍中是絕無僅有的。《序意》篇説："惟秦八年，歲在涒灘，秋甲子朔。朔之日，良人請問十二紀，文信侯曰……"這裏的秦八年，是呂不韋自己所言，應該説是可信的。對"秦八年"歷代有些不同的解釋，高誘注："秦始皇即位八年也。"後人以爲"涒灘"爲申年，而秦始皇八年時壬戌，不當指此年。孫星衍説："攷莊襄王滅周之後二年癸丑歲至始皇六年，共

---

① 詳見張雙棣（1989：4）。

八年，適得庚申歲，呂不韋指謂是年。"還有一些説法，但相差僅在二、三年之間。能夠如此確切地知道它的成書年代，研究它的重要性就更加突出了。這可以避免材料真偽、年代先後的不必要的紛爭。

張雙棣（1989：3—5）又指出，《呂氏春秋》用當時通行的語言寫成的，集中反映了周秦之交的語言面貌，用詞十分豐富（有單音詞2972個，複音詞2017個），因此是研究秦漢之際漢語詞彙的理想材料。根據以上學者的意見，我們把《呂氏春秋》確定爲戰國後期至秦這一階段的語料。

上述三部文獻中均有引先秦早期文獻的内容，我們在研究該時期詞彙特點的時候均應該將其剔除。這部分引文有：

一　《孟子》中的引文

1.《孟子》引《詩經》的内容：

經始靈臺，經之營之。庶民攻之，不日成之。經始勿亟，庶民子來。王在靈囿；麀鹿攸伏。麀鹿濯濯，白鳥鶴鶴。王在靈沼，於牣魚躍。（梁惠王上）

他人有心，予忖度之。（梁惠王上）

刑于寡妻，至于兄弟，以御于家邦。（梁惠王上）

畏天之威，于時保之。（梁惠王下）

王赫斯怒，爰整其旅，以遏徂莒，以篤周祜，以對于天下。（梁惠王下）

畜君何尤？（梁惠王下）

哿矣富人，哀此煢獨。（梁惠王下）

乃積乃倉，乃裹餱糧，于橐于囊，思戢用光；弓矢斯張，干戈戚揚，爰方啓行。（梁惠王下）

古公亶父，來朝走馬，率西水滸，至于岐下；爰及姜女，聿來胥宇。（梁惠王下）

自西自東，自南自北，無思不服。（公孫丑上）

迨天之未陰雨，徹彼桑土，綢繆牖戶。今此下民，或敢侮予？（公孫丑上）

永言配命，自求多福。（公孫丑上）

晝爾于茅，宵爾索綯。亟其乘屋，其始播百穀。（滕文公上）

雨我公田，遂及我私。（滕文公上）

周雖舊邦，其命惟新。（滕文公上）

戎狄是膺，荆舒是懲。《魯頌》（滕文公上）

不失其馳，舍矢如破。（滕文公下）

戎狄是膺，荆舒是懲；則莫我敢承。（滕文公下）

不愆不忘，率由舊章。（離婁上）

天之方蹶，無然泄泄。（離婁上）

殷鑒不遠，在夏后之世。（離婁上）

永言配命，自求多福。（離婁上）

商之孫子，其麗不億。上帝既命，侯于周服。侯服于周，天命靡常。殷士膚敏，祼將于京。（離婁上）

誰能執熱，逝不以濯？（離婁上）

其何能淑？載胥及溺。（離婁上）

娶妻如之何？必告父母。（萬章上）

普天之下，莫非王土；率土之濱，莫非王臣。（萬章上）

周餘黎民，靡有孑遺。《雲漢》（萬章上）

永言孝思，孝思維則。（萬章上）

周道如底，其直如矢；君子所履，小人所視。（萬章下）

天生蒸民，有物有則。民之秉彝，好是懿德。（告子上）

既醉以酒，既飽以德。（告子上）

不素餐兮。（盡心上）

憂心悄悄，慍于羣小。（盡心下）

肆不殄厥慍，亦不殞厥問。（盡心下）

2.《孟子》引《尚書》的內容：

時日害喪？予及女皆亡。《湯誓》（梁惠王上）

天降下民，作之君，作之師，惟曰其助上帝寵之。四方有罪無罪惟我在，天下曷敢有越厥志？（梁惠王下）

湯一征，自葛始。（梁惠王下）

徯我后，后來其蘇。（梁惠王下）

天作孽，猶可違；自作孽，不可活。《太甲》（公孫丑上）

若藥不瞑眩，厥疾不瘳。（滕文公上）

葛伯仇餉。（滕文公下）

徯我后，后來其無罰。（滕文公下）

有攸不爲臣，東征，綏厥士女。篚厥玄黃，紹我周王見休，惟臣附于大邑周。（滕文公下）

我武惟揚，侵于之疆。則取于殘，殺伐用張，于湯有光。《太誓》（滕文公下）

洚水警余。（滕文公下）

丕顯哉，文王謨！丕承哉，武王烈！佑啓我後人，咸以正無缺。（滕文公下）

天作孽，猶可違；自作孽，不可活。《太甲》（離婁上）

二十有八載，放勳乃徂落，百姓如喪考妣。三年，四海遏密八音。《堯典》（萬章上）

祗載見瞽瞍，夔夔齋栗，瞽瞍亦允若。（萬章上）

天視自我民視，天聽自我民聽。（萬章上）

殺越人于貨，閔不畏死，凡民罔不譈。《康誥》（萬章下）

享多儀，儀不及物曰不享，惟不役志于享。（告子下）

3.《孟子》引其他書的内容：

吾王不遊，吾何以休？吾王不豫，吾何以助？一遊一豫，爲諸侯度。《夏諺》（梁惠王下）

父召，無諾；君命召，不俟駕。《禮》（公孫丑下）

喪祭從先祖。《志》（滕文公上）

枉尺而直尋。《志》（滕文公下）

諸侯耕助，以供粢盛。夫人蠶繅，以爲衣服。犧牲不成，粢盛不潔，衣服不備，不敢以祭。惟士無田，則亦不祭。《禮》（滕文公下）

天誅造攻自牧宮，朕載自亳。《伊訓》（萬章上）

二　《莊子》中的引文

青青之麥，生於陵陂。生不佈施，死何含珠爲？《詩經》（外物）

孰惡孰美？成者爲首，不成者爲尾。《尚書》（盜跖）

《莊子》中下面這幾段文字疑有錯簡或者可能爲後人增入，爲了保證語料的可靠性，我們暫從陳鼓應等人的意見刪去：

故聖人之用兵也……而不自適其敵者也。（大宗師）

以刑爲体……所以行于世也。（大宗師）

夫大塊載我以形……乃所以善吾死也。（大宗師）

狶韋氏得之……而比于列星。（大宗師）

是故大人之行……約分之至也。（秋水）

復讎者不折鏌干……民幾乎以其真。（達生）

有孫休者……休惡遇此命也。（達生）

三　《呂氏春秋》中的引文

1.《呂氏春秋》引《詩經》的内容：

淑人君子，其儀不忒。其儀不忒，正是四國。（先己）

執轡如組。（先己）

文王在上，於昭于天，周雖舊邦，其命維新。（古樂）

不敢暴虎，不敢馮河，人知其一，莫知其他。（安死）

有龍于飛，周徧天下。五蛇從之，爲之丞輔。龍反其鄉，得其處所。四蛇從之，得其露雨。一蛇羞之，橋死於中野，懸書公門，而伏於山下。（介立）

有晻淒淒，興雲祁祁，雨我公田，遂及我私。（務本）

上帝臨汝，無貳爾心。《大雅》（務本）

普天之下，莫非王土，率土之濱，莫非王臣。（慎人）

唯則定國。（權勳）

赳赳武夫，公侯干城。（報更）

濟濟多士，文王以寧。（報更）

何其久也，必有以也，何其處也，必有與也。（重言）

愷悌君子，民之父母。（不屈）

愷悌新婦。（不屈）

莫莫葛藟，延于條枚，凱弟君子，求福不回。（知分）

惟此文王，小心翼翼，昭事上帝，聿懷多福。（行論）

將欲毀之，必重累之；將欲踣之，必高舉之。（行論）

子惠思我，褰裳涉洧；子不我思，豈無他士？（求人）

無競惟人。（求人）

毋過亂門。（原亂）

君君子則正，以行其德；君賤人則寬，以盡其力。（愛士）

2.《呂氏春秋》引《尚書》的内容：

無偏無黨，王道蕩蕩；無偏無頗，遵王之義；無或作好，遵王之道；無或作惡，遵王之路。《鴻範》（貴公）

往者不可及，來者不可待，賢明其世，謂之天子。《周書》（聽言）

天子之德，廣運乃神，乃武乃文。《夏書》（諭大）

五世之廟，可以觀怪；萬夫之長，可以生謀。《商書》（諭大）

刑三百，罪莫重於不孝。《商書》（孝行）

若臨深淵，若履薄冰。《周書》（慎大）

德幾無小。（報更）

惟天陰騭下民。《鴻範》（君守）

民善之則畜也，不善則讎也。《周書》（適威）

允哉允哉！《周書》（貴信）

3.《呂氏春秋》引其他書的内容：

復自道，何其咎，吉。《易》（務本）

愬愬，履虎尾，終吉。《易》（慎大）

高而不危，所以長守貴也；滿而不溢，所以長守富也。富貴不離其身，然後能保其社稷而和其民人。《孝經》（察微）

驕惑之事，不亡奚待？《志》（貴當）

第二節　戰國中期至秦代的詞彙總況

戰國中期至秦代（以下或稱"第 4 期"）的幾部傳世文獻的總字量爲 198333 字次，用字 4099 個，用詞 7321 個，總詞彙量爲 179150 詞次，平均每個詞出現 24.5 次。

這些詞的分佈情況如下：

出現 1 次的 2609 個；

出現 2 次的 1125 個；

出現 3 次的 729 個；

出現 4 次的 397 個；

出現 5 次的 290 個；

出現 6 次的 218 個；

出現 7 次的 195 個；

出現 8 次的 115 個；

出現 9 次的 120 個；

出現 10 次的 94 個；

出現 11 次的 85 個；

出現 12 次的 77 個；

出現 13 次的 63 個；

出現 14 次的 55 個；

出現 15 次的 55 個；

出現 16 次的 48 個；

出現 17 次的 53 個；

出現 18 次的 31 個；

出現 19 次的 31 個；

出現 20 次的 33 個；

出現 21 次的 28 個；

出現 22 次的 24 個；

出現 23 次的 24 個；

出現 24 次的 23 個；

出現 25 次的 20 個；

出現 26 次的 17 個；

出現 27 次的 22 個；

出現 28 次的 27 個；

出現 29 次的 19 個；

出現 30 次的 13 個；

出現 31 次的 7 個；

出現 32 次的 17 個；

出現 33 次的 9 個；

出現 34 次的 7 個；

出現 35 次的 9 個；

出現 36 次的 19 個；

出現 37 次的 13 個；

出現 38 次的 11 個；

出現 39 次的 6 個；

出現 40 次的 14 個；

出現 41 次的 11 個；

出現 42 次的 11 個；

出現 43 次的 9 個；

出現 44 次的 8 個；

出現 45 次的 7 個；

出現 46 次的 6 個；

出現 47 次的 10 個；

出現 48 次的 9 個；

出現 49 次的 6 個；

出現 50 次的 2 個；

出現 51 次的 4 個；

出現 52 次的 9 個；

出現 53 次的 5 個；

出現 54 次的 5 個；

出現 55 次的 7 個；

出現 56 次的 8 個；

出現 57 次的 6 個；

出現 58 次的 7 個；

出現 59 次的 5 個；

出現 60 次的 1 個；

出現 60 次以上的 433 個。

其中，覆蓋率達到 50.12％的有 69 個詞，頻次均在 359 次以上；覆蓋率達到 60.03％的有 136 個詞，頻次均在 201 次以上；覆蓋率達到 70.03％的有 255 個詞，頻次在 109 次以上；覆蓋率達到 80.02％的有 503 個詞，頻次在 47 次以上。下面把本時期文獻中詞的覆蓋率與詞彙數量的關係列成表格：

表 1　　　　戰國中期至秦代文獻中詞的覆蓋率與詞彙數量的關係

序號	覆蓋率分段	詞的數量（個）	詞彙纍計數量（個）
一	0—11.69%	3	3
二	11.69%—20.35%	3	6
三	20.35%—30.05%	9	15
四	30.05%—40.08%	19	34
五	40.08%—50.12%	35	69
六	50.12%—60.03%	67	136
七	60.03%—70.03%	119	255
八	70.03%—80.02%	248	503
九	80.02%—90%	737	1240
十	90%—100%	6081	7321

　　覆蓋率達到 90% 的詞只有 1240 個，剩下的 6081 個詞只能覆蓋該時期文獻的 10%，可見，本期詞的使用頻次相差是很大的。覆蓋率只有 10% 的 6081 個詞中，有些看起來很熟悉，如 "摘" "叫" "握" "拳" "弄" "綠" "潤" "虛偽" "嚴肅" "隱士"，如果沒有相關的統計數據作依據，很有可能把這部分詞看作當時的常用詞，事實上，這些詞在這個時期的文獻中都只使用過一次。如此低的使用頻率決定了它們絕不會是當時的常用詞。由此看來，常用不常用，不能憑感覺，應當由統計數據（使用次數和覆蓋率）説了算。當然我們也應該承認，受漢語史研究資料的局限，或許當時口語中經常使用的一些詞並沒有在文獻中反映出來。應該説這種情況是存在的，但不具備普遍性。在推斷和事實面前，我們應該相信事實。

　　依據本時期詞的出現次數及其覆蓋率的情況，我們把前 507 個詞定爲本時期的常用詞。這些常用詞的使用頻次均在 47 次以上（不含 47 次），平均頻次爲 285 次，佔該時期全部詞彙（7321 個）的 6.9%，在文獻中的覆蓋率爲 80.02%。

　　出現次數最多的是 "之"，達到 9582 次。

　　本時期的常用詞表見本章附録。

第三節　戰國中期至秦代常用詞的特點

1. 常用詞佔本時期詞彙量的比重不高

本時期文獻共用詞 7321 個，常用詞只有 507 個，常用詞只佔該時期用詞的 6.9％。這種情況跟第 3 期的情況差不多，只是比例上比第 3 期（5.9％）稍微高一些。出現這種情況的原因前面我們曾經作過一些分析，後面還要詳細討論（見第六章第二節），這裏先不作解釋。

2. 常用詞中單音詞佔絕對優勢

本時期 507 個常用詞中，單音詞有 465 個，單音詞佔常用詞的 91.7％。單音詞當中，絕大多數是一般詞語，專名只有以下 19 個[①]：舜☆、堯☆、禹☆、丘☆、桀☆、紂☆、湯☆、秦♯、魯♯、衛♯、宋♯、楚♯、越♯、周¹♯、齊♯、荆♯、殷♯、晉/晫♯、吳²♯。

第 3 期的情況亦與此相似。常用詞是詞彙基本面貌的反映，由第 3、4 期常用詞的情況，我們可以粗略地了解當時漢語詞彙構成上的特點。以前人們在談到戰國時期漢語詞彙發展問題時，常常説這時的雙音詞快速發展，甚至有些學者認爲這個時期的雙音詞已佔優勢。我們認爲，説這個時期雙音詞得到快速發展這是事實，説雙音詞佔優勢卻缺乏根據。因爲，判斷一個時期單音節詞爲主還是多音節詞爲主，不能只看它們在整個詞彙中所佔的比例，還要看它們的覆蓋率。本時期佔 5％不到的單音詞覆蓋率卻達到了近百分之八十，這充分説明，當時的語言運用中還是以單音詞爲主的。當然，若論複音詞和單音詞佔詞彙量的百分比，那又是另一種情況，不過這樣的比較並沒有實際意義。

3. 詞的書寫形式變體多

本時期常用詞的數量不如第 3 期，但是有書寫形式變體的常用詞比第

---

① 本期文獻詞彙中專名總共才有 32 個，其餘 13 個爲非常用詞，而且均爲複音節的人名。它們是：孟子、孔子、文王、莊子、武王、黄帝、管仲、周公、惠子、桓公、伊尹、老聃/老耼、仲尼。按，本期專名只有 32 個，應該説這是不符合語言實際情況的。這一結果跟語料的選擇有關，同時它也告訴我們一個事實，一切以文獻語料爲對象的語言研究，別管是詞彙研究，還是語音研究、語法研究，結論都是相對的。

3期多，共49個：以/已、無/无/亡、矣/已、得/德、謂/爲、聞/問、是/時、又/有、士/仕、德/得、説/兑、上/尚、形/刑、生/性、嘗/常/當、智/知、返/反、汝/女、已/以、仁/人、罪/辜、服/備、適[1]/敵、遊/游、實/是、猶/由、後/厚、願/愿、變/辨/辯、閒/間、況/况、歟/與、劍/劎、和/禾、彊/强/强、惑/或、政/正、勿/物、辯/辨/變、羣/群、避/辟、狗/狥、暴/暴、趨/趣/取、勢/埶、惟/唯、於/于、識/職、息/熄。試舉幾例如下：

(1) 得/德

蕩蕩默默，乃不自得。(《莊子·天運》)

駢拇枝指，出乎性哉！而侈於德。(《莊子·駢拇》) 成玄英疏："德，得也。"

(2) 聞/問

聞其聲，不忍食其肉。(《孟子·梁惠王上》)

今者吾忘吾答，因失吾問。(《莊子·庚桑楚》) 陸德明《釋文》："元嘉本問作聞。"

(3) 説/兑（yuè）

楚王説之，與將軍之節以如秦 (《呂氏春秋·首時》)

凡説者，兑之也，非説之也。(《呂氏春秋·勸學》)

(4) 形/刑

天地有始，天微以成，地塞以形。(《呂氏春秋·有始》)

冬與夏不能兩刑，草與稼不能兩成。(《呂氏春秋·博志》)

(5) 服/備

以力服人者，非心服也，力不贍也 (《孟子·公孫丑上》)

樂備君道而百官已治矣，萬民已利矣。(《呂氏春秋·先己》)

(6) 後/厚

夢之中又占其夢焉，覺而後知其夢也。(《莊子·齊物論》)

必厚其鞈，爲其唯厚而及。(《呂氏春秋·辯土》) 孫詒讓《札迻·呂氏春秋高誘注·辯士》："厚，當爲後。"

4. 虛詞的多功能性

虛詞的多功能性是漢語虛詞最顯著的一個特徵。我們在這裏講這個問題並不意味著之前幾個階段的虛詞沒有多功能性，只是因爲，漢語虛詞的多功能性有一個逐漸演變的過程，時間越靠前，虛詞的用法越單一，時間越靠後，它們的多功能性就越明顯。這一點，第二章我們曾以"敢"和"于"爲例作了説明。下面看本期的用法。仍以"于"爲例。

本期"于"在書寫形式上有兩個變體，一作"于"，一作"於"。前者共出現 102 次，後者共出現 2502 次，它們的書寫形式雖然不同，意義完全一樣。[①] 考慮到本期文獻在使用上傾向于"於"，所以我們選擇"於"作詞位的代表，記作【於】，下文如果詞和字不會產生誤會的話，就直接寫作"於"，舉例時，"於"和"于"不分，均用"～"代替。

"於"的較原始的用法是用於動詞和賓語之間，引出動作的對象。例如：

（1）有復～王者曰：吾力足以舉百鈞，而不足以舉一羽；《孟子·梁惠王上》

（2）今恩足以及禽獸，而功不至～百姓者，獨何與？《孟子·梁惠王上》

由此進一步引申，仍然用於動詞和賓語之間，或者表示動作行爲的處所，或者引進"與事"，或者引出比較的對象，或者引出動作行爲的主動者，這些用法仍然是介詞。例如：

（3）王立～沼上，顧鴻鴈麋鹿。《孟子·梁惠王上》

（4）謹庠序之教，申之以孝悌之義，頒白者不負戴～道路矣。《孟子·梁惠王上》

（5）伊尹耕～有莘之野，而樂堯舜之道焉。《孟子·萬章上》

---

① 楊伯峻先生説："'于'和'於'本是兩個字，而作爲虛詞，這兩個字用法相同處多，不同處極少。不過，更古的書籍，多用'于'；較晚的多用'於'，現代則以'于'兼'於'，'于''於'幾乎不分。"見《古漢語虛詞》，中華書局 1981 年版。

(6) 寡人之～國也，盡心焉耳矣。《孟子·梁惠王上》

(7) 昔者有饋生魚～鄭子産，子産使校人畜之池。《孟子·萬章上》

(8) 王如施仁政～民，省刑罰，薄稅斂，深耕易耨。《孟子·梁惠王上》

(9) 巫馬期問其故～宓子。《呂氏春秋·察賢》

(10) 王如知此，則無望民之多～鄰國也。《孟子·梁惠王上》

(11) 世之走利，有似～此。《呂氏春秋·審爲》

(12) 是何異～刺人而殺之，曰"非我也，兵也"。《孟子·梁惠王上》

(13) 有聞，晏子見疑～齊君，出奔。《呂氏春秋·士節》

下面這些句子中的"於"都不直接跟動詞相聯係，因此其功能與上面諸例有別：

(14) ～季桓子，見行可之仕也；～衛靈公，際可之仕也；～衛孝公，公養之仕也。《孟子·萬章下》

(15) 三年不出，爲其妻爨，食豕如食人，～事无與親。《莊子·應帝王》

(16) 若夫子之言，～帝王之德，猶螳蜋之怒臂以當車軼，則必不勝任矣！《莊子·天地》

(17) 夫道，～大不終，～小不遺，故萬物備。《莊子·天道》

(18) 其於國有不聞也，其～家有不見也。《莊子·徐无鬼》

(19) 通達之中有魏，～魏中有梁，～梁中有王《莊子·則陽》

(20) 王令人發平府而視之，～故記果有，乃厚賞之。《呂氏春秋·至忠》

(21) 故賢主～安思危，～達思窮，～得思喪。《呂氏春秋·慎大》

(22) 是故～全乎去能，～假乎去事，～知乎去幾，所知者妙矣。《呂氏春秋·審分》

(23) 且比化者，無使土親膚，～人心獨無恔乎？《孟子·公孫丑下》

"於"因爲在句子中常跟動詞結合著用，來表示動作行爲的方向或處所，時間一長，"於"就可以脱離動詞而單用，單用的"於"仍然表示動作行爲的處所。例如：

(24) 久～齊，非我志也。《孟子·公孫丑下》

(25) 或謂孔子～衛主癰疽，～齊主侍人瘠環，有諸乎？《孟子·萬章上》

(26) 今有良醫～此，治十人而起九人，所以求之萬也。《呂氏春秋·察賢》

(27) 太甲顛覆湯之典刑，伊尹放之於桐三年；太甲悔過，自怨自艾，～桐處仁遷義。《孟子·萬章上》

(28) 衛有士十人～吾所。《呂氏春秋·察賢》

上面這幾例中的"於"跟前面的又不同，是否可以認爲是動詞呢？至於下面這一例中的"於"，張雙棣等《呂氏春秋詞典》直接把它解釋爲動詞，"爲，治"的意思：

(29) 爲天下者不～天下～身。《呂氏春秋·先己》

跟這句話中"於"的用法相同的還有一些，如：

(30) 故善響者不～響～聲，善影者不～影～形。《呂氏春秋·先己》

(31) 治物者不～物～人，治人者不～事～君，治君者不～君～天子，治天子者不～天子～欲，治欲者不～欲～性。《呂氏春秋·貴當》

以上我們是僅選比較典型的用法來説的，要想把它説全，恐怕得寫一本書。僅從上述"於"的幾種用法，我們就可以大致看出它使用上功能的多樣性。

比"於"複雜的還有不少，如"之""其""而""以"。

5. 最高的頻次和最低的頻次相差很大

頻次最高的是"之"，[①] 有 9582 次；頻次最低的詞有 9 個，只有 48 次，這兩個頻次相差 199 倍多。別的不考慮，光看頻次，出現九千多次的"之"跟出現三十多次的"畢""寡""賊"等相比，其常用的程度是不一樣的，正如上一章我們所説，這反映了常用詞内部也存在常用性高低的差别。

就我們作過統計的先秦幾個階段的情況來看，常用詞的内部頻次相差很大並不是一種普遍現象，請看表 2 的統計。

表 2   單位：次，％

時期	最高頻次	最低頻次	平均頻次	最高頻與最低頻的比例
金文	353	4	18.6	88.3
第 1 期	420	6	25.5	70
第 2 期	851	7	36.1	121.6
第 3 期	8457	38	246.5	222.6
第 4 期	9582	48	283.1	199.6

很明顯，第 3、4 期常用詞的頻次差要遠遠地高於前幾期。出現這種情況，主要跟統計的樣本大小有關。第 1、2 期文獻的總字數分别只有 21591 字次和 37735 字次，而本期文獻的總字數達到了 198333 字次，分别是第 1 期的 9.2 倍和第 2 期的 5.3 倍。第 3 期的情況也一樣。第 3 期常用詞的最高頻與最低頻之所以相差最大，是因爲第 3 期的文本量最大（212046 字次）。看來，樣本越大，詞的使用頻次相差就越大。這種現象很好解釋：因爲常用詞最大的特點就是常用性，文本越小，常用詞反復出現的機會就越少；文本越大，常用詞反復出現的機會就越多。假如使用頻率最高的常用詞在每 50 個詞當中就可以出現 1 次，而非常用詞或者使用頻率低的常用

---

① "之"有代詞用法，有連詞用法，有助詞用法，按説這些不同的用法應當分作幾個不同的詞位，但是由於目前人們對"之"的來源（到底是由一個"之"分化來的，還是由不同的"之"偶然同形造成的）還説不太清楚，再加上多數工具書都把它當作一個詞來處理，故本書也把它當作一個詞位來處理。這種處理是否恰當，有待于以後作進一步研究。

詞在每 200 個詞當中出現 1 次；對於一部包含 5000 個詞的文獻，使用頻率最高的常用詞就可以出現 100 次，而使用頻率低的常用詞只能出現 25 次；如果文獻的詞量增加 10 倍，達到 50000 個詞，使用頻率最高的常用詞就可以出現 1000 次，而使用頻率低的常用詞只能出現 250 次。對比這兩組數據，可以明顯地看到小文本量的常用詞的頻次差要遠遠地低於大文本量的常用詞的頻次差。以上只是一個理論假設，在實際當中，不同詞的出現頻率並不是嚴格按照一定的比例關係來變化的，正因爲這樣，隨著文本量的變化，詞的頻次的比例並不是固定不變的。

關於詞的頻次差與常用詞的關係，我們需要作些解釋。

第二章我們說過，確定常用詞的主要標準是覆蓋率，我們把覆蓋率達到 80％ 左右的詞確定爲常用詞，其餘的是非常用詞。按理說常用詞與非常用詞有顯著的差異，可是如果我們觀察一下詞頻表，會發現常用詞中頻次最低的詞跟非常用詞中頻次最高的詞頻次往往只差 1 次。這 1 次的差距使它們有了不同的身份，高一點兒的成了常用詞，低一點兒的成了非常用詞，這樣處理對它們好像有點兒不公平。其實這種現象不只發生在常用詞和非常用詞身上，複合詞和詞組的區分，同義詞和近義詞的確定等，好多問題都會遇到這種情況。這是一種很正常的現象。就像評選三好學生，一個班評三個，可是夠三好條件的可能有十個，沒辦法，只能從十個裏面挑三個，最後評選出來的三個總體上是最好的，但是我們不能說，最後評上的跟沒評上的一定有多大差距，事實上，沒被評上的在某些方面可能比評上的更優秀。這是公平中的不公平現象，而不公平中又透著公平。常用詞的確定也是這個道理。我們不能因爲出現次數最低的常用詞跟出現次數最高的非常用詞差距不大就不承認它們的區別。

附録　戰國中期至秦代常用詞詞頻表

表3

序號	詞目	頻次（次）	頻率	覆蓋率
001	之	9582	0.053486	0.053486

续表

序號	詞目	頻次（次）	頻率	覆蓋率
002	不	5738	0.032029	0.085515
003	也	5624	0.031393	0.116908
004	而[1]	4908	0.027396	0.144304
005	其	3706	0.020687	0.164990
006	以/已	3493	0.019498	0.184488
007	曰	3407	0.019018	0.203505
008	者	3048	0.017014	0.220519
009	爲	2466	0.013765	0.234284
010	於/于	2462	0.013743	0.248027
011	有	2155	0.012029	0.260056
012	則	1911	0.010667	0.270723
013	人	1889	0.010544	0.281267
014	無/无/亡	1785	0.009964	0.291231
015	所	1674	0.009344	0.300575
016	矣/已	1603	0.008948	0.309523
017	乎	1519	0.008479	0.318002
018	知	1265	0.007061	0.325063
019	故	1056	0.005895	0.330957
020	此	1038	0.005794	0.336751
021	是/時	1037	0.005788	0.342540
022	與	1016	0.005671	0.348211
023	可	978	0.005459	0.353670
024	得/德	934	0.005214	0.358884
025	能	840	0.004689	0.363572
026	非	813	0.004538	0.368111
027	謂/爲	800	0.004466	0.372576
028	大	797	0.004449	0.377025
029	若	758	0.004231	0.381256
030	吾	722	0.004030	0.385286
031	天下	718	0.004008	0.389294
032	必	711	0.003969	0.393263

续表

序號	詞目	頻次（次）	頻率	覆蓋率
033	行	689	0.003846	0.397109
034	何	678	0.003785	0.400893
035	道	676	0.003773	0.404666
036	言	657	0.003667	0.408334
037	君	656	0.003662	0.411996
038	夫	642	0.003584	0.415579
039	見¹	636	0.003550	0.419129
040	子	633	0.003533	0.422663
041	民	611	0.003411	0.426073
042	一	598	0.003338	0.429411
043	然¹	592	0.003304	0.432716
044	王	590	0.003293	0.436009
045	生/性	572	0.003193	0.439202
046	欲	562	0.003137	0.442339
047	至	554	0.003092	0.445431
048	使	540	0.003014	0.448445
049	國	535	0.002986	0.451432
050	天	535	0.002986	0.454418
051	死	527	0.002942	0.457360
052	今	521	0.002908	0.460268
053	我	521	0.002908	0.463176
054	焉	516	0.002880	0.466056
055	自	501	0.002797	0.468853
056	事	477	0.002663	0.471515
057	聞/問	473	0.002640	0.474156
058	心	444	0.002478	0.476634
059	未	434	0.002423	0.479057
060	相	423	0.002361	0.481418
061	亦	422	0.002356	0.483773
062	將	410	0.002289	0.486062
063	皆	410	0.002289	0.488351

续表

序號	詞目	頻次（次）	頻率	覆蓋率
064	善	396	0.002210	0.490561
065	問	390	0.002177	0.492738
066	臣	385	0.002149	0.494887
067	惡	385	0.002149	0.497036
068	用	381	0.002127	0.499163
069	雖	368	0.002054	0.501217
070	哉	359	0.002004	0.503221
071	如	353	0.001970	0.505191
072	地	349	0.001948	0.507139
073	日	343	0.001915	0.509054
074	物	343	0.001915	0.510968
075	上/尚	340	0.001898	0.512866
076	足	340	0.001898	0.514764
077	乃	333	0.001859	0.516623
078	在	329	0.001836	0.518459
079	又/有	326	0.001820	0.520279
080	三	325	0.001814	0.522093
081	出	320	0.001786	0.523879
082	治	317	0.001769	0.525649
083	食	308	0.001719	0.527368
084	莫	305	0.001702	0.529071
085	已/以	300	0.001675	0.530745
086	身	299	0.001669	0.532414
087	孟子☆	298	0.001663	0.534078
088	下	298	0.001663	0.535741
089	樂	297	0.001658	0.537399
090	成	293	0.001636	0.539034
091	士/仕	293	0.001636	0.540670
092	德/得	291	0.001624	0.542294
093	時	290	0.001619	0.543913
094	中	288	0.001608	0.545521

续表

序號	詞目	頻次（次）	頻率	覆蓋率
095	利	286	0.001596	0.547117
096	去	280	0.001563	0.548680
097	説/兑	280	0.001563	0.550243
098	義	279	0.001557	0.551800
099	可以	269	0.001502	0.553302
100	多	267	0.001490	0.554792
101	猶/由	260	0.001451	0.556243
102	後/厚	258	0.001440	0.557684
103	令	257	0.001435	0.559118
104	亡	253	0.001412	0.560530
105	同	250	0.001395	0.561926
106	命	249	0.001390	0.563316
107	孔子☆	242	0.001351	0.564666
108	人	239	0.001334	0.566001
109	殺	238	0.001328	0.567329
110	且	235	0.001312	0.568641
111	先	235	0.001312	0.569953
112	名	233	0.001301	0.571253
113	過	231	0.001289	0.572543
114	始	231	0.001289	0.573832
115	勝	229	0.001278	0.575110
116	聽	229	0.001278	0.576389
117	請	227	0.001267	0.577656
118	求	227	0.001267	0.578923
119	居	224	0.001250	0.580173
120	取	224	0.001250	0.581423
121	安	223	0.001245	0.582668
122	賢	221	0.001234	0.583902
123	弗	219	0.001222	0.585124
124	長	215	0.001200	0.586324
125	失	215	0.001200	0.587524

序號	詞目	頻次（次）	頻率	覆蓋率
126	邪²	215	0.001200	0.588725
127	舜☆	213	0.001189	0.589913
128	敢	212	0.001183	0.591097
129	形/刑	212	0.001183	0.592280
130	己	210	0.001172	0.593452
131	受	208	0.001161	0.594613
132	主	208	0.001161	0.595774
133	聖人	206	0.001150	0.596924
134	彼	206	0.001150	0.598074
135	世	204	0.001139	0.599213
136	因	204	0.001139	0.600352
137	小	201	0.001122	0.601474
138	處	200	0.001116	0.602590
139	立	200	0.001116	0.603706
140	天子	198	0.001105	0.604812
141	從	198	0.001105	0.605917
142	固	197	0.001100	0.607016
143	來	197	0.001100	0.608116
144	父	196	0.001094	0.609210
145	水	192	0.001072	0.610282
146	往	191	0.001066	0.611348
147	及	189	0.001055	0.612403
148	當	186	0.001038	0.613441
149	親	186	0.001038	0.614479
150	好	185	0.001033	0.615512
151	仁/人	185	0.001033	0.616545
152	亂	183	0.001021	0.617566
153	師	183	0.001021	0.618588
154	視	182	0.001016	0.619604
155	月	181	0.001010	0.620614
156	對	180	0.001005	0.621619

续表

序號	詞目	頻次（次）	頻率	覆蓋率
157	養	180	0.001005	0.622623
158	齊♯	179	0.000999	0.623623
159	數	178	0.000994	0.624616
160	堯☆	177	0.000988	0.625604
161	衆	176	0.000982	0.626587
162	盡[1]	173	0.000966	0.627552
163	甚	172	0.000960	0.628512
164	重[1]	170	0.000949	0.629461
165	止	168	0.000938	0.630399
166	患	167	0.000932	0.631331
167	二	166	0.000927	0.632258
168	外	166	0.000927	0.633184
169	觀	165	0.000921	0.634105
170	貴	163	0.000910	0.635015
171	異	163	0.000910	0.635925
172	諸侯	162	0.000904	0.636829
173	兵	162	0.000904	0.637734
174	凡	162	0.000904	0.638638
175	智/知	162	0.000904	0.639542
176	以爲	160	0.000893	0.640435
177	愛	160	0.000893	0.641328
178	嘗/常/當	160	0.000893	0.642222
179	君子	159	0.000888	0.643109
180	告	159	0.000888	0.643997
181	年	159	0.000888	0.644884
182	返/反	157	0.000876	0.645761
183	歸	157	0.000876	0.646637
184	易	157	0.000876	0.647513
185	耳	156	0.000871	0.648384
186	古	156	0.000871	0.649255
187	難	156	0.000871	0.650126

序號	詞目	頻次（次）	頻率	覆蓋率
188	豈	156	0.000871	0.650996
189	信	156	0.000871	0.651867
190	功	155	0.000865	0.652732
191	五	155	0.000865	0.653598
192	方	154	0.000860	0.654457
193	性	153	0.000854	0.655311
194	辭	151	0.000843	0.656154
195	獨	151	0.000843	0.656997
196	夫子	150	0.000837	0.657834
197	學	150	0.000837	0.658672
198	窮	147	0.000821	0.659492
199	罪/辠	147	0.000821	0.660313
200	服/備	146	0.000815	0.661128
201	化	143	0.000798	0.661926
202	情	143	0.000798	0.662724
203	奚	143	0.000798	0.663522
204	實/是	142	0.000793	0.664315
205	志	141	0.000787	0.665102
206	公	140	0.000781	0.665883
207	氣	140	0.000781	0.666665
208	汝/女	140	0.000781	0.667446
209	適[1]/敵	140	0.000781	0.668228
210	遊/游	140	0.000781	0.669009
211	存	139	0.000776	0.669785
212	禮	138	0.000770	0.670555
213	馬	138	0.000770	0.671326
214	明	138	0.000770	0.672096
215	正	138	0.000770	0.672866
216	湯☆	137	0.000765	0.673631
217	教	136	0.000759	0.674390
218	衣	134	0.000748	0.675138

续表

序號	詞目	頻次（次）	頻率	覆蓋率
219	由	134	0.000748	0.675886
220	而已	131	0.000731	0.676617
221	寡人	131	0.000731	0.677349
222	舉	131	0.000731	0.678080
223	目	131	0.000731	0.678811
224	萬物	130	0.000726	0.679537
225	動	130	0.000726	0.680262
226	里	128	0.000714	0.680977
227	色	128	0.000714	0.681691
228	復	127	0.000709	0.682400
229	予	127	0.000709	0.683109
230	作	127	0.000709	0.683818
231	法	126	0.000703	0.684521
232	或	126	0.000703	0.685225
233	通	126	0.000703	0.685928
234	害	124	0.000692	0.686620
235	本	123	0.000687	0.687307
236	疾	123	0.000687	0.687993
237	攻	121	0.000675	0.688669
238	孰	121	0.000675	0.689344
239	應	121	0.000675	0.690020
240	內	120	0.000670	0.690689
241	四	120	0.000670	0.691359
242	力	119	0.000664	0.692023
243	忘	118	0.000659	0.692682
244	遠	117	0.000653	0.693335
245	戰	117	0.000653	0.693988
246	伐	116	0.000648	0.694636
247	意	116	0.000648	0.695283
248	進	114	0.000636	0.695920
249	母	114	0.000636	0.696556

续表

序號	詞目	頻次（次）	頻率	覆蓋率
250	賞	114	0.000636	0.697192
251	聲	114	0.000636	0.697829
252	憂	112	0.000625	0.698454
253	百	111	0.000620	0.699073
254	車	110	0.000614	0.699687
255	美	110	0.000614	0.700301
256	神	110	0.000614	0.700915
257	益	109	0.000608	0.701524
258	待	108	0.000603	0.702127
259	反	108	0.000603	0.702730
260	舍	108	0.000603	0.703332
261	秦艹	107	0.000597	0.703930
026	賢者	106	0.000592	0.704521
263	願/愿	106	0.000592	0.705113
264	變/辨/辯	105	0.000586	0.705699
265	遂	105	0.000586	0.706285
266	分	104	0.000581	0.706866
267	況/况	104	0.000581	0.707446
268	間/间	103	0.000575	0.708021
269	怒	101	0.000564	0.708585
270	諸	101	0.000564	0.709149
271	朝	100	0.000558	0.709707
272	定	100	0.000558	0.710265
273	論	100	0.000558	0.710823
274	合	99	0.000553	0.711376
275	理	99	0.000553	0.711929
276	傷	98	0.000547	0.712476
277	終	98	0.000547	0.713023
278	於是	97	0.000541	0.713564
279	文王☆	96	0.000536	0.714100
280	達	96	0.000536	0.714636

续表

序號	詞目	頻次（次）	頻率	覆蓋率
281	既	96	0.000536	0.715172
282	任	96	0.000536	0.715708
283	守	96	0.000536	0.716243
284	似	96	0.000536	0.716779
285	仁義	95	0.000530	0.717310
286	危	95	0.000530	0.717840
287	爭	95	0.000530	0.718370
288	尊	95	0.000530	0.718900
289	然後	94	0.000525	0.719425
290	務	94	0.000525	0.719950
291	千	93	0.000519	0.720469
292	輕	93	0.000519	0.720988
293	山	93	0.000519	0.721507
294	禹☆	92	0.000514	0.722021
295	乘	91	0.000508	0.722529
296	察	90	0.000502	0.723031
297	官	89	0.000497	0.723528
298	喜	89	0.000497	0.724025
299	不肖	88	0.000491	0.724516
300	謀	88	0.000491	0.725007
301	魯♯	87	0.000486	0.725493
302	莊子☆	87	0.000486	0.725978
303	高	87	0.000486	0.726464
304	敬	87	0.000486	0.726949
305	友	86	0.000480	0.727430
306	和/禾	85	0.000474	0.727904
307	精	85	0.000474	0.728378
308	少	85	0.000474	0.728853
309	唯	85	0.000474	0.729327
310	遇	85	0.000474	0.729802
311	家	84	0.000469	0.730271

序號	詞目	頻次（次）	頻率	覆蓋率
312	楚♯	83	0.000463	0.730734
313	人主	83	0.000463	0.731197
314	恐	83	0.000463	0.731661
315	木	83	0.000463	0.732124
316	前	83	0.000463	0.732587
317	兄	83	0.000463	0.733051
318	歟/與	83	0.000463	0.733514
319	宋♯	82	0.000458	0.733972
320	衛♯	82	0.000458	0.734429
321	劍/劒	82	0.000458	0.734887
322	久	82	0.000458	0.735345
323	流	82	0.000458	0.735802
324	門	82	0.000458	0.736260
325	全	82	0.000458	0.736718
326	彊/强/強	81	0.000452	0.737170
327	妻	81	0.000452	0.737622
328	深	81	0.000452	0.738074
329	越♯	80	0.000447	0.738521
330	白	80	0.000447	0.738967
331	敗	80	0.000447	0.739414
332	發	80	0.000447	0.739860
333	走	80	0.000447	0.740307
334	病	79	0.000441	0.740748
335	虛	79	0.000441	0.741189
336	先王	78	0.000435	0.741624
337	相與	78	0.000435	0.742060
338	敵	78	0.000435	0.742495
339	金	78	0.000435	0.742931
340	十	78	0.000435	0.743366
341	陰	78	0.000435	0.743801
342	魚	78	0.000435	0.744237

续表

序號	詞目	頻次（次）	頻率	覆蓋率
343	惑/或	77	0.000430	0.744666
344	勞	77	0.000430	0.745096
345	牛	77	0.000430	0.745526
346	起	77	0.000430	0.745956
347	喪	77	0.000430	0.746386
348	桀☆	76	0.000424	0.746810
349	解	76	0.000424	0.747234
350	口	76	0.000424	0.747658
351	夜	76	0.000424	0.748083
352	公子	76	0.000424	0.748507
353	六	75	0.000419	0.748925
354	順	75	0.000419	0.749344
355	興	75	0.000419	0.749763
356	陽	75	0.000419	0.750181
357	帝	74	0.000413	0.750594
358	近	74	0.000413	0.751008
359	徒	74	0.000413	0.751421
360	勿/物	74	0.000413	0.751834
361	風	73	0.000407	0.752241
362	耕	73	0.000407	0.752649
363	鼓[1]	73	0.000407	0.753056
364	審	73	0.000407	0.753464
365	音	73	0.000407	0.753871
366	政/正	73	0.000407	0.754279
367	大夫	72	0.000402	0.754680
368	周[1]♯	72	0.000402	0.755082
369	紂☆	72	0.000402	0.755484
370	加	72	0.000402	0.755886
371	離	72	0.000402	0.756288
372	辯/辨/變	71	0.000396	0.756684
373	常	71	0.000396	0.757081

续表

序號	詞目	頻次（次）	頻率	覆蓋率
374	誠	71	0.000396	0.757477
375	棄	71	0.000396	0.757873
376	羣/群	71	0.000396	0.758270
377	私	71	0.000396	0.758666
378	愈	71	0.000396	0.759062
379	悦	71	0.000396	0.759459
380	藏	70	0.000391	0.759849
381	果	70	0.000391	0.760240
382	禁	70	0.000391	0.760631
383	飲	70	0.000391	0.761021
384	仲尼☆	69	0.000385	0.761407
385	富	69	0.000385	0.761792
386	兔	69	0.000385	0.762177
387	東	68	0.000380	0.762557
388	女	68	0.000380	0.762936
389	辱	68	0.000380	0.763316
390	召	68	0.000380	0.763695
391	執	68	0.000380	0.764075
392	先生	67	0.000374	0.764449
393	諫	67	0.000374	0.764823
394	宜	67	0.000374	0.765197
395	遺	67	0.000374	0.765571
396	直	67	0.000374	0.765945
397	卒[1]	67	0.000374	0.766319
398	避/辟	66	0.000368	0.766687
399	苟	66	0.000368	0.767056
400	寒	66	0.000368	0.767424
401	極	66	0.000368	0.767792
402	位	66	0.000368	0.768161
403	勇	66	0.000368	0.768529
404	語	66	0.000368	0.768898

续表

序號	詞目	頻次（次）	頻率	覆蓋率
405	然則	65	0.000363	0.769260
406	吳²♯	65	0.000363	0.769623
407	弟	65	0.000363	0.769986
408	火	65	0.000363	0.770349
409	禄	65	0.000363	0.770712
410	丘☆	64	0.000357	0.771069
411	節	64	0.000357	0.771426
412	老	64	0.000357	0.771783
413	類	64	0.000357	0.772141
414	南	64	0.000357	0.772498
415	射	64	0.000357	0.772855
416	怨	64	0.000357	0.773212
417	澤	64	0.000357	0.773570
418	荆♯	63	0.000352	0.773921
419	武王☆	63	0.000352	0.774273
420	備	63	0.000352	0.774625
421	客	63	0.000352	0.774976
422	苦	63	0.000352	0.775328
423	容	63	0.000352	0.775680
424	致	63	0.000352	0.776031
425	桓公☆	62	0.000346	0.776377
426	昔者	62	0.000346	0.776723
427	北	62	0.000346	0.777069
428	絶	62	0.000346	0.777416
429	俗	62	0.000346	0.777762
430	修	62	0.000346	0.778108
431	罰	61	0.000340	0.778448
432	尚	61	0.000340	0.778789
433	望	61	0.000340	0.779129
434	禍	60	0.000335	0.779464
435	賤	59	0.000329	0.779793

续表

序號	詞目	頻次（次）	頻率	覆蓋率
436	兩	59	0.000329	0.780123
437	惟/唯	59	0.000329	0.780452
438	孝	59	0.000329	0.780781
439	笑	59	0.000329	0.781111
440	悲	58	0.000324	0.781435
441	比	58	0.000324	0.781758
442	稱	58	0.000324	0.782082
443	酒	58	0.000324	0.782406
444	萬	58	0.000324	0.782730
445	忠	58	0.000324	0.783053
446	誅	58	0.000324	0.783377
447	黄帝☆	57	0.000318	0.783695
448	晉/暗♯	57	0.000318	0.784013
449	静	57	0.000318	0.784332
450	鳥	57	0.000318	0.784650
451	歲	57	0.000318	0.784968
452	土	57	0.000318	0.785286
453	弟子	56	0.000313	0.785599
454	管仲☆	56	0.000313	0.785911
455	周公☆	56	0.000313	0.786224
456	《詩》	56	0.000313	0.786536
457	厚	56	0.000313	0.786849
458	幾	56	0.000313	0.787162
459	慮	56	0.000313	0.787474
460	術	56	0.000313	0.787787
461	可得	55	0.000307	0.788094
462	殷♯	55	0.000307	0.788401
463	暴/曝	55	0.000307	0.788708
464	巧	55	0.000307	0.789015
465	盛	55	0.000307	0.789322
466	要	55	0.000307	0.789629

续表

序號	詞目	頻次（次）	頻率	覆蓋率
467	餘	55	0.000307	0.789936
468	惠子☆	54	0.000301	0.790237
469	太子	54	0.000301	0.790539
470	就	54	0.000301	0.790840
471	肉	54	0.000301	0.791142
472	聖	54	0.000301	0.791443
473	狗/狥	53	0.000296	0.791739
474	良	53	0.000296	0.792035
475	七	53	0.000296	0.792330
476	葬	53	0.000296	0.792626
477	真	53	0.000296	0.792922
478	老聃/老耽☆	52	0.000290	0.793212
479	賢主	52	0.000290	0.793503
480	封	52	0.000290	0.793793
481	福	52	0.000290	0.794083
482	室	52	0.000290	0.794373
483	勢/埶	52	0.000290	0.794664
484	衰	52	0.000290	0.794954
485	田	52	0.000290	0.795244
486	退	52	0.000290	0.795534
487	平	51	0.000285	0.795819
488	西	51	0.000285	0.796104
489	愚	51	0.000285	0.796389
490	制	51	0.000285	0.796673
491	面	50	0.000279	0.796952
492	載	50	0.000279	0.797231
493	傳	49	0.000274	0.797505
494	忍	49	0.000274	0.797778
495	識/職	49	0.000274	0.798052
496	斯	49	0.000274	0.798325
497	息/熄	49	0.000274	0.798599

续表

序號	詞目	頻次（次）	頻率	覆蓋率
498	幸	49	0.000274	0.798872
499	无爲¹	48	0.000268	0.799140
500	伊尹☆	48	0.000268	0.799408
501	畢	48	0.000268	0.799676
502	寡	48	0.000268	0.799944
503	趨/趣/取	48	0.000268	0.800212
504	威	48	0.000268	0.800480
505	畏	48	0.000268	0.800748
506	刑¹	48	0.000268	0.801016
507	賊	48	0.000268	0.801284

第六章　先秦漢語常用詞的發展演變

第一節　文本量、詞彙量和常用詞之間的關係

　　第二章至第五章我們用四章分別討論了先秦四個階段常用詞的特點，現在我們再用表格的形式把各個階段常用詞的情況梳理一下。

　　先秦四個階段共五部分材料①，各階段的語料情況及詞彙情況如下：

表 1　　　　　　　　　　先秦各階段文獻的用字量和用詞量

分期		總字數 （字次）	用字量 （個）	詞彙總量 （詞次）	用詞量 （個）	常用詞 數量
西周早期 西周中期	出土文獻	11481②	1217	9140	1728	390
	傳世文獻	21591	2166	19439	2634	612
西周中期—春秋末期		37735	2692	31165	3912	689
春秋末期—戰國中期		212046	3503	185090	10124	601
戰國中期—秦		198333	4099	179150	7321	507

表 2　　　　　先秦各階段確定常用詞的標準及常用詞在詞彙中的比例

常用詞表簡稱	常用詞數量	確定常用詞的標準		常用詞在詞彙中的比例
		出現次數	覆蓋率	
金文常用詞	390	3 次以上	79.37%	22.6%
第 1 期常用詞	612	5 次以上	80.35%	23.2%

---

① 第一個階段使用了兩類材料：出土文獻和傳世文獻。

② 含 7 個壞字，即無法識讀的字。

续表

常用詞表簡稱	常用詞數量	確定常用詞的標準		常用詞在詞彙中的比例
		出現次數	覆蓋率	
第2期常用詞	689	6 次以上	79.82%	17.6%
第3期常用詞	601	37 次以上	80.04%	5.9%
第4期常用詞	507	47 次以上	80.1%	6.9%

表3　　　　　　　先秦各階段部分詞的使用頻次與詞彙量的關係

頻次（出現次數）	詞彙量（單位：個）				
	金文	第1期	第2期	第3期	第4期
1000 次以上	0	0	0	20	22
500 次以上	0	0	4	57	55
100 次以上	13	27	49	287	270
50 次以上	29	50	101	494	490
45 次以上	33	58	117	530	523
40 次以上	34	71	129	568	569
35 次以上	38	89	148	621	632
30 次以上	43	119	167	672	681
25 次以上	52	141	196	762	779
20 次以上	68	182	240	919	898
15 次以上	105	237	311	1107	1094
10 次以上	147	346	453	1445	1429
9 次以上	165	374	486	1549	1523
8 次以上	182	412	535	1672	1643
7 次以上	206	469	608	1848	1758
6 次以上	232	528	689	2043	1953
5 次以上	275	612	807	2282	2171
4 次以上	328	735	941	2645	2461
3 次以上	390	887	1163	3197	2858
2 次以上	533	1122	1496	4074	3587
1 次以上	797	1502	2105	5752	4712
全部詞彙	1728	2634	3912	10124	7321

由以上幾個表的數據，我們可以得出如下一些結論：

　　第一，一個時期的詞彙總量跟文本大小（總字數，下同）密切相關（見表 1），文本越大，詞彙總量就越大；反之亦然。例如，第 1 期傳世文獻的總字數是 21591 字次，其詞彙總量是 19439 詞次；到第 3 期，文獻的總字數增加了將近 9 倍（212046 字次），其詞彙總量也隨之增加了近 9 倍（185090 詞次）。

　　第二，詞彙總量和用詞量成正相關：用詞量越大，詞彙總量就越大；用詞量越小，詞彙總量就越小（見表 1）。不過，這條規律相對于前面那條規律來說普遍性可能要差些。因爲，詞彙總量的大小一方面跟用詞量有關係，另一方面也跟詞的使用頻率有關係，相同的用詞量會因使用頻率不同而改變詞彙總量的大小，這一點我們可以通過“表 1”用字量和總字數的關係看出來：用字量大的文獻總字數不一定就多。

　　第三，用字量和用詞量沒有必然的關係。也就是説，用字量大的文本用詞量不一定就大（見表 1）。明白這一點很重要，它告訴我們不能拿一部文獻的用字量去推算它的用詞量。以前有學者根據甲骨文的字數來推斷甲骨文的詞數，他説：“在被發掘後經過整理的甲骨中，所見文字的總字數約四千五百多個，其中被專家們公認爲已經辨明的字在一千左右。由於當時漢語詞彙中單音詞佔壓倒優勢，故上述字數大體上也就是詞數。”（王紹新，1982）這就把用字量和用詞量簡單地等同起來了，這是不對的。郭錫良（1994）曾經指出，徐中舒主編的《甲骨文字典》“所列的不同義項，多數是不同的詞，少數是屬于一詞多義現象”。言外之意是説，詞不等於字，詞數也不等於字數。字和詞的關係比較復襍，簡單地説就是，在文獻當中，既有多字一詞的情況（異形詞），也有一字多詞的情況（同形詞），還有字詞在音節形式上不對應的情況（複音詞）。

　　第四，詞在文獻中出現的次數跟詞的常用性有關係（見表 2），但跟樣本的大小關係更密切，小樣本中詞的頻次普遍比較低，大樣本中詞的頻次則相對比較高。如果單純用頻次作標準來確定常用詞，看似合理，實際上對於大小不同的樣本來説是不公平的。例如，如果以出現 10 次以上爲標準的話，第 1 期傳世文獻只有 346 個詞夠資格，而第 3 期卻有 1445 個詞夠資格（見表 3）。346 個詞和 1445 個詞的覆蓋率是大不一樣的，前者只能覆蓋當時文獻的 70.1％，而後者卻能覆蓋當時文獻的 88.8％。

第五，常用詞佔全部詞彙總量的比例是一個不定數，沒有規律可循（見表 2）。如第一期金文和傳世文獻的常用詞佔其詞彙的比例都比較高，均在百分之二十以上；第二期稍高，有百分之十七點多；第三期最少，不到百分之六。比例相差還是很懸殊的。明白了以上這個道理，我們就不能根據一個時期的詞彙總量，用百分比去推算一個時期常用詞的數量。相反，從先秦幾個部分語料的常用詞數量來看，除金文外，其他幾個時期，常用詞的數量基本上穩定在六百個上下。

第六，從總體分佈趨勢上講，詞出現的次數越高，詞的數量就越少；出現的次數越低，詞的數量就越多（見表 3）。這說明，別管語言中有多少詞，非常用的詞的數量遠遠多於常用的詞的數量。

第二節　先秦漢語常用詞發展的規律

一　數量上，各個時期的常用詞不會有太大的變化

詞彙量不斷增多是漢語詞彙發展的事實，受此影響，先秦時期不同階段常用詞的數量也是不一樣的（見本章表 1），最少的是金文常用詞，只有 390 個，其次是第 4 期的常用詞，有 507 個，最多的是第 2 期的常用詞，有 689 個。即使只看傳世文獻，第 2 期和第 4 期常用詞的數量也有近 200 個的差距。

按理説，詞彙量越大，常用詞的數量應該越多才對，但事實並非如此：第 1、2 期文獻的詞彙量很小（分別爲 2634 個和 3912 個），其常用詞的數量並不少（分別爲 612 個和 689 個）；第 3、4 期文獻的詞彙量很大（分別爲 10124 個和 7321 個），但是其常用詞的數量反而比較少（分別爲 601 個和 507 個）。

這種情況跟常用詞的特點和文本量大小有關，也跟我們確定常用詞的標準有關。常用詞最大的特點就是被反覆使用，只使用過一次或者使用次數很少的"常用詞"，其資格是值得懷疑的。常用詞的上述特點，在文獻中表現得最爲明顯，在只有幾百字的一段文獻中，很難看出不同的詞在頻

次上的差別，而在幾千字的文獻中，詞的頻次就開始出現明顯的差別，到了幾萬字甚至幾十萬字的文獻中，這種差別就十分顯著了。因此，文本量越大，詞的頻差就越大。我們以"之""不"爲例來說明這個問題。

"之""不"在先秦各期都是常用詞，但它們在各期出現的次數大不一樣，請看：

表 4
单位：個

	出現次數			
	第 1 期	第 2 期	第 3 期	第 4 期
之	414	851	8457	9582
不	420	487	4630	5738

第 1 期文獻只有 19439 個詞，第 4 期文獻有 179150 個詞，文本量的差別使它們的頻次有了顯著的不同（見表 4）。而頻次上的不同，又直接影響到了它們的覆蓋率[①]，"不"在第 2 期文獻中覆蓋率只有 1.6%，而在第 4 期文獻中達到了 3.2%。兩個數字說明，同一個詞在詞彙量大小不同的文獻中覆蓋率也大不一樣。文本量越大，常用詞的覆蓋率就越高。由於覆蓋率是我們確定常用詞的一條重要標準，這樣一來，文本量越大，高頻常用詞的覆蓋率就會越高，高頻常用詞的覆蓋率一高，頻次稍低的詞就很難擠進常用詞的範圍中去；頻次稍低的詞擠不進去，常用詞的數量必然有所減少。說得形象點兒，這就好比搶位子，頻次高的詞是大胖子，具有優先權，一旦它把位子佔滿了，頻次稍低的詞就擠不進去了，只能在外面站著。

總之，大文本量的常用詞的數量相對較少，小文本量的常用詞的數量相對較多，這是先秦各階段的常用詞與詞彙總量在數量變化上呈現出來的一個特點。

對這樣的一個特點，我們還有一種認識，即先秦各期常用詞的數量雖然不同，但它們基本上穩定在 500—700 之間（不算金文），換句話說，它們以某個數爲基點，隨著文本量大小的變化而在一定範圍內上下波動。由此我們推斷，語言當中常用詞的數量基本上是一個定數，這個數字既不能

---

① 單講某個詞的覆蓋率，實際上就是該詞的頻率。

太大，也不能太小。太大意味著常用詞多，太小意味著常用詞少。常用詞太多，人們學習起來、掌握起來比較困難；常用詞太少，日常表達不夠用。因此，爲了保持常用詞在數量上的這種平衡性，當社會發展到一個新的階段，一部分新詞因使用次數的增多要進入常用詞，就會把原有的一部分常用詞從常用詞的範圍中擠出去。① 從這一點來看，常用詞的發展不是累增式的，而是滾動式的。

二 內容上，各個時期的常用詞跟文獻內容密切相關

先秦各期的常用詞不僅在數量上不一樣，在內容上也不盡相同②。有些常用詞只出現於其中一個時期（以下稱作"×期獨有"），有些常用詞則出現在其中的多個時期（以下稱作"×期和×期共有"），還有的常用詞是先秦各個階段都有的（稱作"各期共有"）。以上幾種情況的具體表現是：

1. 只爲某一個時期所獨有，有五種情況

(1) 只爲金文常用詞獨有的（記作 A 類），共 179 個：型、祖考、宗室、宗周、子孫、子子孫、子子孫孫、緟、寶/保、貝、償、庚申、庚午、公大史☆、畫、既生霸、既死霸、既朢、伯懋父☆、伯犀父☆、帛、逋☆、冊賜、冊命、罔、辰、成周、赤、赤金、趞☆、出入、初吉、盧☆、大²☆、大保、大廟、大室、罘、旦、嫡、禘、丁亥、丁卯、對揚、繁³☆、廢、市、俘、祓、付、勾、鎬♯、鎬京♯、戈、格伯☆、鬲、更、庚嬴☆、遘、官司、裸、簋、盂、衡、呼、壺、虎²☆、靳、井伯☆、井侯☆、靜☆、競²☆、踴☆、秬鬯、康☆、覒/光、饋、勒、盞☆、利☆、屬☆、曆、令²☆、鑾、鑾旂、鈃、麥☆、毛公☆、卯☆、眉壽、眛、免☆、蔑、蔑曆、敏、穆公☆、內史、廿、倗友、皮、匹、丕丕、品、僕、祈、遣¹、遣仲☆、裘衛☆、趙曹☆、榮伯☆、卅、沈子、省¹、尸司、師遽☆、師氏、師雍父☆、史、司、司空、司徒、夙夕、孫孫子子、鑒、廷、同²☆、王臣☆、王姜☆、朢²☆、毋、吳☆、戊戌、戊寅、烏、享孝、繇、饗、小臣、玄、休²☆、延、乙卯、雍、永☆、用事、敢☆、齎²、貯、鑄、追☆、

_____

① 詳見下文"由內容上的變化看先秦漢語常用詞的發展"一部分。

② 這裏所説的常用詞的內容不是指常用詞的意義，指的是常用詞的範圍，即由哪些詞組成。

墜、衛³☆、邑人、益公☆、懿、殷³☆、幽、友²☆、璋、盂²☆、有司、卣、佑、殷²（祭祀義）、詔/召、申²☆、十又二月、十又一月、作冊、作冊尹、貳☆、卣、叔²（感歎詞）、嗇、癟☆、齋、旬☆、蠶、各/徭/客

（2）只爲第 1 期常用詞獨有的（記作 B 類），共 174 個：紹、申伯☆、資、伻、毖、公劉☆、户、剝¹、播¹、忱、崇、初九（爻名）、初六（爻名）、川、牀、大命、大人、迪、典、甸、篤、兌¹、遯、多方、多士、遏、棐、豐、敷、膚、斧、幹、誥、革、格、艮、共¹、辜、圭、龜、韓侯☆、旱、翰、虢、亨、恆²、鴻、后、后稷、涣、婚、貨、穋、基、稽、濟濟、假、監、艱、簡、建、漸、戒、謹、京、經、井、景、競、九二（爻名）、九三（爻名）、九四（爻名）、九五（爻名）、駿、開、坎、康、寇、困、厲、歷、鄰、吝、靈、六二（爻名）、六三（爻名）、六四（爻名）、六五（爻名）、龍、洛、戀、妹、媚、蒙、迷、明德、念、虐、配、豈弟、汔、愆、戕/壯、慶、柔、濡、商、上帝、上九（爻名）、上六（爻名）、赦、矧、升、眚、四國、嗣、夙、惕/逖、天命、珍、童、尾、文武、五刑、侮、顯、小民、凶、序、叙、宣/和、羞、徐方、訓、奄、疑、頤、乂、殷商、引、庸、墉、虞、輿、予一人、閱、造、曾、宅、哲、貞、祇¹、祉、趾、中國、仲山甫、壯、咨、逸、億、劓、猷、御事、裕、獄、譽、有夏、有殷、有周、越、齊、縱/從、孚¹、孚²（"俘"）

（3）只爲第 2 期常用詞獨有的（記作 C 類），共 239 個：丘、杞¹、杞²♯、崩、駜、弁、冰、丙午、丙戌、并/並、采、采采、蔡侯☆、公孫敖☆、公孫歸父☆、粲、蒼天、扈♯、華¹、華元☆、淮夷、己丑、己亥、己巳、己未、忌、季孫斯☆、季孫宿☆、季孫行父☆、薄¹、曹伯☆、讒、昌、成²♯、馳、吹、帶、德音、顛、丁巳、丁未、東方、都、哉、方叔☆、防²、魴、父母、皋、蓋、干、羔、葛¹、庚辰、覯、谷、廣、癸亥、癸巳、癸酉、赫赫、麂、狐、黄鳥、遑、飢、雞、稷¹、甲子、駕、江¹、姜氏☆、交、角、錦、京師、陳侯☆、鹽、駒、光²☆、黄²♯、莒子☆、狂、潰、泣、梁¹、聊、林¹、麟、零、露¹、魯侯☆、綠、鶯、麥、邁、茂、梅、痗、畝、南山¹、念、女子、泮、佩、蠻、戚²♯、期、淇、齊子☆、騏、杞伯☆、泣、乾侯♯、琴、寢、瓊、驅、壬申、壬午、瑟、裳、

設、牲、十有八、十有二、十有六、十有七、十有三、十有四、十有五、十有一、十有一月、石、氏、世子、逝、手、狩、叔、叔弓、叔孫豹☆、叔孫得臣☆、叔孫僑如☆、叔孫州仇☆、淑、鼠、樹、帥、朔¹、碩、碩人、絲、俟、素、蕭蕭、遂³☆、孫良夫☆、孫林父☆、歎/嘆、堂、滕¹♯、滕子☆、天王、條、投、兔、宛¹、微、薇、屋、舞、戊申、瘠、夕、隰、獫狁、蕭¹、小君、偕、小邾♯、小邾子☆、辛丑、辛亥、辛卯、辛巳、辛酉、薪、星、邢♯、薛♯、薛伯☆、兄弟、徐²♯、雪、洵、楊、野、葉¹、猗、乙酉、英、盈、于嗟、鄆♯、譖、鄲♯、曾孫、旟、趙鞅☆、貞☆、振振、征夫、職、只、旨、陟、雉、中心、崧、鐘/鍾、仲孫何忌☆、仲孫蔑☆、舟、邾子☆、築、許男☆、悠悠、淵、召伯☆、旋、阿、楚¹、敖、敗績、苞、榖¹、榖²♯、十有二月

(4) 只爲第 3 期常用詞獨有的（記作 D 類），共 101 個：許¹、族、子產☆、子大叔☆、子貢☆、子路☆、卑、背/北、敝邑、幣、季氏²☆、季孫☆、恥、寵、讎/讐、除、大子、黨、弔/吊、斷、奪、貳、法令、犯、廢、焚、撫/拊、賦、各、姑、孤、寡君、館、國人、盍、毀、擊、祭、濟、繼、甲、姦/奸、晉國、境/竟、懼、爵、軍、哭、吏、列/劉、令尹、賂、戮、夢、睦、男、農、貧、器、秦國、卿、囚、娶/取、讓、弱、社稷、示、恃、授/受、叔向☆、書、速、粟、貪、逃、討、王室、王子、吾子、無乃、縣、削、姓、宣子¹☆、壹、宰、再、趙孟⁴☆、徵、執事、至於/至于、寘、質、中軍、逐、助、專、禦/御、佐、十一月、十二月

(5) 只爲第 4 期常用詞獨有的（記作 E 類），共 101 個：走、暴/曓、畢、辯/辨、變、不肖、藏、化、幾、誠、傳、存、達、弟子、耳、耕、狗/猗、果、管仲☆、寒、桓公☆、黃帝☆、惠子☆、惑/或、劍/劒、桀☆、荊♯、精、返/反、靜、就、可得、恐、口、苦、老聃/老耼☆、理、魯²♯、慮、論、孟子☆、面、目、起、氣、巧、情、窮、趨/趣/取、全、然後、然則、人主、仁義、忍、容、肉、色、審、盛、深、識/職、勢/埶、術、衰、舜☆、似、俗、太子、湯☆、萬物、无爲¹、先生、昔者、奚、賢者、賢主、相與、邪²/ie⁵⁵/、幸、性、虛、養、堯☆、要、伊尹☆、陰、應、愚、歟/與、禹☆、澤、賊、真、智/知、紂☆、誅、莊子☆、意、

愈、丘☆、形/刑

2. 有的爲兩個部分共有，有 10 種情況

（6）金文與第 1 期共有的（記作 AB 類），共 33 個：拜手、邦君、賁、車、茲、純、誕、鼎、疆、光、稽首、厥、考、烈、旅、廟、穆穆、酒、朋、丕、四方、肆、綏、孫子、烏虖、咸、小子、休、彝、尹、肇、朕、丕顯

（7）金文與第 2 期共有的（記作 AC 類），共 14 個：丁丑、二月、庚寅、甲午、甲戌、旂、壽、束、萬年、戊辰、揚、乙亥、朱、雩

（8）金文與第 3 期共有的（記作 AD 類），共 4 個：拜、司馬、余、追

（9）金文與第 4 期共有的（記作 AE 類），共 1 個：聖

（10）第 1 期與第 2 期共有的（記作 BC 類），共 64 個：醉、哀、安、畀、秉、徂、婦、覆、躬、顧、昊天、曷、胡、荒、棘、集、嘉、嗟、飛、匪、福祿、黃、肯、孔、戾、履、靡、苗、鳴、牡、清、泉、桑、涉、式、首、黍、庶、庭、罔、威儀、武、兮、遐、鮮、燕、羊、殷、伊、儀、翼、攸、羽、雨、元、爰、原、允、臧、瞻、震、烝、酌、維

（11）第 1 期與第 3 期共有的（記作 BD 類），共 17 個：承、登、度、奉、悔、恭/共、咎、舊、勤、勸、尸、圖、小人、章、屬、陳、淫

（12）第 1 期與第 4 期共有的（記作 BE 類），共 8 個：比、帝、罰、解、類、鳥、遺、惟/唯

（13）第 2 期與第 3 期共有的（記作 CD 類），共 50 個：八、報、悲、奔、鄙、草、春、次、冬、改、河、還、會、即位、蔡^2♯、曹 1♯、楚子、盜、狄^2♯、夫人、晉侯、九、救、莒^3♯、離、盟、納、聘、齊侯、啓、侵、秦伯、秋、施、弒、誰、宋公、送、他、圍、衛侯、吳子、昔、息、役、鄭^2♯、鄭伯、邾♯、許^2♯、陳^2♯

（14）第 2 期與第 4 期共有的（記作 CE 類），共 3 個：獨、秦♯、音

（15）第 3 期與第 4 期共有的（記作 DE 類），共 88 個：足、愛、安、備、本、避/辟、變/辨/辯、兵、病、察、稱、待、當、敵、而已、法、分、夫子、富、攻、固、寡人、貴、過、合、厚、患、禍、己、加、間/閒、賤、諫、彊/強/强、皆、盡、近、禁、久、舉、可以、孔子☆、況/况、里、祿、免、名、親、輕、請、仁、任、辱、善、少、勝、聖人、詩、守、孰、數、

私、天下、通、危、問、吾、物、務、賢、修、學、以爲、因、勇、餘、語、欲、悦、召、争、直、志、治、忠、仲尼☆、於是、越♯

3. 有的爲三個部分共有，有 10 種情況

(16) 金文、第 1 期、第 2 期共有的（記作 ABC 類），共 15 個：祖、俾、虎、伯、弓、侯、皇、裘、矢、夙夜、孫、胥、夷、永、征

(17) 金文、第 1 期、第 3 期共有的（記作 ABD 類），共 8 個：昭、邑、文、九月、即、宫、辟、宗

(18) 金文、第 1 期、第 4 期共有的（記作 ABE 類），共 4 個：金、殷、武王☆、文王☆

(19) 金文、第 2 期、第 3 期共有的（記作 ACD 類），共 11 個：十月、戍、四月、五月、御/禦、正月、逆、叛、三月、魯、六月

(20) 金文、第 2 期、第 4 期共有的（記作 ACE 類），0 個。

(21) 金文、第 3 期、第 4 期共有的（記作 ADE 類），共 4 個：尊、官、賞、唯

(22) 第 1 期、第 2 期、第 3 期共有的（記作 BCD 類），共 28 個：左、賓、卜、城、爾、否、歌、惠、獲、吉、郊、介、具、臨、滅、寧、七月、遷、慎、思、違、夏、獻、恤、云、災、右、玉

(23) 第 1 期、第 2 期、第 4 期共有的（記作 BCE 類），共 14 個：白、笑、發、風、高、極、流、牛、尚、聲、萬、陽、魚、載

(24) 第 1 期、第 3 期、第 4 期共有的（記作 BDE 類），共 34 個：常、辭、動、惡、凡、古、寡、火、節、進、非、和、絶、客、力、利、前、甚、失、始、順、聽、威、刑、易、益、義、怨、政、制、致、衆、主、内

(25) 第 2 期、第 3 期、第 4 期共有的（記作 CDE 類），共 41 個：望、敗、必、車、大夫、地、弟、公子、苟、乎、嘗、晉♯、老、禮、六、美、木、七、去、傷、宋♯、遂、徒、退、外、吳♯、焉、也、夜、異、遊/游、願、葬、戰、者、重、諸、諸侯、衛♯、楚♯、齊♯

4. 有的爲四個部分共有（有 5 種情況）

(26) 金文、第 1 期、第 2 期、第 3 期共有的（記作 ABCD 類），共 12 個：八月、邦、保、賜/錫、初、懷、降、克、率、祀、享、新

（27）金文、第 1 期、第 2 期、第 4 期共有的（記作 ABCE 類），共 2 個：汝、友

（28）金文、第 1 期、第 3 期、第 4 期共有的（記作 ABDE 類），共 10 個：臣、對、封、功、立、身、世、位、先王、周公☆

（29）金文、第 2 期、第 3 期、第 4 期共有的（記作 ACDE 類），共 6 個：北、兩、門、舍、使、忘

（30）第 1 期、第 2 期、第 3 期、第 4 期共有的（記作 BCDE 類），共 102 個：罪、卒、彼、朝、長、乘、出、處、此、道、定、方、夫、鼓、觀、害、好、何、或、及、疾、將、得、而、反、故、後、教、居、君子、可、勞、樂、良、亂、明、莫、謀、難、能、怒、女、平、妻、豈、棄、千、且、求、取、羣/群、然、如、喪、殺、山、神、生、食、時、實、士、室、是、視、適、水、說、斯、死、雖、歲、所、同、往、爲、未、畏、謂、聞、喜、相、信、興、行、兄、言、已、矣、亦、飲、憂、由、猶、予、遇、遠、月、知、執、止、終

5. 五個部分共有的，只有一種情況（記作 ABCDE 類），共 87 個。如下

作、自、子、百、不、成、從、大、東、多、二、伐、弗、父、復、敢、告、公、歸、國、既、家、見、今、敬、敬、德、服、福、酒、君、來、令、馬、民、命、母、乃、南、年、其、人、日、戎、入、若、三、射、師、十、事、受、四、天、天子、田、土、亡、王、我、無、五、勿、西、下、先、小、孝、心、一、衣、宜、以、用、有、又、於/于、與、曰、哉、在、則、正、之、至、中、周

仔細觀察以上各類常用詞，我們發現，先秦時期常用詞在內容上的變化主要有這樣幾種情況：

第一，開始是常用詞，後來不是。這類常用詞包括：AB 類（金文與 1 期一期兩部分共有）、AC 類（金文與第 2 期兩期共有、BC 類（第 1 期與第 2 期兩期共有）、ABC 類（金文、第 1 期、第 2 期兩期三部分共有）、ACD 類（金文、第 2 期、第 3 期兩期三部分共有）、BCD 類（第 1 期、第 2 期、第 3 期三期共有）、ABCD 類（金文、第 1 期、第 2 期、第 3 期三期四部分共有）。

這一類根據它們後來不是常用詞時的情況，又可以分作兩小類：一類是開始是常用詞，後來變成了非常用詞。這樣的詞很多，如"朕""廟""旂""嘉"；另一類開始是常用詞，後來不僅不是常用詞，連非常用詞也不是，換句話説，這部分早期的常用詞從後來的詞彙中消失了，變成了"死詞"。這樣的詞不多，如："穆穆"（第3、第4期不見）、"畀"（第4期不見）、"庚寅"（第4期不見）。我們説這部分常用詞後來變成了"死詞"，只是就先秦這一段説的，至於秦以後是否又"起死回生"，重新被使用，需要對秦以後的文獻作調查才能得知。

第二，開始是非常用詞，後來變成了常用詞。這類包括：DE類（第3期與第4期兩期共有）、CDE類（第2期、第3期、第4期三期共有）。如"貴""寡人""輕"，"老""遂""外"。

這一類也可以根據它開始不是常用詞時的情況又分作兩小類：一類開始是非常用詞，後來變成了常用詞。如"備""敵""地""六"；另一類開始沒在文獻中出現，後來才出現而且一下子就成了常用詞。如"私"（金文不見）、"大夫"（金文和第1期不見）、"語"（金文和第1期不見）、"忠"（金文、第1期、第2期不見）、"葬"（金文、第1期、第2期不見）。

第三，開始是常用詞，後來不是常用詞，再到後來又變成了常用詞。這類包括：AE類（金文與第4期共有）、BE類（第1期與第4期共有）、ABE類（金文、第1期、第4期共有）、ABD類（金文、第1期、第3期共有）、ADE類（金文、第3期、第4期共有）、BCE類（第1期、第2期、第4期共有）、BDE類（第1期、第3期、第4期共有）、ABCE類（金文、第1期、第2期、第4期共有）、ABDE類（金文、第1期、第3期、第4期共有）。如"聖"（見於金文和第4期）、"類"（見於第1期和第4期）、"金"（見於金文、第1期、第4期）。

第四，開始不是常用詞，後來變成常用詞，再到後來又退出常用詞。這類只有CD類（第2期和第3期共有）。如"奔""侵""盟""即位"。

第五，開始是常用詞，後來不是常用詞，然後又成爲常用詞，最後又變成非常用詞。這類常用詞從其發展過程看，經歷了"出現→消失→再出現→再消失……"這樣一個變化過程。這類包括AD類（金文和第3期共有）

和 BD 類（第 1 期和第 3 期共有）。如"拜""追"，"登""悔""小人"。

第六，與上一種情況正相反，開始不是常用詞，後來變成常用詞，然後又變成非常用詞，最後再變回常用詞。這類只有 CE 類（第 2 期與第 4 期共有）一種。如"獨""音"。

以上說的是常用詞的身份和地位發生了變化的情況，如果把沒有發生變化的（一直是常用詞的，如 ABCDE 類）也看作"變化"的一種，那麼，先秦漢語常用詞在内容上的變化就有七種情況。其中第一種情況屬於常用詞的消失，第二種情況屬于常用詞的新增。後面幾種情況既有新增又有消失，表現出常用詞發展的複雜性。

"新增"和"消失"的說法是就常用詞中的個體單位來說的，如果從常用詞整體上來看，比較前後兩個不同的階段會發現，有一部分詞會從常用詞中退出去，也有一部分詞會補充進來，退出去和補進來的這兩部分常用詞在意義上常常沒有任何關係。我們把常用詞發展過程中的這種現象叫常用詞的更替。常用詞的更替不同于常用詞的替換，後者一般是指具有歷時同義關係的兩個詞（如"足——腳""木——樹""曰——說"）在常用詞的類聚中所發生的更替現象，而前者不限於有同義關係的詞，凡是新增的和退出去的常用詞都形成更替關係。看來，常用詞的替換只是常用詞更替中的一種特殊類型，而且這種特殊類型只有在一個很長的歷史階段中才能觀察得到；常用詞的更替則不然，不管兩個階段相距多近，只要我們把它們的常用詞放在一起加以比較，就很容易發現。下面這個圖大致反映了常用詞發展過程中的更替現象（圓中字母代表具體的詞）。

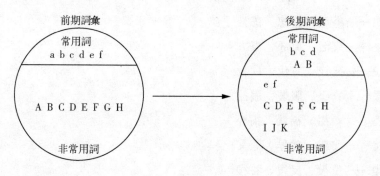

圖 1

圖1左圓（代表前一個時期）中的常用詞"a"到後一個時期（右圓，下同）消失了，變成死詞；常用詞"e""f"到後一個時期變成了非常用詞；非常用詞"A""B"到後一個時期發展成了常用詞。圖1右圓（代表後一個時期）中的"L""M""I""J""K"都是本時期新產生的詞，其中"L""M"產生後就成爲本時期的常用詞，而"I""J""K"雖然是新詞，但是用的並不多，是本時期的非常用詞。

從以上的分析可以看出，常用詞的發展還是蠻複雜的，原先我們以爲，一個詞一旦成了常用詞就可能牢牢佔據著常用詞的位置不變，看來這種想法是有問題的，並不符合實際情況。上述先秦漢語常用詞在内容上的變化從一個側面反映了漢語詞彙發展的層次性，這種層次性正如張能甫（2000：1）指出的，一個時代的共時用語，除了少量新產生的以外，絕大多數都是從歷史上的各個時期繼承下來的，這種繼承，層次分明，代代相傳。

下面再看先秦各期一直不變的那部分常用詞的情況。

各期常用詞共有的部分（ABCDE類）是常用詞的核心，它們是漢語詞彙發展的基礎，體現了常用詞的穩定性。這部分常用詞，自從它們成爲常用詞以後，一直牢牢佔據著常用詞的位置，正因爲如此，其中很多在今天看來仍不陌生。就這部分詞跟現代漢語詞彙的關係看，主要有三種情況：

第一，一般不再單獨使用，而是作爲構詞語素出現在複合詞中。例如：

德——道德、品德、德行

東——東面、東部、東方

伐——征伐、討伐、砍伐

服——衣服、服裝、服飾

福——幸福、福氣、福祿

父——父親、父母、家父

復——重復、反復、答復

告——告訴、告知、控告

國——國家、國際、中國

第二，既可以單獨使用，又可以作爲構詞材料來創造新詞。例如：

敢、家、今、酒、馬、來、年、人、三、上、十、四、天、土、我、五、下、小、心、一、用、有、又、在、則、正、自

第三，除了作構詞材料，一般不單用。這部分詞往往被同義的其他詞所替換。例如：

弗——不

歸——回家

既——已經

見——看見

令——讓、叫、派

與——和、跟

曰——説

日——太陽

無——沒有

勿——別、不要

至——到

入——進去

以上只是就一般情況講的，詞語的傳承演變並不像上面列舉的如此簡單，它是一個複雜的過程。要弄清先秦漢語常用詞和當代漢語常用詞之間的關係以及它們傳承演變的過程和規律，必須把漢語史上各個階段的常用詞情況都搞清楚，然後通過比較分析才可以知道，畢竟先秦和當代之間隔了兩千多年。

最後我們再看一看各期詞表獨有的部分（A 類、B 類、C 類、D 類、E 類）。

這部分常用詞佔各期常用詞的比重不小，比如，A 類佔金文常用詞的45.9％，B 類佔第一期常用詞的 28.4％，C 類佔第二期常用詞的 34.7％，就是比例最小的 D 類也佔該時期常用詞的 16.8％。這些常用詞其實就是五個常用詞表重疊後交集的剩餘部分。

　　這些常用詞因爲缺乏共性，往往可以體現出所在的那個時期文獻的特定内容或社會風貌。如，由金文中獨有的"冊賜""冊命""鸞""茀""翌""祈""對揚""眉壽""蔑""蔑曆""享孝"等常用詞，可以看出金文多與賞賜和頌揚功德有關；由第 3 期文獻獨有的"敝邑""吾子""寡君""賂""中軍""軍""擊""奪""犯""廢""貳""戮""討""逐""逃""懼""禦/御""佐""質""哭""毁""削""囚"等常用詞，可以看出春秋時期"行李往來"、動蕩不安的社會現實。我們發現一個規律，某個時期的文獻種類越少，該時期獨有的常用詞就越多，如 A、B 類；某個時期參與統計的文獻種類越多，該時期獨有的常用詞就越少，如 D、E 兩類。因此，這部分常用詞與其説體現了該時期常用詞的特點，不如説體現了它所出文獻的特點，如 B 類中的"初六""九三""上六""上九""困""坎"等體現了《周易》的内容；"迪""典""革""格""予一人""咨""小民""祇"等體現了《尚書》的内容。這部分常用詞的出現跟語料的選擇有密切關係。理想的語料應該是這類詞語在統計結果中不出現或者出現很少，這就要求研究者要廣泛選材，並保證語料有一個足夠大的量才行。這對本書的研究來講是很難做到的，因爲先秦時期本來文獻就少，而年代可靠的文獻更少。

　　根據上面我們對先秦各期常用詞内容的分析，再結合各類常用詞的數量關係，我們認爲先秦各階段的常用詞有如下兩個特點。

　　第一，常用詞有常用度的差別，常用詞的常用度跟常用詞的數量成反比。

　　上舉五大類 31 小類都是先秦時期的常用詞，從它們在先秦各期中的分佈情況看，它們的常用度是不同的，其中，五個常用詞表共有的部分（ABCDE 類）常用度最高，其次是進入其中四個常用詞表的五類（如 ABCD 類、ABCE 類），再次是進入其中三個常用詞表的十類（如 ABC 類、ABD 類），再其次是進入其中兩個常用詞表的十類（如 AB 類、CE 類），只進入其中一個常用詞表的五類（如 A 類、B 類）的常用度最低。我們上述五大類常用詞常用度的差別圖示如圖 2 所示（" > "讀作"常用度大於"）。

　　這五級常用詞，一級常用詞最少，只有 87 個，二級常用詞次之，有

一級常用詞	二級常用詞	三級常用詞	四級常用詞	五級常用詞
		ABC類	AB類	
		ABD類	AC類	
	ABCD類	ABD類	AD類	A類
	ABCE類	ACD類	AE類	B類
ABCDE類　＞	ABCD類　＞	ABD類　＞	AD類　＞	A類
	ACDE類	ADE類	BD類	D類
	BCDE類	BCD類	BE類	E類
		BCE類	CD類	
		BDE類	CE類	
		CDE類	DE類	

圖 2　先秦各階段常用詞常用度等級圖

132 個，三級常用詞有 159 個，四級常用詞有 282 個，五級常用詞最多，有 794 個。結合各級常用詞常用度的高低來考慮，這些數字説明：常用度跟常用詞的數量成反比，常用度越高，常用詞的數量越少；常用度越低，常用詞的數量越少。

　　另外，如果從五級常用詞的内容上看，常用度越高，專名越少；常用度越低，專名越多。例如，一級常用詞 "ABCDE 類" 中一個專名沒有，二級常用詞 "ABDE 類" 中只有 1 個（"周公"），三級常用詞 "ABE 類" 中有 2 個，四級常用詞 "CD 類" 中有 8 個，五級常用詞 "E 類" 中有 17 個。專名作爲常用詞的資格很令人懷疑，現在，常用詞常用度的差別證明了這類常用詞（專名）的常用性比較低，它們大多只在某一個時期的文獻中常用，其地位是不牢固的。

　　第二，時代越近的文獻，其共有的常用詞越多，時代相距越遠的文獻，其共有的常用詞越少。例如，就出現在兩個詞表中的常用詞看，金文和第 1 期傳世文獻同屬西周早期至西周中期的語料，這兩個常用詞表中共有的常用詞數量最多，爲 33 個，金文與第 2 期文獻時代前後相接，它們共有的常用詞是 14 個，金文與第 3 期文獻中間隔一個時期（西周中期至春秋末期），它們共有的常用詞數量只有 4 個，而金文與第 4 期文獻因爲中間隔了兩個時期（西周中期至春秋末期、春秋末期至戰國中期），所以它們只有 1 個常用詞是共有的；再就傳世文獻來看，第 1 期和第 2 期時代相鄰，第 2 期和第 3 期時代相鄰，第 3 期和第 4 期時代相鄰，它們共有的常用詞分別是 64 個、50 個和 88 個，第 1 期和第 3 期、第 2 期和第4期中間均間隔一個時期，它們共有的常用詞分別爲17個和3個；第1期和第4期中間間隔兩個時期，它們共有的常用詞只有8個。除了第2期和第4期（間隔一個時期）共有的常用詞的數量比第1期和第4期（間隔兩個時期）共有的常用詞的數量少了幾個之外，其餘的均符合我們上面所説的規律。

爲了驗證這一規律的可靠性，我們再把三個時期和四個時期共有的常用詞的數量及其與時代的關係列成表5。

表5　　　　　　　多個時期共有的常用詞數量及其與時代的關係

時代相鄰的		中間隔一個時代的		中間隔兩個時代的	
階段簡稱	共有的常用詞數量（個）	階段簡稱	共有的常用詞數量（個）	階段簡稱	共有的常用詞數量（個）
金、1、2	15	金、1、3	8	金、1、4	4
金、2、3	11			金、2、4	0
				金、3、4	4
1、2、3	28	1、2、4	14		
2、3、4	41	1、3、4	34		
金、1、2、3	12	金、1、2、4	2		
		金、1、3、4	10		
		金、2、3、4	6		
1、2、3、4	102				

由表5可知，時代相鄰的幾個時期共有的常用詞的數量明顯比中間間隔一個時期的幾個時期共有的常用詞的數量多，而中間間隔一個時期的幾個時期共有的常用詞的數量又比中間間隔兩個時期的幾個時期共有的常用詞的數量多。這種情況充分地證明了前面我們所説的那條規律：時代越靠近，其詞彙中共同的成分就越多，其共有的常用詞的數量也就越多；時代相差越遠，其詞彙中共同的成分就越少，它們共有的常用詞也就越少。[1]

---

[1]　從表5還可以發現一個問題，凡是有金文部分參與的，幾個詞表共有的常用詞的數量就少，否則共有的常用詞的數量就多。其原因或許如唐鈺明（1991b）所説的，西周金文與西周實際口語距離大，而傳世文獻比較接近口語。

第三節　先秦漢語常用詞發展演變的個案研究

一　從"于/於"用法上的變化看複合詞"於是"的產生

現代漢語中由"於"構成的複合詞很多，如：～今、～是、便～、瀕～、處～、等～、對～、甘～、敢～、歸～、過～、基～、急～、鑒～、居～、苦～、樂～、善～、適～、屬～、限～、易～、勇～、由～、在～、至～、忠～、終～，① 其中使用頻率最高的要算"於是"。據《現代漢語頻率詞典》，"於是"的使用頻次爲 307 次，它在現代漢語 8000 個常用詞中排在第 607 位（頻率級次爲 455），比其他任何一個由"於"構成的複合詞排位都要高。② 這個由"於"構成的、在現代漢語中很常用的"於是"究竟起源於何時，之後經過了怎樣的發展，最後又在何時形成，這是漢語史學者很感興趣的話題。

"于是"的"于"傳世文獻常寫作"於"，因此，"于是"也寫作"於是"。對於這兩個"于是/於是"，中國社會科學院語言研究所編《古代漢語虛詞詞典》（1999）把它們分開來區別對待，認爲"于是"是複音虛詞，"於是"既有慣用詞組的用法又有複音虛詞的用法。③ 但是楊伯峻的《古漢語虛詞》（1981）和何樂士、敖鏡浩等的《古代漢語虛詞通釋》（1985）把它們看作同一個單位，認爲它有兩個意義：一是連詞，一是詞組。④ 這兩個"于是/於是"之間到底是一種什麼關係，這是研究連詞"於是"起源時必須要作出解釋的一個問題。

關於"于是/於是"的性質，自從《古漢語虛詞》提出一是連詞、一

---

① 以上詞語見北京語言學院語言教學研究所編《現代漢語頻率詞典》，北京語言學院出版社 1986 年版。除"適于"外，其他詞也見於中國社會科學院語言研究所編《現代漢語詞典》（第 5 版），商務印書館 2005 年版。

② 頻次指某個詞在所調查的語料中出現的總次數。其他幾個比較常見的詞的頻次如下："終于"——201 次，"至于"——136 次，"等于"——75 次，"在于"——70 次，"善于"——57 次，"敢于"——38 次。

③ 詳見第 766—767 頁和第 778—779 頁。

④ 《古漢語虛詞》見第 296 頁和第 302 頁，《古代漢語虛詞通釋》見第 734—735 頁。

是詞組的看法之後，很多學者都支持此説。^① 例如張雙棣等的《呂氏春秋詞典》（1993）就按這兩種用法分別舉了例子：

用作介詞詞組的：

> 是月也，命太卜禱祠龜策，占兆審卦吉凶。～～察阿上亂法者則罪之，無有揜蔽。（《呂氏春秋·孟冬》）
>
> ～～厲公游于匠麗氏，樂書、中行偃劫而幽之。（《呂氏春秋·驕恣》）

用作連詞的：

> 夏爲無道，暴虐萬民，侵削諸侯，不用軌度，天下患之。湯～～率六州以討桀罪。（《呂氏春秋·古樂》）
>
> 則君乃致禄百萬，而時往館之，～～國人皆喜。（《呂氏春秋·期賢》）
>
> 殷内史向摯見紂之愈亂迷惑也，～～載其圖法，出亡之周。（《呂氏春秋·先識》）

這兩類"於是"的用法到底有何區別，爲什麽要區別對待？這個問題與鑒定"於是/于是"成詞的標準有關。

對於連詞"於是"的形成過程，董秀芳（2002：262—263）曾用詞彙化的理論作過解釋，她認爲連詞"於是"是由介詞詞組變來的，作爲一個介詞詞組，"於是"具有多義性。"發生詞彙化的'於（于）是'是其中的'是'爲時間代詞的那一類。"不過，她舉的例子都是秦以後的，秦以前的"於是"是否已經詞彙化，董秀芳沒説。劉志安（1995）則認爲，漢代之前"於是"是一個詞組。這個"於是"到底是怎麽變來的，它又是在什麽時候産生的，我們將在董秀芳（2002）的基礎上，進一步探討"於是"在

---

① 分別見何樂士、敖鏡浩等的《古代漢語虛詞通釋》（1985），張雙棣、殷國光和陳濤的《呂氏春秋詞典》（1993），及王月（1994）。

先秦時期的表現情況。

1. 西周早中期"于"用作介詞

在西周早中期的金文中，只有"于"字沒有"於"字（作介詞用的）。"于"大都用在動詞和賓語之間，用於動詞之前的很少，我們只發現了如下一例：

（1）余執龏王卹工，～卲大室東逆夌二川。（5.2832）

這句話，馬承源（1988：131）作了這樣的解釋："我爲了執行恭王關心人民勞苦的命令，在昭大室東北方治理三條河川。"[①] 很顯然，他們把"于"看作介詞，認爲"于"引進動作行爲的處所。

金文中，用於動賓之間的"于"字很多，再如：

（2）王祀于天室，降。（8.4261）

（3）己亥，揚見事于彭（5.2612）

（4）王降征令于大保。（8.4140）

（5）克奔走上下帝無冬（終）令于有周。（《邢侯簋》）

這些"于"的作用有二：一是引進處所（前兩例）；二是引進與事（後兩例）。

金文中的"于"，不管是單用的還是用於動賓之間的，有一個共同的特點，即後面所接的賓語都是表示具體意義的實詞，如"天室""大保""有周"。

在與這部分金文同一時期的傳世文獻中，我們發現了"於"字，不過，"於"不是用作介詞，而是用作嘆詞，或用於"於乎"中表示感歎。例如：

（6）於穆清廟，肅雍顯相。（《詩經·清廟》）毛傳："於，歎辭。"

（7）於乎不顯，文王之德之純！（《詩經·維天之命》）王先謙《三家義集疏》："於乎，歎辭。"

如果作介詞用，則仍然用"于"，這與出土文獻中的情況一致。例如：

（8）我王來，既爰宅于茲，重我民，無盡劉。（《尚書·盤庚》）

---

① 原文作"二川"，譯文作"三條河川"，"三"與"二"屬形近而誤，當改作"二條河川"。

（9）曰止曰時，築室于茲。（《詩經·綿》）

（10）今惟殷墜厥命，我其可不大監撫于時？（《尚書·酒誥》）

（11）勿恤其孚，于食有福。（《周易·泰》）

（12）我其夙夜，畏天之威，于時保之。（《詩經·我將》）鄭箋：“時，是也。”

（13）惟三月，周公初于新邑洛用告商王士。（《尚書·多士》）

下面一例特別有意思，“於”和“于”同句共現，其中“於”用作嘆詞，“于”用作介詞，這種分工與前面我們介紹的情況完全一樣：

（14）文王在上，於昭于天。（《詩經·文王》）毛傳：“於，歎辭。”

“於”和“于”用法上的分工，不僅以上幾例如此，該時期文獻中的其他用例亦如此。[①]

以上說的是用字情況。從用法上看，用作介詞的“于”在句法結構中有的用於動詞後面，如（8）—（10）例，有的用於動詞前面，如（11）—（13）例。在這兩種用法中，用於動詞後面的那種“于”應該是最早的用法，而且也是最基本的用法，而用於動詞之前的“于”字結構大約是後來產生的。隨著“于”字結構在動詞前面出現的次數越來越多，這個由“于”構成的介詞結構的獨立性開始逐漸增強。

2. 西周晚期至春秋末期“于/於”字用法的發展

從西周晚期開始到春秋末期，“于”出現了作補足音節的助詞的用法。例如：“佳九月既望庚寅，𬤩伯于遘王休。”（《獻彝》）郭沫若云：“‘于遘王休’與《令簋》‘于伐楚伯’同例，‘于’乃句中語助。”[②] 作爲助詞使用的“于”跟連詞“于是”的起源沒有關係，我們可以不用管它。

這個時期，“于”作介詞仍然以用於動詞和賓語之間爲常，“于”字結構雖然有獨用的情況，但數量不多。下面幾例是比較典型的：

（15）于以求之？于林之下。（《詩經·擊鼓》）

---

① 值得注意的是，《詩經》中的作品不都是這個時期的，下面這一例介詞雖然用了“於”，但並不屬于這個時期：“靜女其姝，俟我於城隅。”（《邶風·靜女》）關於該詩的創作年代，詳見屈萬里《古籍導讀》，（臺北）開明書店出版社 1964 年版。

② 見《兩周金文辭大系》，上海書店出版社 1999 年版，第 5 頁。

（16）薄言采芑，于彼新田，于此菑畝。（《詩經·采芑》）

（17）瞻烏爰止，于誰之屋？（《詩經·正月》）

介詞結構脫離動詞獨用，這種情況或許是受詩歌這種特殊表達形式的影響產生的，如果不是在詩歌當中，（15）和（16）例完全可以説成"于林之下求之/求之于林之下""于彼新田采芑/采芑于彼新田""于此菑畝采芑/采芑于此菑畝"，（17）例也可以説成"瞻烏止于誰之屋"。

本時期，介詞"于"用法上的一個突出的特點是，"於"字開始用作介詞，這跟前一個時期"於"專用作嘆詞不同。例如：

（18）靜女其姝，俟我於城隅。（《詩經·靜女》）

"於"作介詞，與"于"作介詞用法完全一樣，試比較：

（19）a. 冬十有二月，齊侯、鄭伯盟于石門。（《春秋·隱3》）

　　　b. 俟我於著乎而。（《詩經·著》）

同一個介詞，爲什麼有時用"于"，有時用"於"？段玉裁解釋説："凡《詩》、《書》用'于'字，凡《論語》用'於'字，蓋'于'、'於'二字，在周時爲古今字。"[①] 他又説："凡經多用'于'，凡傳多用'於'。"[②] 經過我們的調查，段玉裁的意見是正確的，只是問題不能這樣簡單地理解。用於經、傳的不同，其實反映的是一種歷時的變化，——經在前，傳在後，"凡經多用'于'，凡傳多用'於'"，説的是這個介詞最先使用"于"字，後來才改用"於"。"于"和"於"是一種歷時上的替換關係。

"於"用作介詞之後，"于"和"於"用法上的分工就不存在了，不僅嘆詞用"於"，介詞也用"於"（當然也用"于"），介詞"于"和"於"由早先同音不同用的異字異詞變成了同音同用的異字同詞的關係，這個時候的"于"和"於"就只有寫法上的分別而沒有用法上的區別了。它們是同一詞位的不同書寫形式變體。[③]

這個時期"於"雖然可以用作介詞，但就數量看，仍以"于"的使用爲主。以《詩經》爲例，本時期用作介詞的"於"只有7例，而"于"有

---

① 見《説文解字注》"于"字條。

② 見《説文解字注》"於"字條。

③ 詳見第一章第四節。

555 例。① 在《春秋經》中，作介詞的"于"字出現 406 次，作介詞的"於"字一次都沒出現。

3. 戰國時期"於是"開始出現並成詞

進入戰國時期以後，"于"和"於"的使用又有進一步的發展，這表現在兩個方面：第一，"於"大量用作介詞並在數量上超過"于"字；第二，"於"和"于"後接代詞"是"的用法大量出現。

據我們的統計，本時期在《論語》、《商君書》、《左傳》、《孟子》、《莊子》、《呂氏春秋》六部文獻中，"于"共出現 1542 次，作介詞的有 1511 次；"於"共出現 4675 次，有 4673 次用作介詞，兩者分別占這個時期該介詞用法的 24.4％和 75.6％。"於"大量作介詞用並在數量上超過"于"，這在以前是從沒有過的現象。就"於"的分佈情況來看，它既用於經傳又用於諸子。這種情況與前一個時期相比，更加印證了我們前面說過的"於"和"于"是一種歷時上的替換關係的說法，只不過這種替換還沒有徹底完成，因此文獻中除了用"於"之外，也還用"于"。就用法看，"于"和"於"沒有任何區別，試比較以下兩組句子：

(20) a. 伯夷、叔齊餓于首陽之下，民到于今稱之。（《論語·季氏》）

　　　b. 由孔子而來至於今，百有餘歲，去聖人之世，若此其未遠也。（《孟子·盡心下》）

(21) a. 六月，穆伯會諸侯及晉司空士縠盟于垂隴，晉討衛故也。（《左傳·文 2》）

　　　b. 及河，又使止之，止使者而盟於河。（《左傳·襄 27》）

前面我們說過，前期的"于"作介詞時，後面多跟表示具體意義的名詞（如例 2—5），如果使用代詞，也僅僅限於"茲"或"時"（如例 8—10）。這種情況到本時期有所變化，"於"的後面開始出現指示代詞"是"。例如：

(22) 吾惛，不能進於是矣。（《孟子·梁惠王上》）

"於/于"後接"是"構成"於是/于是"。"於是/于是"在句子中有兩

---

① 該統計不包括《詩經》中"檜風""豳風""大雅·文王之什""大雅·生民之什""大雅·蕩之什"的前九首以及全部"周頌"。

個位置，一是用於謂詞或謂詞性短語之後（VP＋"於/于是"），一是用於謂詞或謂詞性短語之前（"於/于是"＋VP）。

用於謂詞或謂詞性短語之後的例子（VP＋"於/于是"）如：

（23）雞其憚爲人用乎！人異於是。（《左傳·昭22》）

（24）君子無終食之間違仁，造次必於是，顛沛必於是。（《論語·里仁》）

（25）夫子至於是邦也，必聞其政。（《論語·學而》）

（26）故天將降大任於是人也，必先苦其心志，勞其筋骨，餓其體膚，空乏其身，行拂亂其所爲。（《孟子·告子下》）

上述這些"於是"有一個共同的特點，就是不成辭。所謂"不成辭"，是指"於是"不是一個獨立的句法單位。例如，（23）例中的"是"不是跟"於"直接結合，而是跟"異"直接結合，"異於是"就是"異是"，"於"是插入成分，從結構上看，它既不從前也不從後。[①]（24）例與此同。至於（25）、（26）兩例，"於"和"是"沒有直接關係更爲明顯，"是"都是先與後面的名詞組合，然後作爲一個整體（是＋NP）再與"於"字組合，其結構形式爲"V（N）＋於＋是N"。這兩例的"於"和"是"都只有位置上的關係而無結構上的關係，因此，白兆麟（1979）把它看作起介接作用。

上面這兩類用法別管是哪一種，都跟連詞"於是"的起源沒有關係。連詞"於是"應該來源於謂詞前邊的那個，即"於是＋（NP）＋VP）"中的那個。

謂詞前面用"於是"的例子不少，先看兩例：

（27）子於是日哭，則不歌。（《論語·述而》）

（28）逢蒙學射於羿，盡羿之道，思天下惟羿爲愈己，於是殺羿。（《孟子·離婁下》）

很明顯，謂詞前的"於是"也有兩種：一種是由"於"和"是"作爲直接成分構成的結構體（"於是"），如（28）例；一種是屬於非語法結構單位的跨層組合（"於"＋是NP），如（27）例。屬跨層組合的那個"於

---

① 當然，若從韻律上看，"於"跟前面的動詞聯繫更緊密些，"異於是"應讀作"異於——是"（"——"表示語音停頓，下同），而不是讀作"異——於是"。

是"跟出現在動詞後面的那個"於是"（見 25、26 例）性質一樣，也是不成辭的。如（27）例應讀作："子——於——是日——哭"，而不是讀作："子——於是——日——哭"。可見，用於動詞前面的這個不成辭的"於是"跟連詞"於是"的起源也沒有關係，有關係的應該是"於是"爲結構體的那個，即（28）例中的那個。

作爲完整的結構體的"於是"很多。例如：

（29）秋八月，葬宋共公。於是華元爲右師，魚石爲左師……（《左傳·成 15》）

（30）在晉先君悼公九年，我寡君於是即位。（《左傳·襄 22》）

（31）冬至後五旬七日，菖始生。菖者，百草之先生者也。於是始耕。（《呂氏春秋·任地》）

（32）是月也，命太卜禱祠龜策，占兆審卦吉凶。於是察阿上亂法者則罪之，無有揜蔽。（《呂氏春秋·孟冬》）

（33）晉文公將欲明刑以親百姓，於是合諸侯大夫于侍千宮……（《商君書·賞刑》）

（34）獸死不擇音，氣息茀然，於是並生心厲。（《莊子·人間世》）

（35）殷湯即位，夏爲無道，暴虐萬民，侵消諸侯，不用軌度，天下患之。湯於是率六州以討桀罪。（《呂氏春秋·古樂》）

（36）襄子上于夏屋以望代俗，其樂甚美，於是襄子曰："先君必以此教之也。"（《呂氏春秋·長攻》）

以上八例，其中"於是"的性質並不一樣，誠如前輩學者所言，一共有兩種：一種是介詞詞組（29—32 例），我們記作"於是₁"；一種是詞（33—36 例），我們記作"於是₂"。

作爲介詞詞組的"於是₁"和作爲詞的"於是₂"有很多不同，最明顯的一點是，介詞詞組可以出現在整個句子的開頭，而連詞只能出現在複句的後一分句中。（何樂士，2012）另外，介詞詞組"於是₁"的"於"的介詞性質和"是"的代詞性質都比較明顯，"於"表示動作行爲發生的時間，"是"則直接代指上文某個動作行爲發生的時間，整個結構的意義很具體，表示"（在）這個時候"。例如，（29）—（32）四例可以翻譯爲：

（29'）秋八月，安葬宋共公。在這時華元做右師，魚石做左師……（沈玉成《左傳譯文》）

（30'）在晉國先君悼公九年，我寡君在這個時候即位。（沈玉成《左傳譯文》）

（31'）冬至以後五十七天，菖蒲開始萌生。——菖蒲是百草中最先萌生的。——這時開始耕地。（張雙棣等《呂氏春秋譯注》）

（32'）這個月，命令掌管蔔筮的太卜，祈禱於龜策，看兆象，算卦數，來考察吉凶。這時候，要察訪那些曲意逢迎上司而擾亂法制的人，判他們的罪，不得有所隱藏。（張雙棣等《呂氏春秋譯注》）

作爲詞的"於是₂"整体性很强，很難説出"於"是什麽意思，"是"是什麽意思，因此它不能像"於是₁"那樣來翻譯，當整個句子譯成現代漢語時，一般的做法是不翻譯。如（33）—（36）例翻譯爲：

（33'）晉文公想要修明刑罰，來愛護百姓，於是招集諸侯大夫于侍千宮……（高亨《商君書注譯》）

（34'）困獸要死的時候就尖聲亂叫，勃然發怒，於是産生了噬人的惡念。（陳鼓應《莊子今注今譯》）

（35'）殷湯登上君位，當時夏桀胡作非爲，殘暴虐待百姓，侵害掠奪諸侯，不按法度行事，天下人都痛恨他。湯於是率領六州諸侯討伐桀的罪行。（張雙棣等《呂氏春秋譯注》）

（36'）襄子登上夏屋山觀看代國的風土人情，看到代國一派歡樂景象，於是襄子説："先君必定是用這種辦法來教誨我啊！"（張雙棣等《呂氏春秋譯注》）

"於是₁"和"於是₂"譯文上的不同，説明了它們的性質不同，"於是₁"表意很具體，是一個自由詞組，"於是₂"表意很抽象，是一個複合詞。先秦漢語中像（33）—（36）這樣的"於是"很多，據我們的統計，《莊子》中用於後一分句的"於是"有34例，有32處陳鼓應先生的《莊子今注今譯》直接譯爲"於是"。

我們説，先秦漢語中的"於是₂"跟現代漢語中的連詞"於是"具有一致性，除了由上面提到的譯文爲證外，還可以從以下兩個方面看出來。第一，從意義上看，在現代漢語中，連詞"於是₂"主要用於複句的後一分句中，"表示後一事承接前一事，後一事往往是由前一事引起的。"（呂叔湘，1980：563）而且常常"隱含因果關係"。（張斌《現代漢語虛詞詞典》2001年，第662頁）例如：

（37）説是秦始皇統一中國，巡遊到洞庭，恰遇湖上狂波，甚是惱火，於是擺出第一代封建帝王的雄威，下令封山。（余秋雨《洞庭一角》）

在這句話中，秦始皇巡遊洞庭遇狂波是前事，他擺出帝王雄威下令封山是後事，後事和前事接連發生，而且前後事之間也暗含著一定的因果關係，——因爲秦始皇游洞庭遇湖上狂波，所以他才下令封山。

先秦漢語中的"於是₂"也能表達這樣的語法意義。例如：

（38）故務其三時，修其五教，親其九族，以致其禋祀，於是₂乎民和而神降之福，故動則有成。（《左傳·桓6》）

"務三時、修五教、親九族、致禋祀"是前事，表原因，"民和神降福"是後事，表結果。前後事之間在時間上前後相繼，在邏輯上含有因果關係。

第二，從用法上看，先秦漢語中的"於是₂"也跟今天的用法相同。這又有兩種表現：首先，從句法位置上看，現代漢語中連詞"於是"既可用於動詞短語之前，又可用於主謂短語之前，還可以用於主謂短語之間，先秦漢語中的"於是₂"也能這樣用。例如：

（39）他看到女孩身後並未站著可疑的人，於是立刻走出商店。（余華《愛情故事》）

（40）邾君不説，於是₂復下令，令官爲甲無以組。（《呂氏春秋·去尤》）
——以上兩例用於動詞短語之前。

（41）他忽然發現路邊小草棵下有一點陰涼，就這點陰涼使他如飲甘泉，一陣涼爽，於是他把腳伸到草棵底下去，可是小草太小了，又能容納下什麼？（劉白羽《第二個太陽曲》）

（42）惠子相梁，莊子往見之。或謂惠子曰："莊子來，欲代子相。"於是₂惠子恐，搜于國中三日三夜。（《莊子·秋水》）
——以上兩例用於主謂短語之前。

(43) 病走熟路，他那些老毛病挨著個兒來找他，他於是就在家裡歇病假，哪兒也不去。(汪曾祺《雲致秋行狀》)

(44) 殷湯即位，夏爲無道，暴虐萬民，侵削諸侯，不用軌度，天下患之。湯於是₂率六州以討桀罪，功名大成，黔首安寧。(《呂氏春秋·古樂》)

——以上兩例用於主謂短語之間。

其次，它們的後面都可以使用語氣詞。現代漢語一般用"乎"或"啊"，古代漢語用"乎"或"焉"。[①] 例如：

(43) 後來書多了，東丟一本，西丟一本，又懶去整理，於是乎十本書倒有九本是殘的，索性不問了，丟了就讓它丟。(張恨水《金粉世家》)

(44) 他當時就發誓，一定要讓袁將軍的英名傳頌下來。於是啊，那天晚上，他冒著死罪偷了袁將軍的首級，解甲歸田，回到了家鄉。(北京大學 CCL 語料庫)

(45) 保君父之命而享其生祿，於是₂乎得人。(《左傳·僖 23》)

(46) 秋水時至，百川灌河。涇流之大，兩涘渚崖之間，不辯牛馬。於是₂焉河伯欣然自喜，以天下之美爲盡在己。(《莊子·秋水》)

關於句中語氣詞的使用，張誼生的《現代漢語虛詞》(2000) 認爲："一般説來，結構關係之間聯繫緊密度越低，中間可以出現停頓的可能性越大，可能出現句中語氣詞的概率也就越高。"以上幾例，"於是"的後邊，在語氣詞的位置均有一個較長的停頓，這個停頓使"於是"的獨立性得到了增強。[②]

由以上分析可以看出，先秦漢語中的"於是₂"與現代漢語中的連詞"於是"無論是語法意義還是語法功能，已經沒有區別，我們應該把它看作連詞。

---

① 楊樹達先生把這個"焉"看作"語末助詞"，認爲它是"助副詞性之兼詞，用同'乎'"。見《詞詮》"焉"字條(一一)。

② 正因爲語氣詞的使用是爲了增加停頓語氣的，所以"於是乎"和"於是"在用法上完全一樣，"於是乎"並沒有因爲多一個"乎"而使其功能和意義發生變化。從句法上看，"於是"後面的"乎"是屬於整個句子的，而不是僅僅屬於"於是"的，但從韻律上來看，"乎"屬於"於是"。編詞典的時候，無需把"於是乎"當作一個獨立的詞條來處理。

　　上文在討論介詞"於"後面出現代詞的時候，我們提到了幾種形式："於是""於此""於時""於斯""於茲"等，這些形式只有"於是"發展成了連詞，其他幾個都消失了。爲什麼會這樣？這與這些詞的使用頻率高低有關。根據語法化理論的頻率原則，當一個語法化的候選者跟其他參與競爭的候選者在使用頻率上不同的時候，使用頻率高的候選者最容易發生語法化。（Haspelmath，2001）根據我們的調查，在西周中期至春秋末期兩種文獻中，"是"出現了 91 次，"此"出現了 57 次，"斯"出現了 57 次；在春秋末期至戰國中期的三種文獻中，"是"出現了 829 次，"此"出現了 337 次，"斯"出現了 76 次；在戰國中期至秦代的三種文獻中，"是/時"出現了 1037 次，"此"出現了 1038 次，"斯"只出現了 49 次。[①] 以上幾個代詞在不同歷史時期使用頻次有很大的不同，但是"是"的使用頻次一直很高，正是這個原因，所以它才能夠戰勝其他幾個"於＋代詞"的形式發展成詞。[②]

　　4. 連詞"於是"的來源

　　最後我們討論"於是₂"與"於是₁"的關係，即連詞"於是₂"的來源。

　　上文説過，先秦漢語中用於動詞前成辭的"於是"有兩個，一個是介詞詞組（"於是₁"），一個是連詞（"於是₂"）。這兩個單位的意義不同，語法單位的級别也不一樣，應該看作兩個不同的單位。

　　對於這兩個單位，董秀芳（2002：262—263）認爲，作介詞詞組的那個"於是₁"具有多義性，其中的代詞"是"既可以代指時間，又可以代指前文已經出現過的名詞性成分，她説："發生詞彙化的'於（于）是'是其中的'是'爲時間代詞的那一類。"根據我們觀察，先秦文獻中典型的介詞詞組"於是₁"的"是"均指時間，這樣一來，照董秀芳的説法，連詞"於是₂"就來源於介詞詞組"於是₁"。與這種説法相近的還有竺家寧（1997），他認爲先秦漢語中的"於是"最初是一個詞組，可以表示"在此

---

　　① 詳見楊世鐵《先秦漢語分期詞頻表》，未刊稿。
　　② 不僅"於是"能夠戰勝其他幾個"於＋代詞"的形式，就是在别的包含代詞的、若干結構的較量中，含"是"的結構也容易取勝。如"是以"與"此以"相比，"是以"要常見得多。參見徐丹（2007）。

時""在此處"兩種意思,虛詞"於是"來源於表示"在此時"的那個介詞詞組。

這種認識看似合理,跟先秦時期"於是"的使用情況也比較吻合,其實是有問題的。因爲,先秦時期"於是₁"與"於是₂"在使用上基本上是平行的,不僅整個時期既用"於是₁"又用"於是₂",就是在同一部文獻中(如《左傳》、《莊子》),二者也共現。另外,從意義上看,它們也有明顯的不同:一個表示時間(於是₁),一個表示事理上的邏輯關係(於是₂),兩者之間絕對不能相互替換。例如,下面兩個句子中的是"於是₂",就不能按介詞詞組"於是₁"(在這個時候)來理解:

(47)且吾聞之,古者禽獸多而人少,於是₂民皆巢居以避之。(《莊子·盜跖》)

(48)晉獻公立驪姬以爲夫人,以奚齊爲太子,里克率國人以攻殺之;荀息立其弟公子卓,已葬,里克又率國人攻殺之,於是₂晉無君。《呂氏春秋·原亂》

同樣,下面兩句中的"於是₁"因爲不含有因果關係,也不能按連詞"於是₂"來理解:

(49)秋,衛人伐邢,以報菟圃之役。於是₁衛大旱,卜有事於山川,不吉。(《左傳·僖19》)

(50)桀既奔走,於是₁行大仁慈,以恤黔首……(《呂氏春秋·簡選》)

上述情況說明,"於是₂"和"於是₁"不可能有源生上的關聯,"於是₂"不可能來源於"於是₁",而是應該另有來源。

在討論"於是₂"的來源時,有一種現象特別值得我們注意,即在判斷"於是₂"是不是連詞時,有時會出現分歧或者令判斷者拿不定主意。例如:

(51)丕鄭之子豹在秦,請伐晉。秦伯曰:"其君是惡,其民何罪?"秦於是乎輸粟于晉。《左傳·僖13》

(52)逢蒙學射於羿,盡羿之道,思天下惟羿爲愈己,於是殺羿。(《孟子·離婁下》)

(53)皇父之二子死焉,宋公於是以門賞耏班,使食其征,謂之耏門。(《左傳·文11》)

　　(54) 一呼而不聞，再呼而不聞，於是三呼邪。(《莊子‧山木》)

　　上面幾例中的"於是"都是詞，但是臨到作出判斷的時候，恐怕大家有了不同的認識，有人說是詞，有人說不是詞，是不是詞很讓人費一番腦筋。爲什麼會出現這種情況呢？我們知道，古代漢語中很多複合詞不是專門創造的，而是由自由詞組凝固而來的。在凝固過程完成之前，正處於由自由詞組向詞過渡的中間狀態，這個時候看起來既像是詞組又像是詞，具有詞組和詞兩種性質。這樣的單位，如果讓人們來判斷，按照從嚴的標準它就是詞組，按照從寬的標準它就是複合詞。上面所舉的一些句子中的"於是$_2$"就是這樣一種情況，因爲它還沒有徹底完成轉化，所以有人看作詞有人看作詞組。這種情況正好可以幫助我們判斷連詞"於是$_2$"的來源。

　　既然"於是$_2$"是由自由詞組轉化而來的，這個自由詞組又不是"於是$_1$"，那肯定是另一個在形式上跟"於是$_1$"一樣，也是由介詞"於"和代詞"是"構成的自由詞組"於是$_n$"。要找出這個"於是$_n$"，就必須從連詞"於是$_2$"入手，尤其是要從那些容易引起爭議的"於是$_2$"入手，想想爲什麼有人把它看作連詞，有人把它看作詞組。

　　仔細分析那些兩可的"於是$_2$"我們發現，"於是$_2$"連接前後兩事，前事和後事在時間上是繼起關係，在邏輯上是因果關係。如(54)例，"三呼"是後事，"一呼而不聞，再呼而不聞"是前事，之所以"三呼"，是因爲"一呼而不聞，再呼而不聞"，換句話說，"三呼"一定是在"一呼而不聞，再呼而不聞"的情況下發生的，若沒有"一呼而不聞，再呼而不聞"，也就沒有"三呼"。以上說的是事理。若從句法上看，前事表現爲前句，後事表現爲後句，前後句之間靠語法單位"於是"連接。這個語法單位在功能上連接前後兩句，在意思上表示"在(前事)這種情況下"，其中"於"是介詞，"是"是代詞，指代上文"一呼而不聞，再呼而不聞"這種情況。同理，(52)例的"是"指代前面提到的"逢蒙學射於羿，盡羿之道，思天下惟羿爲愈己"這種情況，(53)例"是"指代"皇父二子死"這種情況，它們都不是指代時間，而是指代上文提到的某種情況(即各自的"前事")。我們認爲，就是這個表示"在某種情況下"的介詞詞組"於是ₙ"後來進一步發展成了連詞"於是₂",現在因爲還沒有徹底完成轉化,所以有時可以勉強解釋爲"在這種情況下"。

看來,董秀芳説先秦漢語中的介詞詞組"於是"的"是"是個代詞,具有多義性,是完全正確的。它不僅可以指代時間,也可以指上文提到的某種情況,還可以指其他内容。"是"指代什麼,最初是隨著它所修飾的詞語的内容不同而有所變化,如果它修飾"人"(是人),則"是"指人,如果它修飾"時"(是時),則"是"指時間。當"於是"獨立以後,"是"的指代範圍開始縮小,一般限制指在時間和情形上。當"是"指代時間時,"於是"表示"在這個時候",介詞詞組的性質十分明顯;當"是"指代上文提到的某種情形時,"於是"表示"在這種情況下",介詞詞組的性質不太明顯,這個時候可以把它看作介詞詞組,也可以看作連詞。後來,以此爲基礎再進一步發展,這個"於是"的介詞詞組的性質就消失了。漢語的連詞"於是₂"就是由"是"指代某種情況的介詞詞組"於是"發展成的,其形成過程既是介詞詞組發生詞彙化的過程,也是"於是"的意義由實變虛、語法功能發生變化的過程,也即語法化的過程。這兩個過程合二爲一,可以説是在發生詞彙化的同時,也發生了語法化。它與一般語法化現象不同,採取的是一種比較單純的演變模式,演變過程也相對簡單:變化的起點是一個由介詞"於"和代詞"是"組成的介詞詞組,它的意義非常具體,後來隨著使用頻率的增加,代詞"是"的意義出現磨損,不管在什麼語境中出現,要麼表示"這個時候",要麼表示"這種情況",整個詞組的意義也變得抽象起來。最後,由指代"這種情況"的"是"組成的介詞詞組"於是"的意義進一步抽象化之後,它就變成了只能連接前後事且表示前後事之間具有某種因果關係的功能性單位。

總之,"于"最初用於動詞和賓語之間,起"介接和組合"的作用,後來"于"和其賓語開始脱離動詞而存在,其賓語也開始由代詞(如"兹")來擔當。當代詞固定在"是"上的時候,複音組合"於是/于是"便出現了。"於是/于是"剛一出現時,從意義上看,"是"具有多指性;從位置上看,它既可用於動詞後又可用於動詞前;從獨立性上看,它既可以成辭也可以不成辭。當動詞前成辭的那個"于是"隨著使用次數的增多，句法獨立性開始增強，語義也變得更加抽象，並且只能出現在由前後兩個分句構成的複句的後一分句開頭的時候，連詞"於是"便產生了。

"於是"要成爲連詞，需具備以下條件：第一，必須是一個結構單位；第二，作爲一個整體在句子中能夠自由地移位；第三，意義上比較抽象，構成成分的意義不明顯。到了戰國時期，這些條件部分"於是"已經具備，這部分"於是"就發展成了連詞。

連詞"於是₂"與"是"指代時間的介詞詞組"於是₁"同形且共存，但它們是不同性質的單位，二者也沒有源生上的關係。連詞"於是₂"來源於"是"指代上文某種情形的那個介詞詞組"於是"，而這個"於是"與上文一直討論的那個"於是₁"有區別，即："於是₁"中的"是"指代的是時間，而作爲連詞來源的那個"於是"的"是"指代上文提到的某種情形。

二　從"成"的使用看常用詞義位的變化

詞彙當中有一些詞，從一開始成爲常用詞以後，一直都以常用詞的面目出現。這部分常用詞數量雖然不是很多，但它們是常用詞的核心，是漢語詞彙發展的基礎。

其實，作爲常用詞核心部分的這些詞也一直在變①，不變的只是形式。爲説明這個問題，我們可以以【成】的使用爲例來分析一下它在先秦時期意義和用法的變化情況。

【成】在金文中共 5 例，均表示【實現】/【完成】義。如：

(1) 廼眜克衣告烈～功。（8.4330）

(2) 登于大服，廣～厥功。（8.4341）

(3) 三年靖東國，亡不～眂天威，否畀純陟。（8.4341）

(4) 公克～綏吾考，以于顯顯受命。（8.4330）

---

① 也有基本上不變的，如"酒""馬""民"等以及數詞。

（5）履付裘衛林晉里，則乃～封四封。（5.2831）

第1期傳世文獻共29例，意義和用法同金文的不少。例如：

（6）無毖于卹，不可不～乃文考圖功！《尚書・大誥》

（7）曰其自時中乂，萬邦咸休，惟王有～績。《尚書・洛誥》

（8）予旦以多子越御事篤前人～烈，答其師，作周孚先。《尚書・洛誥》

（9）遹求厥寧，遹觀厥～。《大雅・文王有聲》

（10）考卜維王，宅是鎬京。維龜正之，武王～之。《大雅・文王有聲》

（11）大命近止，無棄爾～。《大雅・雲漢》

（12）或從王事，无～。《周易・訟》

（13）有俶其城，寢廟既～。既～藐藐，王錫申伯。《大雅・崧高》

（14）經始靈臺，經之營之。庶民攻之，不日～之。《大雅・靈臺》

（15）經營四方，告～于王。《大雅・江漢》

（16）虞芮質厥～，文王蹶厥生。《大雅・緜》

（17）我客戾止，永觀厥～。《周頌・有瞽》

（18）民之靡盈，誰夙知而莫～？《大雅・抑》

（19）其刑其罰，其審克之，獄～而孚，輸而孚。《尚書・呂刑》

（20）公尸燕飲，福祿來～。《大雅・鳧鷖》

第（6）例"成……功"，即成就功業的意思。（7）（8）兩例"成績""成烈"並用，"績"和"烈"都有"成"的意思，這裏是同義並用。其他幾例雖然沒有提示詞，但從上下文看，也都表示功績實現或功績完成的意思。（13）—（20）例表示的意義與前幾例無別，只是完成或實現的對象不同，其中（13）（14）兩例指建築完成，（15）（16）兩例指征伐或戰爭完成，（17）例指音樂演奏完成，（18）例指知識掌握完成，（19）例指獄訟完成。（20）例稍微特別一點，"福祿來成"指"福祿來到"，也包含【實

現〕或〔完成〕的意思。另外，需要指出的是，第（16）例，《毛傳》釋【成】
爲 "平"，今天有不少工具書多以〔平/和平/太平〕或〔和解/不打仗〕當作
【成】的一個義項。① 我們以爲，〔和平〕〔和解〕是後來的意義，這個時期這個
意義還沒有產生，雖然《詩經》中這一例可以譯作 "和平""和解"，但若
看作一個獨立的義位，還缺乏例證上的支持，正如（13）（14）例的【成】
我們沒有必要給它設立一個新義位（〔建設完畢〕）一樣。（16）例，我們也
沒有必要看作一個新義位，看作已有意義的義位變體更合適。（17）例的
情況與此同。

在第 1 期傳世文獻中，與上面幾例表示的意思不同的還有兩種情況，
先看例句：

(21) 明作有功，惇大～裕，汝永有辭。《尚書·洛誥》

(22) 惟敬五刑，以～三德。《尚書·呂刑》

(23) 簡恤爾都，用～爾顯德。《尚書·文侯之命》

(24) 昊天有～命，二后受之。《周頌·昊天有成命》

(25) 王厥有～命治民，今休。《尚書·召誥》

(26) 王末有～命，王亦顯。《尚書·召誥》

(27) 冥豫，～有渝，无咎。《周易·豫》

(28) 或從王事，无～有終。《周易·坤》

(29) 王釐爾～，來咨來茹。《周頌·臣工》

（21）—（23）例【成】所指的對象跟前面的不同，它們都是一些抽
象的名詞。一般來講，能說〔完成〕的多是具體的事物，像這三句中的 "裕"
（《方言》："裕，道也"）和 "德"，就不能說〔完成〕。根據【成】所指對象
的變化，我們把這三句話中的【成】解釋爲〔成就〕。【成】的〔成就〕義跟〔完
成〕義相關，它是由〔完成〕義引申出來的。

（24）—（29）例的意義跟（21）—（23）例的意義又不同，它們都

① 如向熹編的《詩經詞典》和王力等編的《常用字字典》。與（16）例情況相類的還有（17）
例中的 "成"。朱熹釋爲 "樂闋"，向熹的《詩經詞典》亦單列一個義項〔樂曲演奏完畢爲一成〕。

含有［＋固定的］／［＋既有的］意思，有的學者直接把（28）（29）兩例
中的【成】解釋爲〖成法〗。① 從句法功能上來看，這幾例中的【成】確實也
跟前面的有不一樣的地方，它們或作定語或作賓語。

總的來講，我們應該承認（21）—（29）例中【成】的意義和用法跟
金文中的用法有所不同，這種不同體現了【成】在傳世文獻中的發展。

下面再看【成】在西周中期至春秋末期的使用情況。

這個時期【成】共 19 見，有不少與之前的用法相同，有表示〖完成〗義
的，如："維此六月，既～我服。我服既～，于三十里"（《小雅・六月》）；
有表示〖成功〗義的，如："召伯有～，王心則寧"（《小雅・黍苗》）；有表示
〖成就〗／〖成全〗義的，如："樂只君子，福履～之"（《周南・樛木》），"三月，
公會齊侯、陳侯、鄭伯于稷，以～宋亂"（《春秋經・桓 2》）；還有表示〖成
法〗／〖成規〗義的，如："憂心如醒，誰秉國～"（《小雅・節南山》）。此外，
這個時期還出現了一些比較特殊的用法，例如：

（30）戎～不退，飢～不遂。《小雅・雨無正》

（31）哆兮侈兮，～是南箕。《小雅・巷伯》

（32）雖則七襄，不～報章。《小雅・大東》

（33）烈烈征師，召伯～之。《小雅・黍苗》

以上四例都有［＋完成］義，但是都不宜直接用〖完成〗或〖成就〗來解
釋，例如（30）例，"戎成""飢成"指的是戰事和災荒已經發生，（31）
例"成是南箕"是指"南箕"（星宿名）形成，（32）例的【成】指報章織
成，最後一例的【成】指的是組建軍隊完成。以上各例的用法說明，詞義
在使用中會因爲具體的語言環境不同發生一些變化，如果這些變化還沒有
普遍地爲人們所接受，它只能作爲原有詞義的義位變體而存在。【成】在
上面這些句子中的用法雖然還不是它的新義位，但是我們已經看到其詞義
在運用中正在逐漸地發生變化。

① 見向熹的《詩經詞典》（1997）和周振甫的《周易譯註》，中華書局 1991 年版。

到春秋末期以後，隨著【成】的大量使用，一些新義開始在原有義位變體的基礎上產生了。例如：

由【（戰爭）完成】義引申出來的【和解】/【講和】義：

(34) 往歲，鄭伯請～于陳，陳侯不許。《左傳·隱6》

(35) 楚武王侵隨，使薳章求～焉，軍於瑕以待之。《左傳·桓6》

(36) 楚人伐鄭，鄭伯欲～。《左傳·僖3》

(37) 鄭石甲父、侯宣多逆以爲大子，以求～于晉，晉人許之。《左傳·僖30》

(38) 初，闕克囚于秦，秦有殽之敗，而使歸求～。《左傳·文14》

(39) 晉欲求～於秦。《左傳·宣1》

(40) 冬，趙穿侵崇。秦弗與～。《左傳·宣1》

(41) 晉郤～子求～于衆狄。《左傳·宣11》

(42) 宋必叛，不如止其尸以求～焉。《左傳·定8》

(43) 乃爲卻四十里，而舍於盧門之闔，所以爲～而歸也。《呂氏春秋·行論》

(44) 十月，乃與晉～，歸惠公而質太子圉。《呂氏春秋·原亂》

由表示【（生長過程）完成】義引申出來的【長成】/【成熟】義：

(45) 夫春氣發而百草生，正得秋而萬寶～。《莊子·庚桑楚》

(46) 物動則萌，萌而生，生而長，長而大，大而～，～乃衰。《呂氏春秋·圜道》

(47) 行秋令，則草木零落，果實早～，民殃於疫。《呂氏春秋·仲夏紀》

(48) 多風而陽氣畜積，萬物散解，果實不～。《呂氏春秋·古樂》

(49) 冬與夏不能兩刑，草與稼不能兩～。《呂氏春秋·博志》

(50) 禽獸胎消不殖，草木庳小不滋，五穀萎敗不～。《呂氏春秋·

明理》

(51) 行秋令，則天時雨汁，瓜瓠不～，國有大兵。《呂氏春秋·仲冬紀》

(52) 秋之德雨，雨不信，其穀不堅，穀不堅則五種不～。《呂氏春秋·貴信》

至於下面這些句子中【成】的用法是否屬於獨立的新義位，可能人們有不同的意見：

(53) 齊燕姬生子，不～而死。《左傳·哀5》

(54) 君子～人之美，不～人之惡。小人反是。《論語·顏淵》

(55) 子長～人，幕動坼橑，斧斤斬其足，遂爲守門者。《呂氏春秋·音初》

(56) 楚子反救鄭，鄭伯與許男訟焉，皇戌攝鄭伯之辭。子反不能決也，曰："君若辱在寡君，寡君與其二三臣共聽兩君之所欲，～其可知也。不然，側不足以知二國之～。"《左傳·成4》

(57) 孔子～《春秋》而亂臣賊子懼。《孟子·滕文公下》

(58) 不以規矩，不能～方圓。《孟子·離婁上》

(59) 故擇先王之～法，而法其所以爲法。《呂氏春秋·察今》

(53)、(54)、(55)三例中的【成】有"成年"義，(56)例中的【成】有"斷案"意，(57)例中的【成】有"寫完"意，(58)例中的【成】有"畫"意，(59)例中的【成】有"已有的，既定的"義。

上面我們説過，新義位的成立要有充分的例證作支撐，孤證作爲義位成立的證據是可疑的。如果同意這種説法，上文幾例中除"成年"義和"已有的、既定的"義可以考慮作爲新義位之外，其餘句子中【成】的意義都很難説是獨立的新義位。

總之，【成】在先秦不同時期用法不同，其詞義隨著時代的發展一直在發生變化。變化的總體趨勢是不斷產生新義。新義產生的原因既跟它的指稱對象發生變化有關，又跟它在句子中的功能發生變化有關：當【成】大量地用于指稱戰爭或沖突的時候，〖和解、講和〗義產生了；當【成】大量地用于指稱植物生長過程的時候，〖成熟〗義產生了；當【成】由原有的動詞用法變成名詞的時候，〖成規、成法〗義便產生了。【成】在先秦時期雖然一直作爲常用詞出現，但它在每個時期的用法並不一樣，換句話説，甲時期可能以 A 義使用爲主，乙時期可能以 B 義或 C 義使用爲主，這叫高頻義位的變化。如果我們把統計做得更細一些，以義位爲單位而不是以詞位爲單位進行統計，就會明顯地看出各個時期共有的常用詞在意義上所發生的變化來。

三　從新詞的產生看常用詞在詞彙中的地位

春秋至戰國時期，尤其是戰國中期以後，漢語詞彙的發展超過了以往任何一個時期，這表現在兩個方面：第一，詞彙量劇增。以我們的統計來看，西周中期到春秋末期，文獻中的詞彙有 3912 條，到春秋末期至戰國中期，文獻中的詞彙量達到 10124 條，是前一個時期的 2.5 倍。雖然這兩個時期語料樣本大小不同，但漢語詞彙發展到本期數量得到巨大增長是事實，畢竟用詞的數量不會隨著文本量的大小成正比例變化。第二，複音詞大量出現。周祖謨（1979/2001：82）指出："春秋戰國之間，語言中的詞彙有了很大的發展，雙音詞之增多最爲明顯。如《左傳》成公十三年晉侯使呂相絕秦，有'殄滅我費滑，散離我兄弟，撓亂我同盟，傾覆我國家'，'芟夷我農功，虔劉我邊睡'等一些話，用了很多雙音詞；在《孟子》裏雙音詞更是屢見不鮮。如道路、倉廩、包廚、革萊、商賈、寇仇、膏澤、雕琢、繁殖、樹藝、周旋、優患、惻隱、窮乏之類，是漢語中產生雙音詞的一種主要方式。另外，由於農業、手工業和自然科學包括天文、地理、數學、醫學、生物學等的迅速發展，詞彙中增加了大量的新詞，漢語的詞彙也就不斷豐富起來，而且大部分的詞都爲後代所承用。"

新詞的大量產生，必然帶來造詞法的發達。已有的研究成果表明，在春秋至戰國時期，漢語創造新詞時使用的造詞法，已由早期的以音變造詞

爲主轉變爲後來的以結構造詞爲主,① 所以, 春秋以後語言中的新詞絕大
多數是由結構造詞法創造出來的複合詞。

　　關於複合詞的造詞方式, 陳克炯 (1978)、馬真 (1980; 1981)、程湘
清 (1982)、黃志強 (1986)、李智澤 (1988)、嚴志軍 (1992)、郭錫良
(1994) 等均有詳細的論述, 茲不贅述。這裏我們從複合詞的構造材料角
度對雙音節複合詞的構造成分與常用詞的關係作些簡單分析。

　　以下的分析以第 3 期詞彙爲例, 使用的材料不包括如下幾種:

　　(1) 複合數詞和月份名, 如:“五千六百”“七百有三十”“二萬六千
六百有六”“五六十”“二月”“六月”。

　　(2) 各類專名, 如:“免餘 (人名, 衞人)”“鍾吾 (諸侯國國名)”
“死鳥 (地名, 在衞都東郊)”“清發 (水名)”“康誥 (《尚書》篇目)”“鵲
巢 (《詩經》篇名)”“歸妹 (《易經》卦名)”“沙鹿 (晉國山名)”“桑林
(神名)”“大火 (星宿名)”“泉宮 (魯都近郊離宮名)”“亞旅 (職官名)”
“校人 (掌車馬之官名)”“騶虞 (職官)”“肆夏 (樂曲名)”“蝥弧 (鄭伯
之旗名)”“潘陽 (占卜術語)”“履端 (古代曆法術語)”“葱靈 (杜預注:
輜車名)”“大屈 (弓名)”“繁弱 (古之良弓名)”“僕姑 (矢名)”“鸜鵒
(鳥名, 即八哥)”。

　　(3) 聯綿詞和疊音詞, 如:“委蛇”“罔兩 (即“魍魎”)”“螭魅”“饕
餮”“蒲伏/扶伏 (即“匍匐”)”“方羊 (即“彷徉”)”“繾綣”“覷覦”“葛
藟”“蒺藜”“伉儷”“朱儒”“鳳皇”“丁寧 (鉦之合音)”“蹢躅”“焞焞”
“循循”“泱泱”“夭夭”“緜緜”“每每 (草木茂盛)”“出出 (叫聲)”“譆
譆 (叫聲)”“嗚呼/烏呼/烏乎”。

　　(4) 構詞理據不明的詞和方言詞, 如:“曲踊 (指遠跳)”“屏攝 (杜
預注: 祭祀之位)”“龍輔 (杜預注: 玉名)”“跗注 (杜預注: 戎服, 若袴
而屬於跗, 與袴連)”“踧踖 (鄭玄注: 恭敬貌)”“走集 (杜預注: 邊境之
壘壁)”“大蔡 (杜注: 大龜)”“窒皇/絰皇 (杜注: 寢門闕)”“巾車 (杜

---

　　① 程湘清 (1982) 指出, 漢語造詞法在先秦時期先後經歷了“語音造詞──語音造詞向語
法造詞的過渡──語法造詞三個階段”。他説:“進入春秋戰國時期以後, 語法造詞中運用詞序方
式構成的雙音詞已佔了明顯的優勢。”

注：主車之官)""其諸（齊魯間語)"。

（5）由數詞構成的簡稱，如"二華（華元、華喜)""三軍""三時（春、夏、秋)""三辰（日、月、星)""四時""五色（青、黃、赤、白、黑)"五霸/五伯""六畜""六氣""七音""八元""九功（六府三事)""九州"。

（6）干支名，如"辛巳""己丑""壬午""戊辰"。

除去以上類型，第3期詞彙中共有雙音節複合詞1036個，其中屬於常用詞的有33個，屬於非常用詞的有1003個。

下面先看常用複合詞的構成情況。

全部使用本時期單音節常用詞構成的有25個：大子、而已、法令、夫人、夫子、公子、寡君、寡人、國人、即位、君子、可以、天下、天子、王室、王子、吾子、無乃、先王、小人、以爲、於是/于是、執事、至於/至于、中軍。

全部使用本時期單音節非常用詞構成的只有3個：秦伯、晉侯、社稷。

使用本時期單音節常用詞和單音節非常用詞構成的有5個（加點的爲常用的單音節詞)：敝邑、秦國、諸侯、晉國、聖人。

從數量上看，雙音節常用複合詞由單音節常用詞構成的佔了絕大多數（75.8％)，另外兩類合起來還不及這類複合詞的三分之一，這説明雙音節常用詞在構成上傾向于使用單音節常用詞作材料。

就使用單音節非常用詞構成的複合詞來看，其構成成分有這樣幾個特點：第一，屬於專名，如"秦""晉"；第二，組合面很窄而且也很少單獨使用（獨立性差)。如"社"和"稷"，在我們統計的範圍內，它們組合起來使用的有121例，而且都是"社"在前"稷"在後，從未見過"稷社"的形式，這説明它們在組合時位置是固定的，呈現出單向性。另外，"稷"還有71次，其中用於"黍稷"的12個，用於"后稷"的20個，用於"稷黍"的2個，用於人名、地名的有25個，單用的只有12個；"社"有63次，除了個別的用於人名（如"還無社")和構成"亳社""社圃"之外，多數單用，也就是説，"社"的單獨活動能力比"稷"稍強一些。由以上的這些數字可以看出"社""稷"在先秦時期用作構詞語素比用作單音詞的使用頻率要高，正是因爲這個原因，"社稷"是常用詞，而"社"和"稷"都是非常用詞。第三，屬於該時期特殊的用語，或者説具有文獻用詞的個人特色，如"敝邑"之"敝"。①

下面再看非常用複合詞的構成情況。

第3期1003個雙音節非常用詞共由925個語素構成，其中屬於本時期單音節常用詞的有（以下稱作 AA 類）：

愛、安、百、拜、敗、邦、保、北、備、本、鄙、辟、幣、賓、兵、卜、不、草、長、常、朝、車、臣、成、承、城、乘、寵、讎/讐、春、辭、次、賜、從、大、黨、盜、道、德、敵、地、弟、弔、東、動、度、對、惡、而、貳、伐、法、反、犯、方、分、封、奉、夫、服、福、父、富、賦、告、公、功、宮、恭、苟、孤、古、故、官、觀、館、歸、貴、國、害、好、合、何、和、河、後、懷、患、會、火、或、禍、及、吉、即、疾、既、祭、繼、加、家、甲、姦、賤、降、將、郊、教、介、今、敬、久、酒、救、舊、居、懼、爵、君、軍、客、哭、勞、老、樂、里、禮、力、立、吏、利、良、列、臨、令、魯、禄、戮、率、亂、馬、門、盟、免、滅、民、名、明、命、莫、謀、母、睦、内、南、難、能、逆、年、寧、農、女、聘、平、其、齊、棄、器、千、遷、侵、親、勤、卿、輕、請、囚、然、讓、人、仁、任、日、戎、如、若、弱、三、喪、殺、山、善、賞、上、少、舍、神、生、施、師、食、時、實、使、士、事、世、室、恃、是、視、適、守、書、戍、數、水、私、死、四、祀、他、貪、逃、討、天、田、聽、通、同、徒、土、外、亡、王、望、威、唯、違、位、衛、文、無、物、西、昔、下、夏、先、賢、縣、獻、相、享、小、孝、心、信、刑、行、姓、兄、修、許、學、言、夜、衣、壹、宜、已、以、矣、役、邑、易、義、淫、飲、用、憂、游、猶、有、右、於、餘、與、語、玉、欲、御、遠、願、月、越、災、宰、再、則、章、昭、者、正、政、之、直、執、止、至、制、質、中、忠、重、衆、周、諸、主、屬、助、專、子、宗、卒、族、罪、左、佐、作、除。

---

① "敝邑""不穀""徼福"等都是《左傳》中的特色詞語，多於用外交場合。

屬於本時期單音節非常用詞的有（以下稱作 BB 類）：

哀、艾、隘、傲、罷、霸、白、稗、班、半、苞、暴、賣、祊、比、

秕、婢、敝、閉、嬖、箄、邊、籩、褊、卞、表、播、伯、帛、逼、布、

才、財、參、驂、倉、策、差、豺、蠆、讒、諂、昌、倡、鬯、巢、池、

尺、侈、斥、充、崇、仇、疇、醜、祖、俎、阻、走、縱、資、粢、咨、

狀、著、竹、誅、胄、舟、冢、秩、指、咫、職、殖、枝、征、鎮、哲、

折、趙、障、丈、斬、展、旐、增、曾、賊、澤、皁、早、載、蘊、嶽、

鍼、原、垣、元、淵、鬱、豫、圉、雨、羽、宇、輿、踰、諛、虞、瑜、

愚、雩、臾、幼、友、庾、攸、甬、饗、庸、盈、纓、應、隱、引、尹、

禋、音、姻、藝、臆、裔、逸、場、佚、刈、遺、儀、怡、夷、醫、揖、

依、謁、葉、野、燿、要、謠、揚、陽、厭、宴、顏、湮、淹、訓、尋、

巡、血、薛、旋、宣、洫、序、須、虛、胥、休、智、凶、倖、幸、星、

馨、辛、榭、絏、攜、協、邪、儌、肖、巷、鄉、香、憲、顯、險、徙、

席、犧、谿、夕、武、伍、誣、屋、巫、尉、緯、委、帷、萬、玩、屯、

童、霆、庭、廷、寃、挑、朓、邊、悌、體、懕、特、泰、汰、臺、孫、

俗、藪、蒐、頌、馴、嗣、兒、寺、絲、司、朔、爽、霜、帥、衰、豎、

庶、黍、熟、叔、獸、壽、首、手、收、釋、噬、誓、飾、筮、侍、市、

氏、史、祐、聖、盛、繩、聲、甥、牲、沈、社、裳、商、膳、芰、檣、

瑟、色、顙、散、潤、閏、孺、柔、融、容、蕘、壤、權、泉、鷯、趨、

曲、裘、丘、榮、慶、寢、雉、禽、琴、妾、巧、牆、嬙、虔、牽、氣、

泣、旗、耆、旂、感、期、耆、戚、僕、魄、屏、嬪、飄、駢、楄、譬、

匹、皮、丕、朋、陪、匏、鑣、罄、偶、懦、諾、虐、鳥、暱、溺、昵、

撓、曩、幕、墓、牧、牡、墨、貃、敏、廟、冕、孟、寐、妹、枚、貌、

冒、蜢、旄、茅、莽、慢、蠻、麥、買、麻、論、略、慮、縷、旅、輅、

路、廬、露、陋、樓、龍、劉、陵、廩、淋、林、獵、裂、烈、燎、量、

糧、斂、璉、躒、隸、曆、厲、栗、戾、醴、裹、李、離、貍、類、雷、

潦、牢、狼、藍、括、困、焜、昆、逵、狂、匡、庫、苦、堀、寇、口、

恐、考、均、屨、聚、距、秬、鞠、疽、舅、糾、競、井、精、旌、

荊、京、饉、瑾、矜、斤、藉、借、戒、解、傑、矯、徼、驕、疆、鑑、

建、薊、艱、監、間、假、賈、猳、嘉、紀、季、技、幾、籍、棘、級、
急、羈、羈、饑、績、積、稽、惑、貨、魂、婚、昏、賄、彗、黄、皇、
畫、華、怙、户、虎、瑚、胡、狐、候、后、餱、侯、弘、衡、很、黑、
壑、褐、闔、荷、昊、豪、憾、葴、郭、鬼、廣、貫、冠、瓜、蠱、鵠、
穀、股、谷、辜、媾、考、溝、貢、躬、肱、供、工、羹、庚、根、給、
葛、歌、戈、高、羔、干、椠、覆、腹、婦、負、阜、撫、輔、斧、府、
黻、俘、茀、村、鳳、馮、風、糞、扉、防、繁、蕃、煩、髮、罰、乏、
多、頓、敦、端、篤、瀆、毒、鬭、豆、都、鼎、經、墊、旬、典、禘、
帝、嫡、隄、鄧、等、蕩、癉、擔、酖、丹、戴、怠、汰、寸、垂、創、
牀、歊、芻。

　　以上兩類構詞材料，單音節的非常用詞（BB 類）比單音節的常用詞
（AA 類）多出不少，這説明單音節常用詞在這個時期以單用爲主，作爲構
詞成分時主要構成常用的複合詞，非常用的複合詞一般不會選擇它作爲構
詞語素。其原因主要在於常用詞跟人們的日常生活密切相關，它捨棄了一
些個人的、獨特的東西，表達最一般的事物、現象和概念，當現實生活中
需要創造新詞的時候，如果新詞所代表的新事物、新現象和新概念超出了
常用詞的範圍，語言的使用者就不會也不可能仍使用常用詞作材料來創造
新詞。試比較以下三組雙音節的複合詞：

　　A. 人民　　賓客　　法制　　君王　　臣子　　國家
　　　　中國　　禍亂　　忠信　　死亡　　度數
　　B. 鬼神　　道路　　盜賊　　不穀　　邊鄙　　宣言
　　　　輔佐　　王后　　宗祊　　翦滅　　姦慝
　　C. 繁縷　　篳路　　播蕩　　藍縷　　芻蕘　　卞急
　　　　楄柎　　麥麪　　野幕　　股肱　　展布

　　這三組都是非常用詞。其中，A 組是由常用的單音節詞（AA 類）作
語素構成的，B 組是由常用的單音節詞（加點的部分，AA 類）和非常用
的單音節詞（BB 類）作語素構成的，C 組是由非常用的單音節詞（BB 類）
作語素構成的。觀察這三組詞所表達的意義，會發現全部使用常用詞作語
素構造成的詞（A 組）跟現實生活聯係得比較密切一些，其次是 B 組，而

全部由非常用詞構成的詞（C組）多表達某种獨特的意義，這樣的意義在現實生活中人們是很少用到的。

在單音節常用詞當中，還有一部分不參與構詞的，例如（以下稱作AB類）：

初、出、足、自、追、逐、終、真、致、治、志、知、徵、爭、召、戰、葬、在、哉/材、云、悅/説、曰、怨、禦/御、遇、余、予、又/有、由/繇、勇、因、異、益、亦、一、也、焉、恤、興、新、削、喜、務、勿、五、吾、吳、我、問、聞、謂/爲、畏、未、爲/僞、圍、危、忘、往/迂、退、圖、所、歲、遂、雖、粟、速、送、斯、思、説、順、誰、執、受、弑、示、始、十、失、尸、勝、慎、甚、身、射、傷、人、辱、戎、羣/群、勸、去、娶/取、取、求、秋、且、前、啓/啟、豈、妻、七、貧、叛/畔、怒、男、乃、納/内、木、夢、美、賂、六、兩、來、況、克、可、絶、具、舉、咎/皋、九、境/竟、禁、進、近、盡、節、皆、彊/强/強、諫、聞/間、見、濟、己、擊、獲、毀、惠、悔、還、乎、厚、盍、過、寡、固、鼓、姑、攻、各、歌、敢、改、復、撫/拊、弗、否、焚、廢、非、凡、二、爾、奪、多、斷、冬、登、得、當、待、此、處、尊、楚、鄭、許、宋、詩、莒、晉、狄/翟、邾

這部分詞，常用的雙音節複合詞不用它，非常用的雙音節複合詞也不用它，它們表現出很強的獨立性。一般來講，這部分詞在常用的單音節詞中所佔的比重越大，説明單音節常用詞的構詞能力越低。不過，我們把這部分單音節詞（AB類）跟可以作爲構詞語素的單音節詞（AA類）比較的時候，發現可以作構詞語素的單音節常用詞（AA類）比只能單用的單音節常用詞（AB類）要多不少（331個：185個），這説明，單音節常用詞在使用中一方面表現出很強的獨立性，另一方面也常常作爲構詞成分出現，只不過受其本身特點的制約，在構詞時有一定的選擇性罷了。

結　語

一　關於語料的選擇問題

江藍生等（1996）在講到近代漢語研究存在的問題時説："近年來的近代漢語研究確實取得了一批品質較高的成果，但無庸諱言，也有一部分成果品質不高。除了有些論文或專著選題不當、方法陳舊之外，主要是對所使用的材料缺乏嚴格的鑒別，往往使用一些不太可靠的僞劣材料，在下結論時也很少考慮文獻資料的方言地域背景，更不管版本的優劣變遷等因素，對這一致命問題應該引起充分警惕。"看來，材料之於研究結果是非常重要的。我們認爲，衡量漢語史研究成果的大小，不應該只看結論，重點要看其選擇語料和處理語料的能力和水平。事實証明，研究過程中誰佔有的材料多、使用的材料可靠，誰的結論就有可能完備些；否則，材料一旦出現了問題，即使方法再科學，理論再完善，也難以得出切合實際的結論來。

就漢語常用詞的研究來講，常用詞的描寫與疑難詞語的考釋不同，前者是一項複雜的系統工程，必須建立在對大規模語料分析和描寫的基礎上，而先秦時期的文獻，不管是傳世文獻還是出土文獻，不是每一筆都可以隨意拿來使用的，有些成書年代有問題或真僞爭議比較大的傳世文獻就不能使用，一些格式化的、沒有實際内容的出土文獻對於以統計爲基礎的詞彙研究價值也不大。鑒於以上認識，本書在語料的選擇和使用上是比較謹慎的，爲了保證語料的純潔，還刪去了後期文獻引用前期文獻的内容。

當然，由於語料類型和數量的限制，我們最後確定下來的某些階段的常用詞帶有專書的性質，如某時期的某些常用詞不是均匀地分佈在該時期的各種文獻中，而是僅見于其中的某一部文獻或部分文獻中。① 這種情況一方面説明漢語史研究結論的相對性，另一方面也説明語料選擇的重要性。

二　關於詞的切分問題

以文獻爲對象開展漢語詞彙研究，面臨的首要任務就是要從成篇成章的言語作品中把詞分離出來。分離的最有效的方法就是切分，而切分又離不開標準。標準不同，切分的結果就不一樣，表 1 中的數據説明了人們在詞的認識上存在著很大的分歧：

表 1　　　　各家對《論語》複音詞數量的統計（均不含專名）

作者	數據來源	數量（個）
楊伯峻	《論語譯注》，中華書局 1980 年版	307
馬真	《先秦複音詞初探》，《北京大學學報》1980 年第 5 期	159
程湘清	《先秦雙音詞研究》，《先秦漢語研究》，山東教育出版社 1992 年版	378
歐陽國泰	〈論語〉〈孟子〉構詞法比較》，《廈門大學學報》1994 年第 2 期	122②
周文	《〈論語〉雙音詞綜考》，《咸寧師專學報》2001 年第 5 期	122
陳冠蘭	《〈論語〉〈孟子〉複音詞研究》，廣州大學碩士學位論文，2002 年	501
羅衛東	《詞彙通論》，瀋陽出版社 2003 年版	200 多
甯燕	《〈論語〉雙音詞研究》，《新疆教育學院學報》2005 年第 3 期	287

不僅不同的標準可以造成不同的劃分結果，就是使用同一套標準讓不同的人去切分，結果也會不一樣。標準掌握得嚴一些，得到的複音詞就少一些；掌握得寬一些，得到的複音詞就多一些。在詞的切分過程中，我們切實感到，理論和實踐是有差距的，理論完善不等於實踐就正確，再完善

---

① 今天我們開展漢語史研究，可以利用的只有用文字記錄下來的材料，這部分材料只是近似地反映了當時的語言情況，——不僅當時有些詞沒有保留下來，就是一些語法現象也未必如實地完整地保留下來，受此限制，即使科學性比較高的量化研究，其結果也具有相對性。在這個問題上，筆者以爲，倘若不是隨便舉例式的研究，而是系統地對某個時期語言情況作調查，若研究結果沒有專書性質，反而更值得懷疑。

② 不含疊音詞。

的理論拿到實踐中也會遇到各種各樣的實際問題。因此，今後除了進一步加強詞的理論方面的研究外，還應該多在完善操作手續上下些功夫。

三　關於詞位的確定問題

從文獻中切分出來的詞都是具體的、富有個性的詞，這樣的詞並不等於詞位。我們需要把在書寫形式上相同而意義又毫無關係的詞（同形詞）區分開作不同的詞處理，還需要把形式上和意義上有所不同但又沒有形成不同的詞的幾個詞合在一起作同一個詞處理。前者屬於拆分，後者屬於合併，這兩個方面的工作都跟詞位的確定有關。詞位變體的問題以前人們研究得不多，尤其是詞位的讀音變體和意義變體。今後應當以專題的形式作系統的研究，而不是滿足于舉幾個典型的例子來說明。

四　關於常用詞的確定問題

什麼樣的單位是常用詞，以前人們多停留在理論探討上，尤其是古代漢語的常用詞，很少有人能夠根據某種理論整理出一個常用詞表來。現在我們借鑒現代漢語詞彙研究的有關理論、成果和經驗，以先秦 48.1186 萬字的語料爲樣本進行了全面的統計，以覆蓋率爲主，結合詞的頻次，確定了先秦四個階段、五部分語料的常用詞。對於這一研究結果，我們想從以下兩個方面作些說明。

第一，常用詞必須具備常用性這一特點，而詞的常用性又集中體現在它使用的高頻率上。我們很難想象某個時期只出現過一次兩次的詞會是那個時代的常用詞，反過來講，某個時代出現次數很多的詞沒有理由不看作常用詞。從這個角度來看，我們選擇覆蓋率作標準結合詞的頻次來確定常用詞是完全靠得住的，這比單憑感覺更有說服力。

第二，常用不常用是相對而言的，這就好比問一米八九和一米八七高不高一樣，若兩者相比，肯定一米八九高，一米八七矮，若不是二者比較，兩者都應該算高。對於我們所說的常用詞來講也是一樣，某個頻次的詞相對于出現次數不如它的詞是常用的，相對于出現次數比它高的詞又是不常用的，因此，常用詞和非常用詞的劃分具有相對性。這種相對性主要表現在我們可以根據不同的研究目的使用不同的標準進行調整。也就是説，覆蓋率的大小可以根據實際需要加以調整。覆蓋率一旦改變了，最後確定下來的常用詞的數量也隨之而變。從這個角度講，在"常用詞"的前面加一個數量短語作限定語的説法更科學些，如"八百個常用詞""一千五百個常用詞""三千個常用詞"，這種説法暗示了常用詞"常用"這一特性的相對性。

五　關於常用詞的發展問題

常用詞是穩固的，同時常用詞又是不斷發展的。常用詞的穩固性體現在不同時期的常用詞有很多是重合的，而且重合的部分越多，就越能説明常用詞的穩固性強。

常用詞也是發展的，常用詞的發展有多種表現：首先表現在常用詞的更替上。常用詞的更替跟常用詞的替換不是一個概念，常用詞的替換只指古今同義的單位在歷時上所發生的替換現象，而常用詞的更替不僅包括古今同義的單位，還包括古今意義沒有關係的單位。常用詞的替換只是常用詞發展演變過程中的一種表現，而且這種表現往往要在一個較長的歷史階段中才能觀察得到，而常用詞的更替現象是經常發生的，別管兩個時期相距多近，只要是我們把兩個時期的常用詞放在一起加以比較就很容易看出來。[①]

其次，常用詞的發展還表現在義位的增、減和轉移上。所謂義位的增加是指某個常用詞在前一個時期有 n 個義位，到後來的又增加了若干，變成了 n＋x（x≥1，下同）個義位；所謂的義位的減少是指某個常用詞在前一個時期有 n 個義位，到後來有若干個義位不再使用，變成了 n—x 個義位；所謂義位的轉移，其實是高頻義位的轉移，是指某個常用詞在前一個時期主要使用 a 義位，到後來主要使用 b 義位。常用詞義位的變化是複雜的，本書只討論了義位增加的情況，義位的減少和轉移的情況留待以後我們再作詳細討論。

---

① 詳見第六章第二節"由内容上的變化看先秦漢語常用詞的發展"。

參考文獻

一　學術論著

白平　1996　《"其"非詞頭辨》,《山西大學學報》第 2 期。

白兆麟　1979　《說"於"》,《安徽教育》第 6 期。

白兆麟　1991　《襯音助詞再論》,《中國語文》第 2 期。

曹道衡　劉躍進　2005　《先秦兩漢文學史料學》,中華書局。

曹煒　2004　《現代漢語詞彙研究》,北京大學出版社。

車淑婭　2004　《〈韓非子〉詞彙研究》,浙江大學博士學位論文。

車淑婭　2005　《〈韓非子〉同素異序雙音詞研究》,《語言研究》第 1 期。

陳丹紅　1989　《試論〈孟子〉合成詞的構造及其類別》,上海市語文學
　　會編《語文論叢》(4),上海教育出版社。

陳冠蘭　2002　《〈論語〉〈孟子〉複音詞研究》,廣州大學碩士學位論文。

陳海波　2001　《〈史記〉並列式、偏正式雙音詞研究》,武漢大學博士學
　　位論文。

陳克炯　1978　《〈左傳〉複音詞初探》,《華中師範學院學報》第 4 期。

陳夢家　1985　《尚書通論》,中華書局。

陳桐生　1999　《〈詩經·商頌〉研究的百年巨變》,《文史知識》第 3 期。

陳偉武　1998　《出土文獻之于古漢語研究十年回眸》,《古漢語研究》第
　　4 期。

陳雪梅　2002　《〈列子〉反義詞研究》,湖南師範大學碩士學位論文。

陳垣　1959/2004　《校勘學釋例》,中華書局。

育出版社。

江藍生　1987　《八卷本〈搜神記〉語言的時代》,《中國語文》第 4 期。

江藍生　2000　《〈東漢—隋常用詞演變研究〉序》(汪維輝),南京大學
　　出版社。

江藍生　曹廣順　吳福祥　1996　《近代漢語研究的回顧與前瞻》,許嘉
　　璐等編《中國語言學的現狀與展望》,外語教學與研究出版社。

蔣善國　1988　《尚書綜述》,上海古籍出版社。

蔣紹愚　1989a　《關於漢語詞彙系統及其發展變化的幾點想法》,《中國語
　　文》第 1 期。

蔣紹愚　1989b　《古漢語詞彙綱要》,北京大學出版社。

蔣紹愚　1994　《近代漢語研究概況》,北京大學出版社。

蔣書紅　2002　《〈莊子〉詞彙研究》,廣州大學碩士學位論文。

賴積船　2004　《〈論語〉與其漢魏注中的常用詞比較研究》,四川大學博
　　士學位論文。

雷莉　2003　《〈國語〉單音節實詞同義詞研究》,四川大學博士學位論文。

李波　2006　《史記字頻研究》,商務印書館。

李定生　1992　《中國學術名著提要·哲學卷》,復旦大學出版社。

李朵　2000　《〈列子〉複音詞研究》,西南師範大學碩士學位論文。

李家驤　1995　《〈呂氏春秋〉成書年代新考》,《湘潭大學學報》第 2 期。

李山　2003　《〈商頌〉作于"宗周中葉"說》,《北京師範大學學報》第 4 期。

李學勤　2006　《周易溯源》,巴蜀書社。

李占平　2004　《〈莊子〉單音節實詞反義關係研究》,四川大學博士學位
　　論文。

李智澤　1988　《〈孟子〉、〈孟子章句〉複音詞構詞法比較》,《中國語文》
　　第 5 期。

李智　2004　《孟子的雙音複合詞研究》,河北師範大學碩士學位論文。

李宗江　1999　《漢語常用詞演變研究》,漢語大詞典出版社。

梁啟超　1955　《古書真偽及其年代》,中華書局。

廖揚敏　2003　《〈老子〉專書反義詞研究》,四川大學博士學位論文。

林燾　1954　《漢語基本詞彙中的幾個問題》,《中國語文》第 7 期。

劉操南　1987　《孔子刪〈詩〉初探》,《杭州大學學報》第 1 期。

劉誠　1985　《〈韓非子〉構詞法初探——兼論"單音詞在上古漢語裡佔優勢"的問題》,《湖南師範大學學報》第 2 期。

劉禾　1980　《從語言的運用上看〈列子〉是偽書的補證》,《東北師範大學學報》第 3 期。

劉建國　2004　《先秦偽書辨正》,陝西人民出版社。

劉慕方　1999　《論〈呂氏春秋〉的成書》,《學海》第 5 期。

劉叔新　1990　《漢語描寫詞彙學》,商務印書館。

劉興均　2001　《〈周禮〉名物詞研究》,巴蜀書社。

劉旭　2004　《〈易經〉詞法初探》,內蒙古師範大學碩士學位論文。

劉澤先　1953　《用連寫來規定詞兒》,《中國語文》第 5 期。

劉兆君　2005　《〈商君書〉複音詞研究》,東北師範大學碩士學位論文。

劉志安　1995　《"于是"源流探討》,《成都紡織高等專科學校學報》第 4 期。

柳士鎮　1989　《從語言角度看〈齊民要術〉卷前〈雜說〉非賈氏所作》,《中國語文》第 2 期。

陸侃如　1932　《論卦爻辭的年代》,《清華周刊》第 37 卷第 9 期。

路瀝雲　2003　《〈禮記〉事名詞研究》,廣西師範大學碩士學位論文。

羅春英　2003　《〈國語〉中的職官稱謂語》,廣西師範大學碩士學位論文。

羅衛東　2003　《詞彙通論》,瀋陽出版社。

呂叔湘　1959/1984　《漢語裡"詞"的問題概述》,《漢語語法論文集》,商務印書館。

呂叔湘　1979　《漢語語法分析問題》,商務印書館。

呂叔湘　1980　《現代漢語八百詞》,商務印書館。

呂思勉　1995　《經子解題》,華東師範大學出版社。

毛遠明　1999　《左傳詞彙研究》,西南師範大學出版社。

馬承源　1988　《商周青銅器銘文選(第三卷)》,文物出版社。

馬真　1980　《先秦複音詞初探》(上),《北京大學學報》第 5 期。

馬真　1981　《先秦複音詞初探》(下),《北京大學學報》第 1 期。

馬振亞　1995a　《〈列子〉中關於稱數法的運用——兼論〈列子〉的成書年代》，《東北師範大學學報》第 2 期。

馬振亞　1995b　《從詞的運用上揭示〈列子〉偽書的真面目》，《吉林大學社會科學學報》第 5 期。

牟玉亭　2002　《〈商頌〉的時代》，《社會科學戰綫》第 1 期。

甯燕　2005　《〈論語〉雙音詞研究》，《新疆教育學院學報》第 3 期。

歐陽國泰　1994　《〈論語〉〈孟子〉構詞法比較》，《廈門大學學報》第 2 期。

潘允中　1989　《漢語詞彙史概要》，上海古籍出版社。

錢宗武　1996　《今文尚書語言研究》，嶽麓書社。

裘錫圭　1978　《漢字形成問題的初步探索》，《中國語文》第 3 期。

裘錫圭　1979　《談談古文字資料對古漢語研究的重要性》，《中國語文》第 6 期。

芮東莉　2004　《上古漢語單音節常用詞本義研究》，浙江大學博士學位論文。

石鋟　1999　《古漢語複音詞研究綜述——兼談〈睡虎地秦墓竹簡〉的複音詞》，《湖北教育學院學報》第 3 期。

史存直　1989　《漢語詞彙史綱要》，華東師範大學出版社。

斯大林　1950　《論語言學中的馬克思主義》，馬立三等譯《馬克思主義與語言學問題》，解放出版社。

宋祚胤　1994　《論〈周易〉的成書時代、思想內容和研究方法》，《湖南師範大學社會科學學報》第 2 期。

蘇培成　1995　《關於基本詞彙的一些思考》，《詞彙學新研究——首屆全國現代漢語詞彙學術討論會選集》，語文出版社。

孫欽善　1994　《中國古文獻學史》，中華書局。

孫玉文　2000　《漢語變調構詞研究》，北京大學出版社。

唐蘭　1976　《用青銅器銘文研究西周史——綜論寶雞市近年發現的一批青銅器的重要歷史價值》，《文物》第 6 期。

唐鈺明　1986　《金文複音詞簡論——兼論複音化的起源》，《人類學論文選集》，中山大學出版社。

唐鈺明　1991a　《定量方法與古文字資料的詞彙語法研究》，《海南師範學院學報》第 4 期。

唐鈺明　1991b　《其、厥攷辨》，《中國語文》第 4 期。

唐鈺明　1992　《屮、又考辨》，《古文字研究》（第十九輯），中華書局。

唐鈺明　1993　《四十年來的古漢語語法研究》，《中國語文研究四十年紀念文集》，北京語言大學出版社。

唐作藩　2001　《漢語詞彙發展簡史》，《漢語史學習與研究》，商務印書館。

佟滌非　1996　《〈詩經〉複合詞構詞方式淺析》，《吉林大學社會科學學報》第 6 期。

汪啓明　1998　《先秦兩漢齊語研究》，巴蜀書社。

汪維輝　2000a　《東漢—隋常用詞演變研究》，南京大學出版社。

汪維輝　2000b　《從詞彙史看八卷本〈搜神記〉語言的時代》（上），《漢語史研究集刊》第三輯，巴蜀書社。

汪維輝　2001　《從詞彙史看八卷本〈搜神記〉語言的時代》（下），《漢語史研究集刊》第四輯，巴蜀書社。

王發國　1986　《從〈呂氏春秋〉、〈韓非子〉等書推測〈莊子〉之成書年代》，《西南民族學院學報》第 3 期。

王國維　1956　《商頌考》，《觀堂集林》，中華書局。

王國維　1990　《古史新証》，清華大學出版社。

王和　2003　《〈左傳〉的成書年代與編纂過程》，《中國史研究》第 4 期。

王宏劍　2004　《〈韓非子〉同義詞研究》，廈門大學碩士學位論文。

王立　2003　《漢語詞的社會語言學研究》，商務印書館。

王力　1953　《詞和仂語的界限問題》，《中國語文》第 9 期。

王力　1980/2004　《漢語史稿》，中華書局。

王力　1981　《古代漢語》，中華書局。

王力　1993　《漢語詞彙史》，商務印書館。

王力　2002　《中國古代文化常識圖典》，中國言實出版社。

王寧　1996　《訓詁原理概說》，《訓詁學原理》，中國國際廣播出版社。

王紹新　1982　《甲骨刻辭時代的詞彙》，程湘清主編《先秦漢語研究》，山東教育出版社。

王叔岷　1952　《校讎通例》，（臺北）中研院歷史語言研究所編《歷史語
　　言研究所集刊》（第 23 本下冊）。

王樹齋　1993　《漢語複合詞詞素義和詞義的關係》，《漢語學習》第 2 期。

王薇　2005　《〈儀禮〉名物詞研究》，東北師範大學碩士學位論文。

王月　1994　《"於是"的詞性研究及其認定方法》，《求是學刊》第 2 期。

魏德勝　1995　《〈韓非子〉語言研究》，北京語言學院出版社。

魏慧萍　2005　《漢語詞義發展演變研究》，內蒙古人民出版社。

吳曉露　1984　《從〈論語〉〈孟子〉看戰國時的雙音詞》，《南京大學學
　　報》第 2 期。

武占坤　王勤　1983　《現代漢語詞彙概要》，內蒙古人民出版社。

伍宗文　2001　《先秦漢語複音詞研究》，巴蜀書社。

夏傳才　2006　《十三經講座》，廣西師範大學出版社。

向若等　1956　《關於〈什麼是詞兒〉一文的討論》，《中國語文》第 5 期。

向熹　1980　《〈詩經〉裡的複音詞》，《語言學論叢》（第六輯），商務印
　　書館。

向熹　1987　《詩經語言研究》，四川人民出版社。

向熹　1993　《簡明漢語史》，高等教育出版社。

向熹　2002　《〈詩經〉語言的性質》（四），《〈詩經〉語文論集》，四川民
　　族出版社。

修建軍　1999　《〈呂氏春秋〉成書年代問題辨正》，《管子學刊》第 3 期。

徐丹　2007　《"是以"、"以是"——語法化與詞彙化》，《語法化與語法
　　研究》（三），商務印書館。

徐復　1958　《從語言上推測〈孔雀東南飛〉一詩的寫定年代》，《學術月
　　刊》第 2 期。

徐時儀　2000　《古白話詞彙研究論稿》，上海教育出版社。

許威漢　2000　《二十世紀的漢語詞彙學》，書海出版社。

徐洪興　1992　《中國學術名著提要·哲學卷》，復旦大學出版社。

徐朝華　2003　《上古漢語詞彙史》，商務印書館。

嚴志軍　1992　《〈荀子〉構詞法初探》,《青海師範大學學報》第 2 期。

楊伯峻　1979　《辨偽文字輯略》,《列子集釋》"附錄三",中華書局。

楊春　2004　《現代漢語中的異形詞》,華夏出版社。

楊世鉄　2007　《先秦時期漢語主要願望動詞的發展》,《青海民族學院學報》第 1 期。

楊世鉄　2008　《漢語的構詞法和造詞法》,周薦主編《20 世紀中國詞彙學》,中國人民大學出版社。

葉福翔　1995　《〈周易〉思想綜合分析——兼論〈周易〉成書年代及作者》,《周易研究》第 4 期。

于省吾　1979　《甲骨文字釋林·釋用》,中華書局。

余永梁　1982　《易卦爻辭的時代及其作者》,《古史辨》第三冊,上海古籍出版社。

喻遂生　2003　《甲骨文的"至于"》,《中國語言學報》第十一期,商務印書館。

張立　1988　《談變序式造詞法》,《邏輯與語言學習》第 1 期。

張聯榮　1997　《漢語詞彙的流變》,大象出版社。

張連航　2002　《從犧牲、禽獸二詞的來源和演變看上古漢語詞彙發展的模式》,曾憲通主編《古文字與漢語史論集》,中山大學出版社。

張能甫　2000　《鄭玄注釋語言詞彙研究》,巴蜀書社。

張紹麒　2000　《漢語流俗詞源研究》,語文出版社。

張雙棣　1989　《呂氏春秋詞彙研究》,山東教育出版社。

張心澂　1988　《偽書通攷》,上海古籍出版社。

張永言　1982　《詞彙學簡論》,華中工學院出版社。

張永言　1991　《從詞彙史看〈列子〉的撰寫時代》,《季羨林教授八十華誕紀念論文集》(上),江西人民出版社。

張永言　汪維輝　1995　《關於漢語詞彙史研究的一點思考》,《中國語文》第 6 期。

張玉金　2004　《西周漢語語法研究》,商務印書館。

張增田　1994　《〈易經〉成書年代新證》,《安徽大學學報》第 1 期。

趙華　2000　《〈莊子〉反義詞研究》，山東師範大學碩士學位論文。

趙克勤　1994　《古代漢語詞彙學》，商務印書館。

趙元任　1980　《語言問題》，商務印書館。

趙振鐸　1994　《論先秦兩漢漢語》，《古漢語研究》第 3 期。

鐘海軍　2003　《〈國語〉複音詞研究》，西南師範大學碩士學位論文。

周寶宏　2001a　《上古漢語詞義是上古文獻寫成時代的重要依據——以產生時代分歧最多的〈堯典〉爲例》，《瀋陽師範學院學報》第 5 期。

周寶宏　2001b　《〈詩經・商頌・殷武〉詞義研究——從上古詞義角度看〈商頌〉的寫作時代》，《遼寧大學學報》第 5 期。

周薦　1987　《基本詞彙與一般詞彙劃分芻議》，《南開學報》第 3 期。

周文德　2002　《〈孟子〉同義詞研究》，巴蜀書社。

周祖謨　1957　《四聲別義釋例》，《漢語音韻論文集》，商務印書館。

周祖謨　1959　《漢語詞彙講話》，人民教育出版社。

周祖謨　1979/2001　《漢語發展的歷史》，《周祖謨語言學論文集》，商務印書館。

朱德熙　1982　《語法講義》，商務印書館。

朱廣祁　1985　《〈詩經〉雙音詞論稿》，河南人民出版社。

朱歧祥　2004　《論殷商金文的詞彙》，《古文字研究》第二十五輯，中華書局。

竺家寧　1997　《先秦詞彙"於是"研究》，中國訓詁學會主編《訓詁論叢》（第二輯），（臺灣）文史哲出版社。

Haspelmath, M. 2001 Explaining the ditransitive person-role constraint: A usage-based approach. Paper presented at the international Conference on Cognitive Linguistics, UC Santa Barbara.

二　工具書

安作璋主編　2004　《論語詞典》，上海古籍出版社。

北京語言學院語言教學研究所　1985　《常用字和常用詞》，北京語言學院出版社。

陳初生　2004　《金文常用字典》，陝西人民出版社。

崔永東　1994　《兩周金文虛詞集釋》，中華書局。

董治安主編　1993　《老莊詞典》，山東教育出版社。

何樂士　敖鏡浩等　1985　《古代漢語虛詞通釋》，北京出版社。

華東師範大學中國文字研究與應用中心所　2001　《金文引得·青銅器銘
　　文釋文檢字》（殷商西周卷），廣西教育出版社。

李行健　曹聰孫　云景魁主編　1993　《新詞新語詞典》，語文出版社。

劉源　梁南元　1990　《現代漢語常用詞詞頻詞典》（音序部分），宇航出
　　版社。

王世舜　韓慕君　1993　《老莊詞典》，山東教育出版社。

向熹　1997　《詩經詞典》（修訂本），四川人民出版社。

楊伯峻　1980　《論語譯注·論語詞典》，中華書局。

楊伯峻　1980　《孟子譯注·孟子詞典》，中華書局。

楊伯峻　1981　《古漢語虛詞》，中華書局。

楊伯峻　徐提　1985　《春秋左傳詞典》，中華書局。

袁仁林　1989　《虛字說》，中華書局。

張斌　2001　《現代漢語虛詞詞典》，商務印書館。

張雙棣　殷國光　陳濤　1993　《呂氏春秋詞典》，山東教育出版社。

張亞初　2001　《殷周金文集成引得》，中華書局。

張誼生　2000　《現代漢語虛詞》，華東師範大學出版社。

鄭林曦等　1987　《普通話三千常用詞表》（增訂本），文字改革出版社。

中國社會科學院語言研究所古代漢語研究室　2001　《古代漢語虛詞詞
　　典》，商務印書館。

中國社會科學院語言研究所詞典編輯室　2005　《現代漢語詞典》（第5
　　版），商務印書館。

後　記

　　本書是筆者的博士學位論文，這次出版，主要做了些文字上的改動。第六章第三節中的《從"于/於"用法上的變化看複合詞"於是"的產生》曾發表於香港，改動稍大些。

　　我讀書時的研究方向是文獻學，本選題是文獻學與語言學的結合，或者說更偏重於語言學。不過，文獻學仍有一席之地，我是把文獻學的方法和成果拿來作了語言研究的基礎。這是一種嘗試，這種嘗試得到了我的導師楊應芹先生的肯定與支持。論文在寫作過程中，楊先生給予了很多具體指導。在此，謹向先生表示衷心的感謝。

　　常用詞是詞彙的核心，常用詞問題理應成爲詞彙研究的中心問題，但是由於種種原因，這個問題並沒有引起足夠的重視。在這方面付出最多、成就最大的是李宗江先生和汪維輝先生。李宗江先生從語法的角度進行研究，他關注的是小品詞的演變；汪維輝先生熱衷於常用詞的替換。二位先生的研究抓住了常用詞的某一重要特點而進行，都是很有價值的研究，但這並不是常用詞研究的全部。除此之外，常用詞作爲一種詞彙類聚，不同時期的聚合是一種怎樣的關係；就個體看，被替換掉的舊常用詞在後期語言中是徹底消失了還是以別的姿態出現等等，都值得人們去研究。本書關注的是前一方面。我們把先秦近兩千年的時段分爲四個時期，先選出每個時期的代表性語料，整理之後形成規範性文本，然後再分詞、統計、製成詞頻表，確定出各個時期的常用詞，通過比較幾個常用詞聚合，最後找出先秦時期常用詞演變的規律來。這是一個很有意思的、也是很有價值的研究模式，每一個環節都充滿了挑戰性，當然也需要付出艱辛的勞動。至今筆者依然記得，有時爲了把一個同形的詞位分開，要從晚上八點一直忙到凌晨兩三點；有時爲了計算一個數字，也要用上整整一天的功夫。其實這正是這一研究的魅力所在。如果我們捨得再下些功夫，用上述方法把兩漢、魏晉南北朝、隋唐五代、宋元明、清幾個漢語史上發展階段的常用詞都找出來，漢語常用詞發展演變的整體脈絡就清晰了，這時我們再看現代漢語詞彙的形成與構成，認識就會深刻得多。所以，這項研究很值得繼續下去。

　　本書二、三、四、五章後面都有一個附錄，這些附錄是從《先秦漢語分期詞頻表》中分別截取的。《先秦漢語分期詞頻表》（未刊）是本書研究的一個副產品，篇幅很大，差不多是本書附錄的十倍，它耗費了筆者大量心血，也是本書研究的基礎，按說應該附于文後，供讀者審核本書的結論使用或者作爲進一步研究的基礎，但由於篇幅太大，只能闕如，爲此筆者常常“耿耿於懷”。2013 年 5 月，我有個朋友從賓夕法尼亞大學來看我，其間我們談到了這個詞頻表，他很感興趣。他說，他在美國的一個同事非常喜歡這類基礎性研究，看能否通過他的幫助在國外先行出版，或者先在學術網站上公佈。後來一直沒有消息，我也沒有再問他，因爲我知道這個詞頻表出版的難度。現在本書馬上就要出版了，而這個詞頻表仍然默默地立于書架上，未免有些遺憾。這辛辛苦苦做出來的東西，而且又是於研究很有價值的東西，不能與大家共享，確實有些可惜。

　　關於本書使用的字體，需要略作說明。本書使用繁體字，不是爲了好玩，也非出於賣弄，完全是由研究內容的特殊性決定的。漢語字和詞的关系本來很複雜，再加上繁體字和簡化字之間非一一對應，如果把記錄古代漢語的繁體字全部改成簡化字，有很多不適應，而且還會丟失很多重要的信息。爲了真實地描寫清楚當時的詞位情況，不得已我們使用了繁體字，而且是一“繁”到底。

　　周薦先生是我在南開大學進修時的導師，那時候上課之餘經常到他的家裡去請教問題，我們之間深厚的師生情誼就是從那時開始的。離開南開之後，我們的交往並沒有停止，後來有了幾次合作的機會。正是這幾次學術上的合作，使我漸入語言學堂奧，明白了做學問的方法。這次論文出版，先生又代我的導師賜序，使本書增色不少。先生栽培之恩，令人感感。

　　本書在寫作過程中還曾得到業師白兆麟先生、黃德寬先生、徐在國先生等人的指導，在送審過程中，又得到了王繼如先生（蘇州大學）、王甯先生（北京師範大學）、董志翹先生（南京師範大學）和盧烈紅先生（武漢大學）的肯定與鼓勵。這些評審專家與筆者素昧平生，他們獎掖後學的胸襟，常令筆者蕭然起敬。在此，我要向我的老師和提攜我的先生們表示衷心的感謝。

　　最後，還要感謝淮北師範大學文學院和本書的編校人員。沒有淮北師範大學文學院中國語言文學博士點建設項目對本書的資助，拙作暫時還不能與讀者見面；沒有出版社的各位編校人員的辛勤努力，本書也不會以如此精美的形式呈現于讀者面前。

　　學問需要安靜，也需要修煉。若能摒除各種誘惑，素心凝神，系統地去讀些書，研究幾個自己感興趣的問題，而不是投他人所好，亦人生一大樂事也！

楊世鐵

2015 年 4 月 27 日記于淮北相山東麓